大地之科

中国农业科技困局实录

董峻 著

學苑出版社

序

“秋天被淹了。”

这句颇有诗意的话，出自一个上了年纪的农妇之口。当时，她正站在村头，望着滚滚洪水从决口大堤涌出，吞没了眼前那片豆田。还有半个多月，豆子就要熟了。

2003年7月，淮河发生了百年一遇的全流域大洪水，我被派去现场采访。在安徽淮北的唐垛湖行洪区，我清楚地看到，当解放军战士启爆炸药炸毁大坝以减轻干堤压力那一刻，农妇眼里有一丝亮光黯淡下去。

行洪区、分洪区、泄洪区，都是淮河两岸常见的用来防洪的区域。洪水一来，该分就分、该泄就泄，按说是一件普通的事。可是，这些地方人们不仅年年种地，甚至许多村落都聚集于此。没办法，人多地少，人们没有太多选择。洪水泛滥之地，本来确实是沃野千里的好地方。如果什么时候都风调雨顺的话，“稻花香里说丰年”应当是常景。

被淹掉的豆田是农妇家唯一的秋收作物。政府会给村民救急的粮食，甚至还有零花钱，但洪水淹掉的辛苦付出，却是用钱买不来的。几个月的希望在一瞬间破灭，那种无力感实在是不可名状。

回忆这些往事的时候，是2011年的立春时节。从冬到春，中国北方刚刚经历了一场号称“百年不遇”的大旱。北京一冬无雪，医院里挤满了患呼吸道疾病的人们。山东一冬无雪，寒风不时肆虐龟裂的田地，那是来年夏天农民的希望。河南、河北，还是一冬无雪……

雪呢？倒是跑到南方下去了。湖南、江西甚至福建等地的孩子们，欣喜地在雪地里欢呼嬉戏，而贵州、广西等地方，原本该青油油的田地，也蒙上了一坡雪，萝卜白菜被冻得梆梆硬。同时，在北美、欧洲，也都是一场接一场“百年不遇”的暴风雪侵袭……

气候灾害并不是新鲜事。2010年春天里的北方，多年罕见的“倒春寒”也展示了大自然的力量。冬天迟迟不肯离开，一场接一场的北风呼啸而来，连最大胆的姑娘们也不敢轻易换上轻薄的春装。按正常年景，华北和黄淮平原上的小麦正在和煦的阳光里疯狂生长，争相把一冬积蓄的力量释放出来。农民们有时甚至担心麦子长得过旺，不得不拉着大石碾子在田地里来回碾压，好让那些精力旺盛的庄稼们有所收敛。

但在2011年，老天爷的表现似乎给了“气候变暖”这种流行说法一记响亮的耳光。由于入冬早、开春又迟，算下来麦子整整短了一个月的生长期。可是5月底、6月初，又是固定的夏粮收获季节，推迟不得。晚了会影响下一季农作物的播种。吃饭的嘴多，土地是没有休假期的。

农业部门的官员们似乎比农民还着急。一拨又一拨的工作组派出去，一队又一队的技术员跑到村里动员大家抓紧时间浇水施肥，一批又一批的专项拨款发到各地扶持生产。万物生长靠太阳，既然那个该死的太阳有气无力，那就只好靠化肥来促旺转壮了。

化肥也来自太阳。人们把积聚了几百万、上千万年的太阳的能量从地底采出来、加工了，再洒在地上，希望收获不要落空。

但化肥能代替太阳吗？我很怀疑。

这几个小故事说明，植物的生长一要靠水、二要靠温度。但每一种植物对水和热量的需求是不一样的，有些只能长在南方温暖潮湿的水田，有些却喜欢生活在北方冷凉干燥的旱地，还有些可能只出现在一定海拔高度以上，例如青稞。

所以我天真地想，把大地变成一座座工厂，从事农作物种植的不是农民而是懂得操纵各种现代化仪器设备的工人。每种农作物的脾气都摸得清清楚楚，喜欢水就多给水，喜欢热就多来点热，还能根据每个生长阶段的不同需求随时调节——如果有这种高科技的东西，而且所有从事农业生产的人都能用得起、又不给地球增加太多能源和资源消耗的话，该有多好。

不要说中国，全世界也找不出一个国家能做到这样。农业是培育和管理新生命的行当，也许永远无法像流水线一样每个环节都标准化、不能有丝毫差错。

总的来说，我们还是得“靠天吃饭”，而老天爷的性子显然这些年越来越变化莫测：南方冻雨、西南大旱、西北暴雪、华北低温、东南渍涝……让庄稼们经常感到不知所措——不知道该何时长、何时眠，生活习性受到严重干扰。

也许你不在乎我说的这些。农业？离我太远了。你摆摆手说。但想想吧，妈妈是不是为菜价飞涨而抱怨过？你是不是也曾经拒绝吃这拒绝吃那，因为听说猪肉有“瘦肉精”、鸭蛋有“苏丹红”、牛奶有“三聚氢胺”、鸡有“禽流感”，蔬菜有残留农药、香蕉有“巴拿马病”、柑桔有“蝇蛆”、鱼有“孔雀石绿”……好了好了，我自己都不想再说下去。

每个人都要吃饭，每个人都希望吃得饱、吃得好、吃得健康。所有的农产品，一是质量安不安全，一是价格高不高，没有人会不在乎的。

在你抱怨吃得不放心时，农民们可能正因为地方官员的盲目指挥、不负责任的媒体的虚假报道、种子公司坑农害农、老天爷的古怪脾气而遭受损失。换个角度想一想，当几个月、甚至几年的辛苦劳作换来的希望，仅仅因为一条以讹传讹、以偏盖全、夸张放大的假消息而破灭的那一刻，愤怒而委屈的农民又能如何？

常见的农产品大概有四五百种，哪一种有点起伏波动，可能就会影响一批人——既有市民、也有农民。要是再多点了解，你会发现即使在农民这个群体，也包括了种菜养猪、运菜贩牛的，以及在你我身边吆喝叫卖瓜果梨桃、大饼油条。生计虽不同，担心的事却是一样的。

从事经济调控管理的政府官员看待这个问题更宏观。也许他们比我们对粮价菜价更敏感。官员们经常念叨说，“粮价是百价之基”，又或者，“农业是安天下稳民生的基础”，等等。农产品的稳定供应，在他们看来仍是一件时不时就得摆上议程的大事，并没有做到完全让人放心。

其实，如果有机会听一听老辈子人讲他们过去的话，你可以很容易地感觉到，我们现在过得还不赖。大家不再为吃喝发愁，选择多得不得了，餐馆饭店生意总是那么好。只是大概从10来年前开始，中国人才大致过上了农产品“供需平衡、丰年有余”的好日子。

在此之前的短缺故事你一定已经听了许多，但也许不清楚，20世纪50年代的时候，全国大概有30多亿亩土地，却没能养活当时的6亿人。现在呢？我们用18亿亩耕地，已经连续7年实现了丰收，油料、蔬菜、水果、肉类、禽蛋和水产品总产量稳居全球第一。中国用全球6.5%的淡水资源、9%的耕地，养活了20%的人口，这真是个了不起的成绩。

有一只无形的手（也许是最有力量的手）在推动这种变化——科技。中国农业科学院农业经济研究所几年前搞过一项研究，结果显示：

在对农业国内生产总值的贡献中，每1块钱的投入，教育、道路、通讯、灌溉、电力的回报分别是3.71、2.12、1.91、1.88和0.54元，而科技的回报高达9.59元。在对粮食生产能力的贡献中，每1块钱的投入，灌溉、教育、道路、通讯、电力的回报分别为5.56、2.02、1.95、1.84、1.37元，科技的回报则高达4.41元，仅次于灌溉。

对，你已经想到了“科技是第一生产力”这句耳熟能详的话。我对这句话最深刻的体会是在重庆的一个小山村。一名农业技术员来到村里，如同“香饽饽”一样被农民们抢来抢去。在他们眼里，可不就是技术员代表着“第一生产力”嘛！他甚至不光传授技术，还是“人民内部矛盾”的调解员，村民们家长里短的事都愿意找他。可想而知，他得到了多大的信任。根据我的采访经验，在全国各地的许多村庄，技术员们总是最受农民欢迎的人。

半个世纪前，华北地区的农妇们都知道一句话："玉米窝头不算好，不如高粱面儿吃的饱。"而近几十年来，许多农作物的产量成倍增长。水稻和小麦的品种已经普遍换了好几轮，每一次新品种的大面积推广都带来单产大幅提高。高粱面、玉米面这些粗粮早就从老百姓的主食谱上退居二线——当年它们作为主粮，仅仅是因为产量高于水稻和小麦。

如今，精米细面成了寻常百姓饭桌上的主食。而当营养学家提醒人们要"少吃肉、多吃菜"时，你是否清楚，中国的养殖业规模已经位居世界第一？规模化、工厂化的养殖模式背后，是饲料、营养、加工、疫病防控等一系列关键技术在起作用，更是粮食产量不断提高的结果。

在全国各地，我见过许多亩产上千公斤的玉米地、700多公斤的小麦田，也见过开着灿烂的黄色小花的"双低"油菜——这种油菜使菜籽油摇身一变成为高档的健康食用油，还见过不用打农药、虫子不敢吃的棉花地——那是运用转基因技术培育的抗虫棉，而袁隆平等科学家培育出来的一系列杂交水稻品种，更是让全世界都为中国鼓掌。这些都是农业科技人员引以为荣的成就。

"我个人觉得，新中国成立以来通过自主创新对产业做出重大贡献的有两个行业，一个是国防——实现了'两弹一星'，对我们的国家安全、国际地位奠定了基础。另一个就是农业。"吉林省农科院院长岳德荣不无骄傲地认为，"农业科技的贡献非常巨大。"

还有一些农业专家说，目前中国农业科技水平总体上和发达国家相差10~15年左右，但在农业生物技术的一些前沿领域，比如生物农药、生物饲料、生物工程疫苗、生物工程诊断试剂、动植物生物反应器研究等方面，中国已经处于世界先进水平，和他们差不了多少。而在杂交水稻、小麦细胞工程、家蚕功能基因组、重大动物疫病防控等方面的研究水平，甚至还居于国际领先的位置。你不用搞清楚那些技术是怎么回事，但请为搞农业科技的人鼓鼓掌吧。

现代农业就是科技农业。这只推动中国农业跑步前进的手，近些年看上去不那么有劲儿了。

两年前的春天，我在吉林一些农村看到，农民们正在忙着播种玉米。有意思的是，一个坑里只需扔一粒种子就行了。要知道，过去农民总是每个坑里都要放三粒、五粒，等小苗长出来后把长得最壮的那颗留下，其余的又都给拔掉。这叫"间苗"，是为了确保产量而人工进行的优胜劣汰。

一穴只种一颗还能保证全活的玉米种子叫"先玉335"，来自美国的杜邦先锋公司。它耐旱耐盐碱，籽粒重、水分少，产量高，还不用费力间苗，大受农民欢迎。在北方，"先玉335"进入中国市场短短几年，已经让国内的种子公司惊呼"狼来了"，处于节节败退的地步，农资经销商们纷纷转投先锋旗下，争抢"先玉335"的代理经销权。

先锋公司中国区的前任总裁刘石曾经给我算过一笔账："先玉335"2009年在中国种植面积已达1900万亩，按每亩平均增产170斤计，实际带来增产32.3亿斤。如果按市场平均售价每斤0.62元计，因种植这个品种玉米给农民带来的增收额达12亿元。

"先玉335"的温柔一刀，还砍向了国内的育种家们。中国有世界最大规模的农业、最多数量的农业从业者，也有最多的新品种培育机构，但在以"先玉335"为代表的"洋种子"们的冲击下，大家都显得力不从心。

我手头有一本枯燥的专业书《全国玉米审定品种名录》。书中收录了2000年至2008年10月10日期间国家和各省级农作物品种审定委员会审定的3595个玉米新品种，其中国家审定的有340个——仅仅8年时间，全国就审定了3595个新品种！这还不包括培育出来而没有通过审定的玉米种子！

我吃惊地把书从头翻到尾，听说过的几乎没有。事实上，不要说我这个不搞研究不种地的外行人，就连农民又听说过几个所谓的"新品种"？

据中国农科院作物科学研究所的玉米专家张世煌估计，近年来审定通过的玉米新品种中，只有10%左右能用于生产，这10%当中又只有10%有竞争力。换种说法，100个通过审定的新品种里只有1个有竞争力。如果从区域试验阶段算起的话，可能只有1‰左右有竞争力。而如果从试验设计阶段就算起，甚至连0.0001‰都不到。

老天，那些可谓“汗牛充栋”的新品种是拿来给农民种的，还是只养在实验田里的“千金”？甚至只出现在论文和项目成果报告那几张薄薄的纸上?！

这还只是玉米。小麦呢？水稻呢？棉花呢？油菜呢？……这些可都是长期以来最能得到国家科研经费支持的农作物。而在养殖业，奶牛、蛋鸡、肉鸡、生猪等优良品种，绝大部分也是来自国外。

是我们没有好的品种资源可供利用吗？不是。事实上无论是农作物也好、畜禽也好，培育新品种所依赖的种质资源我们并不缺乏，但能交到农民手里、让农民用得满意的好品种却不多。那么丰富的野生物种、农家品种没能充分挖掘，成为育种家们改良换代的利器，真是一件让人非常遗憾的事。

几年前，美国一家生物公司在中国的野生大豆品种基础上培育出了性能优秀的新品种，还申请了一系列的专利保护，这一事件曾经让国内的媒体愤而惊呼：凭什么“种中国豆侵美国权”？但是，换一个角度再来看看，为什么我们守着好资源可就是没有搞出来？大家既然都遵照的是同一个游戏规则，那就怨不得别人了。

这也还只是育种一个环节。一种农作物从育种到产后加工，其间还有耕作栽培、病虫害防控、土壤肥料、农业机械等各种技术领域。哪一块木板短了，都会影响到最终的产品。

再以病虫害为例。近年来，在水稻、玉米等大田作物中，有几种迁飞性的害虫非常让人伤脑筋。比如灰飞虱，这种害虫每年春天从东南亚的稻田起飞，像候鸟一样一路往北，起起落落，吃吃走走，最后经山东出了国，飞到朝鲜、韩国甚至日本去。所到之处，严重时稻丛成团枯萎。

这是天上飞的，还有地里钻的，专家叫“土传病害”。比如许多真菌类导致的菌核病、疫霉病、根腐病……多到许多专门研究这个领域的专家都认不全。

一位在植保系统工作的科技人员说，以前他们每年固定的是春秋两个季节去地里忙活一阵子就行了，可现在呢，一年四季都在忙，永远有灭不完的虫子。过去北方见不到南方的虫，现在出现了。过去不该这个季节有的虫，现在也有了。

最讨厌这些虫子的莫过于农民了，可是张家一打药，虫全跑到李家地里。李家一看虫来了，也赶紧打药，结果虫又回张家的地了。一家一户的小农生产方式，这种“马赛克”式的种植结构，给公共植保带来难度。面对如此复杂的“敌情”，要想“虫口夺粮”，仍需花大功夫。

还有最热闹的转基因技术。支持者是转基因的研究者，他们说如果这一步落后了，中国将失掉未来在世界上的农业话语权。反对者则坚持，转基因对生态环境的影响不可预知，天知道会不会产生新的超级杂草、超级害虫……到底是救命稻草还是潘多拉的盒子，没人能说得清。是是非非众说纷纭，背后有很多非科学的因素在左右。科学的快车如果没有能力驾驭，谁也说不好会把我们带到何方。

中国有全世界最庞大的农业研究机构和人数最多的农业科技人员，号称1万中央军、10万地方军、100万推广大军。你或许想知道，专家们现在都在干嘛？有位“业内人士”给我总结道：

一等专家（官方叫“领军人物”，科技界叫“大牌”、“大腕”）忙着到处开评审会、论证会、鉴定会，到各地考察工作，不管是不是自己的学术领域，人家都希望他们能发表高见，颇似影视明星“大腕”赶场。

二等专家忙着拉关系、跑项目、编课题，许多科研单位、农业高校在评职称、发奖金、分房子的时候，衡量一个专家水平高低就是看手头有多少项目、能养活多少手下人。

三等专家呢，才是真正的科研主力军，“老板”（这是他们自己的叫法）把任务交代下来，由这些科研骨干分子去付诸实际行动。

国务院发展研究中心社会部部长葛延风，对农业科研领域（也许不单单是这个领域？）种种不正常现象有过透彻的分析：“投入越来越多、队伍越来越大、论文越来越多、动不动就是‘国际先进水平’。但是，有价值有影响的成果少、贴近生产能解决问题的少、为今后科研打基础的少。一句话，花的钱越来越多，但远远没有发挥应有的贡献。”

根据2006年全国人大农委的一次调研，由于科研项目、课题立项管理周期偏短，缺乏连续稳定的支持，农业领域国家科技进步一等奖以上的奖项，已经由“七五”、“八五”期间的27项下降为“九五”、“十五”期间的14项。从1998年到2006年，农业领域的国家科技发明一等奖一直空缺。

“应当是产业出了问题你要拿出来技术，现在却成了一出问题大家都很兴奋，因为新的要钱理由来了。”葛延风说。

他还分析了农业科技表现不佳的两大根源：

散——从中央到省、市、县都有科技管理部门，层层抓课题，个个管项目。仅国家层面，不仅科技部项目众多，其他部委也几乎都有项目，省里的科技厅、农业厅等也是如此。如此多的管理部门，如此庞大的项目量，却缺乏科学、高效的顶层设计和管理，科研经费形不成合力。（采访中我听说，有的科研人员，甚至“有本事”从近70个渠道申请项目和经费。）

偏——目标偏差，不是以推动产业发展为目的，而是什么赚钱做什么，科研活动功利化、短期化，而且没有监督问责机制，干得好干得坏，没有客观评价标准，钱到手后最后以一份漂亮的“PPT”就能交账。

我问过财政部的一位中层干部，全国每年对农业科研的投入大概有多少钱。回答说：“一笔糊涂账，没人能说得清。”管国家账本和开销的人都说不清，不是他们工作失职，而是各个部门、各个地方、各个不同层级的管理单位都在“撒胡椒面”，这怎么管？

大家都在绞尽脑汁编新名词来套钱。蛋白质组学？实际上就是转基因研究。耐旱？换个表达就成了“抗水分胁迫”。可是，大家只愿意化缘没兴趣念经。

小麦育种7年一个周期，一棵果树新品种需要二三十年培育，一头猪、牛新品种甚至要花更长的时间，谁还有那个闲功夫等待？人们耐不住寂寞，不愿意也没有环境去积累，厚积薄发是个空想。

有人不平地说，农业科研充满了骗局。这年头想致富的话，最好成立一个民间科技公司，找几个有名望、能搞来项目的科学家就可以分钱了。在科技界，“项目油子”、“课题掮客”这类角色层出不穷。“象牙塔”里也弥漫着金钱的臭气。

这个社会像是一辆开足马力在土路上狂奔的汽车，后面扬起满天尘土。每一个人就是一粒灰尘，上上下下找不到自己的位置——无力选择、没有沉淀。整个时代都很浮躁，科学家群体也没能独善其身。一些科学家们在浮躁中沉浮，也为浮躁的环境推波助澜，围着项目追逐。

中国人曾经非常善于自省，可是不知从什么时候开始，大家变得不那么容易看到自己了——不是自我，是自己。前者是外在的，而后者则观照内心。

当科学家这个群体因占有国家资源的严重不均而贫富分化，有“科技老板”也有“科技乞丐”的时候，我们靠“人海战术”和极少数科学家的灵性加才智创造的骄傲成绩，还能维持多久？很难想象，一个人如果失去了目标会走多远。一个群体如果失去了目标又会对社会有多大的影响。

除了既得利益者群体，没有人愿意看到这种情况再持续下去。

这本书的内容是有关农业科技体制改革和反映科学家群体生存状况的。老实说，对于我这个农业系统之外、科研系统之外、政府管理之外的旁观者而言，全面地梳理和分析这个话题是一件危险的事，一定会招来无数的耻笑。那些受人尊敬的老一辈“三农”问题研究专家，以及功成名就的农业科学家，对这个话题才最有发言权。

但我又不能不写点什么。从事“三农”报道10多年来，我头一次发现自己找到了一个最大的兴奋点，因为它可值得研究的问题太多，因为它事关未来中国人的前途，也因为它既能写得轻松愉快，也能让人读得累心。

一个偶然的机会，让我相继接触到几位农业科技界的“圈里人”。一位上年纪的水稻专家，回忆起当年参加全国性的水稻联合育种工作时，对那种“全国一盘棋”的协同配合记忆犹新，满怀留恋。可是现在，七八个人的课题组就算是规模比较大的了。

农业科研体制的变迁，最让科学家们感到不满的阶段是上个世纪的90年代。那是一个空气中充满了改革味道的时代，每个机构、每个人都在思考如何通过变革来改变现状。对科技体制的改革也从那时开始渐入高潮。

改革的推动者们相信，市场化的竞争机制是一剂苦口良药，可以大浪淘沙始见金——那将为中国打造出一支真正有力量的科研“国家队”。但是事实证明，这剂良药显然太苦，许多病人吃不消。

如果再早点、从上个世纪80年代“科学的春天”开始算起的话，科技体制的变革更是跌宕起伏。科学家们从集体研究到自主意识的迸发，像当年农村“包产到户”一样激发了无穷的生产积极性。

但同时，一个个相互关联的科研领域也陆续被切割成了一条条、一块块、一片片。大家纷纷占山为王，军阀割据，明争暗斗。手中高擎的科学大旗，成了为谋生而高声叫卖的广告牌。

华中某市一家研究所的所长，就是这段改革的一个亲历者。用他的话来说，是“这20来年一直在为生存挣扎”。

“那年月科技人员全是乞丐，哪里有饭吃、有项目就像蜂一样涌去要饭。尤其是有影响力的科技人员，第一职责就是要饭。要把钱找来，大家等米下锅呢。”

一个闷热的夏夜，在这座城市郊区一汪秀丽的湖水边，我们侃侃而谈。所长敞着雪白笔挺的衬衫说：“我根本不是什么所长，简直就是个丐帮头子，无非是把乞丐们组织得更好一点，要饭要得更好一点，规模化地去要饭。”

“那时候国家不管？”我问这个“丐帮头子”。

“管啊。我们所是全额拨款的事业单位，但事业费只够离退休人员开支和医药费。在职人员的工资福利没有，搞科研的钱更是一分钱没有。不要饭怎么办？”他摊开双手继续说道，“要来饭了，大家先吃饱，然后剩下点再搞科研。”

“要饭怎么要？”我很好奇。

“找各个部门啊。不管研究方向、研究任务、国家需求，只要是有钱的部门就统统去要。我这个所长也管不了——你把饭要来就是爷、就有本事。”不知是天热还是回忆起那段不愿再想起的往事，他显得有点烦燥，起初温和安静的状态变得喋喋不休。

说得兴起，他给我讲了一件听起来十分荒唐的事：20世纪90年代，这个研究所的科研处曾经立过一个叫做“元气功油菜育种”的课题。

我的脑子里马上显现出这样一幅画面：几个穿着白大褂、戴着眼镜的男女，在一堆烧杯试管显微镜的包围中站成一圈，两手伸向前方颤动不已，嘴巴里念念有词，油菜种子在咒语中飞速成长，枝繁叶茂，顶破了实验室的天花板……我挥挥手，打断这个不由自主钻进脑子里的鬼念头。

“怎么想出这招来的呢？气功学会给了1万5千块钱。不是有奶就是娘嘛，钱拿来就算数，至于结果，没有人会追着问。”他自嘲地问了我一句，“你相信这是一个国家级的研究所做的事吗？”所长甚至还很肯定，搞“元气功育种”的不止他们一家。

不光是指望要钱，赚钱的路子他们也走过——这是当年改革的题中之义。在“稳住一头、放开一片”的大旗挥舞下，这家研究所办了鸡场、猪场、蘑菇场，开办门市部卖啤酒饮料，结果没几年全都倒闭。赶鸭子上架，那些科学家根本不是搞这些营生的料。

又10多年过去了。随着科研经费的大幅度增加，科技人员不用四处要饭了，但很多人站在十字路口，想要寻找自我。

农业科研究竟是为了什么？这个问题说简单也简单，说复杂也复杂。每个人都明白，是要为农业的发展，但具体到自身，是不是还能真正以此为标准和方向，真的有点难。学术造假、论文抄袭、口诛笔伐只是泛起在水面之上的虚幻泡沫，掩藏在海面之下的，是不断发酵和膨胀的欲望。

举国重科技，但科研到底怎么搞，没几个人能说得清楚。为了写这本书，我采访过50多位科学家，并问过其中许多人一个相同的问题：科技部还有没有用？因为我记得，前几年有科学家联名公开表达过撤销科技部的建议。

面对我的这个问题，果然还是有不少人认为应当如此。可是，撤销了科技部真的就会好起来么？我觉得不是那么简单。

否定一个事物，永远比建立起一个新事物要来得容易。

希望总是有的，这是我采访中的另一大感受。中国虽然不算太富裕，但日子已经比较宽松了。政府更是足够重视农业，国家领导人经常挂在嘴边的一句话是“重中之重”，还有比这个更重的形容词吗？

再从农业科研本身来看，无数的大课题、小项目其实已经打下了一个又一个桥桩，虽然有些已经垮掉，有些晃晃悠悠，有些无力支撑，但仍有更多还很牢固。更重要的是，科学家们率真的天性还在，科研活动带来的创造力不灭。

从科学的此岸到彼岸，需要架一座桥。

华中农业大学有位科学家曾经兴奋地对我说：“再也不用去跑什么狗屁项目了，我现在有了稳定的支持。”

我当时觉得他可真单纯。“稳定的支持”，难道不应当是个常识吗？为什么大家要跑项目？是什么原因让科学家们得不到稳定的支持？

很快我就接触到了一个诞生在科研管理体制内的新生命——现代农业产业技术体系。这也是我采访中听到最多的一个词语。

“没有门户之见，是个相当开放的体系。”

“体系不是项目，是一个科研和管理组织。”

“它把科研从上到下打通了，从下到上也打通了。”

“不让任何人失去什么，同时又让一部分人实现了想做点事的愿望。”

"大家形成了合力。"

"稳住了一帮人，可能对10年、20年之后有大影响。"

"没有动体制，是机制的创新。"

"充分信任科学家，监督机制也体现了民主。"

"产业上的需求有人来管了。"

但也不是所有人都是溢美之词：

"只是技术上的创新，解决不了科学问题。"

"总是让我填日志，烦死了。"

"天天下基层，都快成技术员了。"

"不让承担新的课题，怎么养活我的团队？"

"体系里的科学家没有'名分'。"

"不做项目，那科研怎么搞？"

……

现代农业意味着什么？产业技术与以往的农业科技有何不同？这个体系又是个什么组织？它有能力成为那座桥吗？我顺藤摸瓜，并试图找出包括自己在内的许多人想搞清楚的事情——科学研究的目的是什么？科研活动可以怎样进行？

我承认，这本书之所以用大量的故事、对话和例子来组织，是因为我不知道还有什么更好的方式。前面已经说过，我没有能力把这些问题上升到理论高度和政策层面，甚至有没有做到完全领会采访对象的思想精髓也不太肯定。

"七分采访三分写作"，把采访对象"吃干榨尽"，让他们对我说点掏心窝子的东西，就是我唯一的行动指南。在近两年的时间里，我像一只勤劳的小蜜蜂，东跑西颠到处寻找好的故事。

在此之前，我一直觉得自己跟科学家群体有从地球到月球那么远的距离。幸运的是，对科学家们木讷少言的担心纯属我的个人偏见，每个采访对象的背后都有一串串掩在沙土里的宝石等着挖掘。我要做的，就是尽力还原。

采访是顺利和愉快的。

当科学家的神圣光环在我眼中消失的时候，我发现他们和我们没什么两样。不管是院士还是默默无闻的研究者，不管他们是逻辑性非常强还是喜欢感情用事，不管是学术地位极高的“大腕”，还是风头正劲的中年学者，我都感受到了他们身上的激情和纯朴。

这些人有理想也有顾虑，有时意气风发也有时愤世嫉俗。社会上的浮躁和功利也影响着他们，但有些人还在坚守。

有的人有想法、有能力、有影响，已经或正在推动着农业科研这辆大车隆隆前行，尽管可能走了弯路，但我仍想表达对他们的敬意；有的人位卑而志远，身体力行地影响着周围的人，也赢得了人们的尊重。

随后的写作过程中，我觉得自己像一只笨拙的狗熊，面对采访来的一大堆故事、一群仿佛还在我面前栩栩如生的人物，不知如何取舍。最简单的归纳总结都让我绞尽脑汁，但我发现把他们活泼的话语和鲜明的事例写出来时，其实没有费太多力气。

所以，这本书就全靠他们说话了。

感谢所有接受采访的人。

作者

2011年2月，北京

目录·摘要

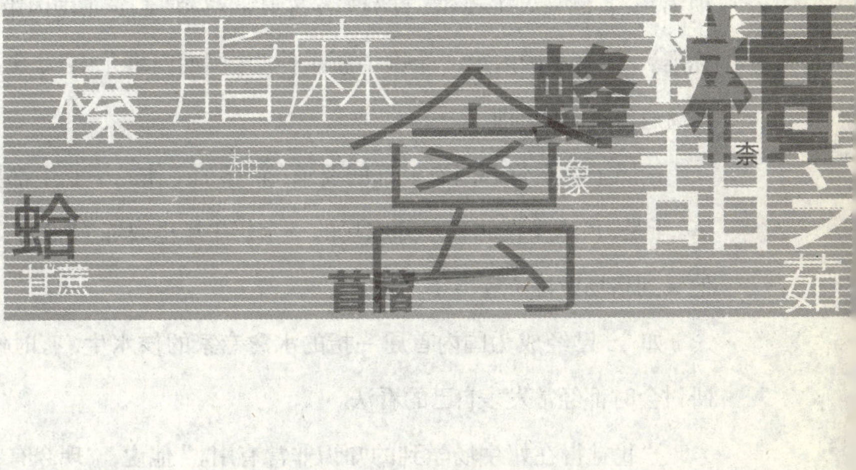

第一章
001-013

侯水生告状

国内首屈一指的水禽专家侯水生，既有深厚的理论研究功底，又能为养殖企业带来实实在在的利益，在养鸭养鹅的领域是个广受欢迎的人物。

面对一项国家重点科研项目“花落旁枝”，愤愤不平的侯水生揣着告状信，闯进了农业部大门……

2009年一个阳光充足、空气清冽的冬日，在西山脚下的中国农业科学院北京畜牧兽医研究所里，当回忆起人生中最难的那段经历时，年过半百的侯水生两度哽咽，几不能语。

1983年，侯水生从西北农业大学毕业，分配到中国农业科学院北京畜牧兽医研究所。1957年就成立了的这个研究所，曾经开创了中国畜牧领域科研工作多项第一：首例马人工授精、首例羊冷冻胚胎移植、制定了国内第一个《鸡的饲养标准》、培育了国内第一个肉牛新品种"中国西门塔尔牛"、建成世界上最大的畜禽遗传资源体细胞库……

按照上级主管部门农业部的要求，新参加工作的毕业生都要去生产一线锻炼。于是，侯水生在北京东郊农场的一个奶牛场里锻炼了8个月。离开牛场以后，他又到猪场锻炼了近半年。

如今，已经成为国内首屈一指的水禽专家的侯水生，有时候参加奶牛技术研讨会时都经常发表自己的看法。

"我觉得在奶牛场学到的知识非常有用。"他说，"现今有些搞奶牛研究的人，有许多事儿他们没干过，比如挤奶、喂牛。没干过就不知道怎么去做，也不知道到底是什么东西影响了奶牛的产奶量以及试验数据的准确性。"

一年多的锻炼结束后，侯水生回到北京，像所有科研人员那样，正式开始了他的实验室生涯。他的导师是曾任畜牧所副所长的黄俊纯研究员。黄老师是一个对自己、对学生都非常严格的人，从实验设计到整个操作流程都要求一丝不苟。侯水生一丁点的疏漏都会挨批评，当时觉得很丢人，但却深深影响了他的一生，到现在都认为"受益匪浅"。

"黄俊纯老师很聪明。做科学研究，方法是第一位的，有一个科学的方法才能取得一个很好的、可信的结果。黄老师就是这样的人，他总能找到正确的方法。”侯水生说。

侯水生所在的课题组，在当时的动物营养学界是个非常出色的研究团队。这个课题组重点是研究家禽的维生素、氨基酸营养，是国内最早运用液相色谱、氨基酸分析仪进行饲料维生素、氨基酸测定的课题组，为不少科研机构培育出一批研究人员，研究实力遥遥领先，并带动了全国动物营养研究。

这个课题组的最大特点，是到生产第一线比较多，对国内养殖业，尤其是养猪、养鸡的生产情况非常了解。基于此，课题组率先提出了“预混料”的概念，并以实际行动推动了这个产业的发展。

预混料是添加剂预混合饲料的简称，指的是将一种或多种微量组分（包括各种微量矿物元素、各种维生素、合成氨基酸、酶制剂及动物保健品等添加剂）与稀释剂或载体按要求配比，均匀混合后制成的饲料产品。

“简而言之，就是含有动物生长所需的多种微量营养成分，是十分重要的用于生产安全、优质、高效商品饲料的组成部分。”侯水生用他能想得到的最通俗的话解释道，“你将预混料加入到饲料中，营养实现了平衡，动物的生长发育、饲料转化效率得了到改善，包括抗病能力、免疫等等都得到了改善。”

20世纪80年代的中国农村，是农民收入增长速度最快的一个历史时期。包产到户解放了农村生产力，养殖业成为农民新兴的致富渠道。但在当时，规模化的养殖场少得可怜，几乎都是农民自家养上三五头猪、几十只鸡。除了自己剁猪草、喂鸡食，乡间还出现了许多很小的饲料作坊，生产出的饲料产品质量不稳定。

预混料概念的提出，就与当时养殖业落后的生产方式有关。

“预混料是在饲料没有实现工业化的条件下提出来的概念。”侯水生解释说，“预混料里用的维生素、氨基酸、微量元素这些非常重要的营养素，农户一是不好买，二是不知道怎么配，即使配了也混不匀，这样的话就影响了饲料质量。”

预混料概念以及科学配方产品的推出，在当时大大提高了饲料质量和利用率，许多饲料企业至今受益，是一个非常适应养殖业和饲料工业发展历史阶段的生产理念和技术革新。

侯水生所在的这个研究家禽营养的课题组，与一批饲料加工企业合作生产预混料，不仅给企业带来了可观利润，也成为畜牧所的创收大户，收入最高的一年曾给所里创造了近80万元利润。在当时国家投入科研经费相当有限的情况下，这无疑是一笔令人高兴的收入。

但是，这个课题组的做法却在当时的畜牧所里引起轩然大波，陷入了非议的旋涡。一顶无形的“不务正业”的帽子，扣在了课题组每个成员的头上。有人甚至当面指责：你们搞的这个不是理论性的东西，不是科研的路子。直到现在，仍有人坚持认为，科研就应该在实验室里做研究。发论文就有水平，不发论文就没水平。

“动物营养研究最根本的出发点，就是要把研究出的成果加以应用，对吧？研究出的数据应用到生产中要马上能发挥作用才行。”侯水生说，“比如说维生素A、D、E，维生素B_1、B_2、B_{12}，我们实验室都系统开展过这些营养成分的动物试验研究，得出的数据非常有用。动物缺了多少，需要量多少，在什么样的条件下能获得比较好的生产性能……这些数据对生产非常有用。”

“可是，当把这些研究成果变成生产力的时候就引起了分歧。有些人认为我们不走传统的正道，只会干不会写。”他说。

于是，“只会干不会写”的侯水生一气之下，对过去完成的试验进行了梳理，三个月写了十多篇论文，并在国内外的重要刊物上发表出来。

直到现在，侯水生提起这件事都有些耿耿于怀：“我们当时每年给所里上交七八十万，没有一个课题组能有这么大的贡献。没有！”

“那时候我们所里专门有一个开发处管理经营，客户把钱直接汇到开发处的账户上，我们根本不经手。买原料是先到所里拿支票，很正规的运作。但是有些人说，你给所里交了这么多，你们拿了多少？无中生有的事儿有很多。”他说，“后来所里决定不让我们做了，我们已经打好了家底，所里却把这摊事交给了其他人，结果干了没两年就垮了。”

“就是说，这个事还要做下去，但是不让你们这摊人做？”我问。

“对。”

“理由是什么呢？”

“没有任何理由。”他又无奈地低声重复了一句，“没有任何理由。”

我有些过意不去，硬要追着问这些。显然，侯水生心里已留下了不可磨灭的印记。

“这件事对黄老师影响太大。”侯水生说，“他是那种典型的老派知识分子，受点委屈忍忍就算了。但我那时是个毛头小伙，谁也不怕，找领导理论，不过也没有用。”

1994年，侯水生去了意大利参与一项研究。正当他刚与英国的利兹大学联系好准备读博士时，接到了黄俊纯从国内打来的电话，希望侯水生能回去帮助他继续研究课题，因为黄俊纯告诉他，自己身体欠佳。

侯水生犹豫不决：“我觉得自己的性格在西方国家可能更适合，直来直去，大家有什么就说什么。跟老外们很合得来。”

1995年6月，经过再三考虑的侯水生选择了回国。3个月后，黄俊纯因患肝癌去世了。

“我的老师人很好，有老一代知识分子的特点，经常忍气吞声。他不像我，别人踢我一脚，我就得还别人一脚，我是这样性格的人，他没有我这种冲劲和勇气。”侯水生黯然地说，“一想到他不在了，心里就非常难受。直到现在，我都不喜欢回忆那段经历。”

侯水生转过头去。沉默。我递给他一张纸巾。

两年后的1997年，由这个课题组主持的国家“八五”攻关课题“猪、鸡营养参数及配方新技术研究”，在侯水生的率领下获得了国家科技进步二等奖。此时，黄俊纯已经去世两年。“八五”课题结束后，侯水生课题组的研究经费日渐困顿，账上只剩8500元钱。

“那时候，动物营养研究经费集中在几个人手里，你知道么？这真是太糟糕了。”

“集中在几个人手里，是指农科院系统吗？”

“不。是全国。”

“全国搞动物营养的研究经费，集中在几个人手里？”对这个说法，我无法不惊奇地向他确认。

“大部分集中在他们手里。他们拿了30%到40%的科研经费，但是做了什么？”他不平地说。

“这个动物营养包括鸡鸭牛什么的吗？全都包括吗？”

“是啊。你可以去做个调查。拿了国家科研经费，却做不出什么成果，我搞不清为什么。我觉得是不负责任，真不知道他们这个钱是怎么花的。”

在畜牧业，长期以来发展最受重视的是养猪和养鸡。因此，研究猪、鸡的人很多，争取项目和经费的竞争一直很激烈。

与此同时，在与企业和养殖户的接触中，侯水生越来越感觉到，国家在猪、鸡、牛方面投入了大量科研经费，但相对而言，鸭、鹅这样的水禽业仍有很多实际问题没有解决，也几乎没有经费投入。

即使在本世纪初，中国水禽养殖业落后的生产方式也没有得到根本改变。全国九成左右的肉鸭是分散饲养的，环境差，鸭病交叉感染严重，所以养殖户频繁使用各种药物，食用安全不能得到保障。而蛋鸭、肉鹅一直是在传统水域放牧方式，活动的水域可能受到不同程度的工业或民用水污染。鸭鹅活动也严重污染了周边水域环境。

“1996年那时候，全国一年出栏各种类型的鸭子约10亿只，规模已经很大。如果稍微有点技术进步的话，就能给养殖户带来明显效益，许多事都很值得去做。可是当时全国也没有几个人做水禽方面的研究，好多基础数据都缺乏。在国家层面的科研计划里，一年能有10万块钱就不错了，杯水车薪而已。”他说。

与生人打交道时，侯水生甚至有些腼腆。这样的性格，对于争取研究经费、参与竞争性的课题和项目都是很不利的因素——不能跟掌管项目大权的科技官员“沟通感情”，你侯水生是何方神圣，人家为什么非得把经费给你？于是，发现了水禽研究大量空白而又不爱求人的侯水生，与企业进行合作成了唯一的选择。

事实上，1997年后，侯水生的研究与企业的结合一直没有停止过。他帮助河南、辽宁、河北等地的企业提高了养殖水平，解决了许多技术难题——从猪、鸡到鸭，他自身也积累了丰富的实践经验。来自企业的横向课题经费对他的研究是一个重要支撑。因此，侯水生一直乐此不疲。

“我觉得农业科研一直有个普遍问题，就是研究到底怎么做更适合生产实际，这个非常重要。研究了半天，老百姓却用不上，这没用。我们面对的是千千万万的农民，他们的知识水平确实比较低，这个得承认。应该用先进的理念去影响他们。这个太重要了。”

他对此感受颇深：“在农民那儿，你要是没有两把刷子他根本不认你。他们才不管你是多大的专家、多大的牌子，关键看能带来多大的帮助。”

“水禽这个市场非常大。在各大菜系中，水禽肉蛋都是重要原料。”谈起这个话题，侯水生津津乐道，絮絮叨叨说个没完：“烧鸭、烧鹅、酱鸭、酱鹅、盐水鸭、风鹅、樟茶鸭、香酥鸭、咸鸭蛋、皮蛋、松花蛋……都是老百姓饭桌上常见的菜肴，消费量巨大。吃重庆火锅，鹅肠、鸭肠、鹅血、鸭血是必备的食材。仅仅是北京烤鸭，每年北京市的消费量、加工量就接近5000万只。”

他还给我算了一笔账：全国每年鸭子出栏量超过35亿只，论产值的话上千亿元没问题，在农业领域应该是一个很大的产业。还有鹅，一年产值也有数百亿元。再从节约资源的角度看，全国养鸭一年消耗饲料约3600万吨，如果提高1%的利用率，每年最少可以节约36万吨饲料，这就是很大的一个数字。

正当侯水生越来越感到水禽研究的重要性时，研究所领导也在为一件事犯愁：所里在北郊昌平区的北京鸭试验基地入不敷出，快支持不下去了。几经考虑后，觉得侯水生能力强、“会搞效益”，让他去管理是最合适的人选。

“所长和书记找我说，那个鸭场你来负责管理吧。当时那个基地亏了大概40多万。”结果，侯水生接手后，让同事去查账时发现亏了60多万。当时，这个鸭场只有四五百只鸭子，设施破败不堪。

接下鸭场，侯水生开始一心一意琢磨起鸭子的事儿了，整天泡在鸭圈里。

“鸭场的条件确实太烂了，不像是国家级研究单位，根本不具备研究条件。”侯水生说，“要是不改造，像我这种严格要求实验条件的人没办法去做。实验条件那么差，实验数据可信不可信都很难说。条件不具备，做了有啥用啊？”

破烂到什么程度？举个例子来说吧：为测定个体产蛋性能，需结合鸭的行为习性制作类似鸡的自闭产蛋箱一样的设备。由于经费短缺，研究人员只能用短木棍直接插入土地中围成100多个方形围栏。后来虽然改进为铁丝笼，母鸭能够各占一笼产蛋，并做出记录，但仍粗陋不堪。

修缮鸭场、改善研究环境需要钱。但是当时对水禽研究几乎没有投入。于是，侯水生一面把前些年做饲料添加剂赚的钱补贴进去，前后大概投入了三四百万元改善鸭场的试验设施；另一方面广泛联系养鸭企业，争取企业的经费投入。

有一家曾经受惠于侯水生的企业愿意为他出钱出力，找了施工队来帮忙。企业老总到鸭场看过后对侯水生说：你需要多少人我就给你多少人，需要怎么做我就给你怎么做。

但是做什么、怎么做，侯水生说了也不算。进行基础建设，必须得所里同意才能干。侯水生先后给所里面打了多次报告交上去，始终没有答复。

于是，侯水生请了正副几位所长、基建处长等头头脑脑，去鸭场考察工作。“车子开进去，土有一尺深，全是虚的，也没有排水，什么都没有，就是这样的条件。领导们都看在眼里了。”他说。

虽然都看过了，可领导们还是没有表态。侯水生等不及，认为不表态就是不反对。于是他开始大张旗鼓地干了起来。可没想到，在整修工程结束后，还是引起了某些领导的不满。不过，据侯水生说，反正所里没再找麻烦了。

“鸭场建设没拿所里一分钱，盖了1500多平方米的房子、修了路和排水系统，把里面天翻地覆地搞起来了，鸭舍里外都看上去挺不错的。所里不知道你搞基建的钱是怎么来的啊？这就是他们感到不解的地方。所以，人家没有找我麻烦就不错了，对不对？”侯水生自嘲。

无论如何，几年下来鸭场不仅整体面貌焕然一新，而且亏损的漏洞也填上了。这件事得到了所里职工们的认可，一些已经退休、过去管理过鸭场的老研究人员们看过后也很高兴。

也许是“水生”这个名字的冥冥巧合，如今，侯水生已经是国内首屈一指的水禽专家，博士生导师、研究员，有一连串的职务和头衔：中国农业科学院畜牧研究所水禽营养室主任，农业部有突出贡献中青年专家、享受国家政府特殊津贴待遇。

“十五”期间，侯水生领导下的课题组使北京鸭的主要生产性能恢复到原有水平。2006年，他和同事们培育的Z型北京鸭通过了国家畜禽新品种审定，获得了国家级新品种证书。侯水生对此非常得意，认为自己的付出非常值得。

同时，侯水生利用科研开发收入及从企业获得的研究经费，对北京鸭的能量、蛋白质、氨基酸、维生素、微量元素的营养需要量数据开展了深入、系统研究，并对全国40种鸭常用饲料资源的品质进行了系统评价。2010年还提出了中国肉鸭的饲养标准。这项工作对于肉鸭产业提高饲料资源的利用率、提高农民的养殖效益十分重要。

“还有个事儿，我不知道该不该说，你自己去掂量着。”侯水生犹豫了很久，说了这么一句话。随后，讲了下面这个故事。我也犹豫了很久，决定把他的故事写下来。

2008年4月，农业部在其官方网站上发布了一则通知：“‘十一五’国家科技支撑计划重点项目‘畜禽新品种选育及快繁技术研究’已通过科技部组织的专家论证。根据《国家科技支撑计划管理暂行办法》的要求，我部组织编制了《畜禽新品种选育及快繁技术研究课题申请指南》。现将该申请指南印发给你们，请按相关规定组织课题申报。”

支撑计划是为解决经济社会发展中的重大科技问题而设的国家科技计划，重点是解决涉及全局性、跨行业、跨地区的重大技术问题，着力攻克一批关键技术，突破瓶颈制约，提升产业竞争力。科技部负责统筹和宏观管理，一些行业类部门负责项目的组织实施。

农业部网站上公布的这个课题申报指南，就是由其组织实施的支撑计划中的一个项目，总经费为1.5亿元，实施期三年，下设11个课题，其中的“优质水禽新品种选育与产业化开发”课题经费为1000万元。

对搞水禽的人来说，1000万的研究经费是从来没有过的一个“天文数字”。这说明随着国力的增强，国家对科研支持领域在不断扩大，动物研究方面从猪、鸡、牛为主有所扩展了。

国内研究水禽的“圈子”并不大，1000万元如一块巨石，激起了千层浪。包括侯水生在内的研究者都跃跃欲试。但是，侯水生已经无法以主持人的身份申报了。这是因为此前的2006年，国家“十一五”规划开始时，他主持了另一个科技支撑计划课题——“家禽健康养殖新型模式研究与示范”，根据项目管理的有关要求，他不能再主持新的课题。

“刚开始时，那个‘盘子’比较小。”他解释说，“‘十一五’规划开始时的家禽育种项目是把所有家禽研究列在一起，肉鸡、蛋鸡、水禽一共700万，5年。三拨人马一分的话，我们搞水禽的只有190万，一年不到40万。这不到40万的经费有五六个单位来分，一个单位每年就几万块钱，怎么做、做啥呀？”

所以，可以想象，后来这个1000万元的课题，会让搞水禽研究的人们何等激动。侯水生和其他几位研究者组织了一个课题组，按规定向农业部进行申报。上海市农科院的何大乾研究员被大家推举为课题牵头人。

“他是搞鹅的，博士之前他进行鹅的研究有十几年。他长得比较年轻，看起来是个娃娃脸，但是年龄不小了，大家觉得他素质够，就推举他来牵头。”侯水生评价道。

5月25日，农业部组织了“畜禽新品种选育及快繁技术研究”的课题专家评审。结果是侯水生参与的那个团队落马，课题花落旁枝。

6月的一天，水禽专家侯水生怀揣一份两页纸的材料，走进位于北京东三环长虹桥东北侧的农业部大门。他是去告状的。这份材料每一页上都有他的亲笔签名。

“出了什么问题？这个课题是要搞水禽的育种对吧，种在我们手里，鸭子的种、鹅的种都在我们手里，他们过去没有搞过这方面的技术，连个鸭群都没有，连个鹅群都没有，上哪儿育种去？骗人。”

侯水生说，申报成功的团队牵头人长期从事鸡品种资源研究，水禽方面仅在蛋鸭品种资源上用微卫星技术做了研究，没有育种研究基础和积累。而第二副主持人长期从事基础研究，与水禽实际育种和产业化无关，没有基础。

“我们的申报团队长期从事北京鸭、蛋鸭、肉鹅新品种选育和产业化开发，曾经在没有国家课题经费资助的情况下，以课题组的创收进行水禽育种及推广。”侯水生说，“‘十五’以来我们承担了国家科技攻关计划和国家科技支撑计划水禽方面的全部项目，建立和锻炼了一支鸭、鹅育种、饲养技术研究和产业化开发的稳定团队。没有理由被淘汰。”

可事实是，他们就是被淘汰了。原因不得而知。

“事情是这样的结果，我很生气，也很郁闷，觉得窝囊得很。一帮人搞水禽的人没能争得过人家不搞水禽的人。大家都说，侯老师我们和你一块做这个事，没问题，都会尽力去做。结果被不干这个事儿的人把课题拿走了。我没办法给他们交代啊！”

“没钱的时候我也干得很好，所以什么都不怕，我和那么多企业有联系我怕啥呀。但是对其他人打击很大。我当时想，我不干了行不行？那也要搞得天翻地覆。真的，我当时就是这种态度，很冲动，就找农业部的领导去了。”

侯水生谁也不认识，但他和何大乾很快找到了位于农业部办公楼4层的纪检组。对方把他们转介绍到畜牧业司，畜牧业司又把他们介绍到科教司。最后，他敲开了9层的科教司一位副司长的办公室房门。

这是侯水生第一次直面国家部委的官员。他发现，眼前这位官员乐于倾听，也没什么架子，所以侯水生很快从机械地背材料的状态放松下来。他的郁闷、愤怒、悲伤，在这间办公室弥漫开，而肌肉和神经不那么紧绷着了。

很多年来，没有官员如此耐心地听他的意见和感受。得到企业、农户的广泛支持，并不代表得到政府主管部门，甚至自己单位的认可。

不知从什么时候开始，侯水生从“告状”的初衷，慢慢转变成了介绍水禽产业、水禽科研情况。他发现，这位官员的倾听是认真的，问了水禽产业的很多问题，而且边问边与他们两人讨论。告状行动成了水禽产业发展的一次小型研讨。

“告状”的最后结果并没有完全如侯水生起初希望的那样——现实中的事情往往就是如此。但这件事的另一个结果是，几个月后侯水生作为候选人之一，被推荐为现代农业产业技术体系中的水禽产业技术体系第一任首席科学家。

这个体系是由财政部、农业部联合组织的，水禽体系是50个动植物研究体系之一。下文将专门叙述，在此不再赘述。

侯水生后来才知道，当他敲开那位副司长的办公室房门时，现代农业产业技术体系正在遴选第二批产业，当时水禽并没有作为重要产业被列入名单中。

正是侯水生的“告状”让主管者们了解到，中国每年鸭鹅存栏数、屠宰量及水禽蛋产量占世界总产量的70%以上，但至今仍无统一的鸭鹅等水禽饲养标准、禽类肉制品的质量标准和质量控制体系，养殖方式、饲料配制技术的落后及食品质量安全问题等，长期制约着水禽产业的发展。

于是，在选择50个农产品构建“现代农业产业技术体系”时，水禽被列为50个产业之一。侯水生、何大乾等一些长期从事水禽研究的专家成为第一批受聘专家。

水禽产业技术体系召开启动会那天，侯水生把水禽界的前辈、全国的中青年专家和研究生们都请来参加。结束时，一位水禽界的前辈对侯水生说：“你赶上了好年代。”

第二章
014-046

赚钱还是不赚钱？

你可以选择去赚钱，也可以选择为农民服务，甚至可以只是单纯为了研究的快感，但你不能脚踩几只船。为了生存，20多年来科研机构经历了一场艰难的选择。

即使是今天，仍有许多科研院所在“走钢丝”，一边是私利，一边是公共利益……

辽宁省农科院的陶承光和广东省农科院的蒋宗勇，一北一南两位省级农科院的院长，接受采访时不约而同地把重点放在了公益性这个话题上。

2001年10月，陶承光从辽宁省农业厅副厅长调任省农科院当院长时，这家单位的情况让他吃惊不小：

全院22个科研所、将近3000号科技人员，几乎都在做买卖！自己培育的种子自己扩繁、自己经营、自己加工，农科院的门前全是卖种子、卖化肥、卖农药、卖农产品的。可惜的是，没有一个科研所赚钱，有的所还亏得一塌糊涂。

这是一家历史悠久、实力很强的农业科研单位，建于1956年，拥有22个研究所（中心），半个多世纪以来共获得1361项科研成果，699项成果获得了各类奖项。这些科技成果累计开发推广面积17.49 亿亩，创造了1156.3 亿元的经济效益，相当于同期国家拨款总额的102.2 倍。1982 年，这家研究院在全国率先派出农业专家任阜新县科技副县长，开创了科研单位与生产实际结合的“农业科技振兴之路”。

随后，他们开始陷入赚钱谋生的巨大困境。

“那个时候你要到我们院里来，看到的全都是广告牌，一个小店铺接着一个小店铺。整个农科院就是个大自由市场。”陶承光说，“科研都耽误荒废了，仪器设备都不需要了，高技术人才出国的都不回来了。研究员以上的专家平均每年以15%的比例向外流动，流向国外、流向外企、流向南方。”

陶承光急了。

“我当时跟省委汇报说，顶多再过10年，辽宁省农科院就变成一个农技推广站、农资公司了，再也没力量搞科研了。所以，从2001年底到2002年上半年，我用了半年时间把店铺全给拆了。”他回忆道，“我说今后谁也不许做买卖。你做买卖那人家企业干什么？你向农民要钱，那科技创新谁去搞？科研成果谁去转化？技术服务谁干？”

科研人员“下海”谋生，在陶承光看来是被逼无奈。其中的原因要追溯到1985年。

20世纪80年代中期，正是发端于农村的改革浪潮席卷城市扩至全国的时期。那是一个旧的体制桎梏再也无力阻挠生产力发展和社会进步的朝气蓬勃的时代。各种新兴思潮层出不穷，致富不再是可耻的，卖瓜子也可以成为令人景仰的富翁。

与此同时，在科研领域，“拿手术刀的不如拿剃头刀的”、“造原子弹的不如卖茶叶蛋的”等感叹也一时风起。科研人员“下海”，甚至科研院所经商，与这种大的时代背景不无关系。

但直接把科研人员推向市场的那只手，是发端于1985年的全国科技体制改革。

在那一年3月召开的全国科技工作会议上，邓小平发表了题为《改革科技体制是为了解放生产力》的讲话，提出“经济体制，科技体制，这两方面的改革都是为了解放生产力。新的经济体制，应该是有利于技术进步的体制。新的科技体制，应该是有利于经济发展的体制。双管齐下，长期存在的科技与经济脱节的问题，有可能得到比较好的解决。”

这个讲话指明了中国科技如何继续发展、在何种体制中运行以及科技体制改革的方向问题，切中了当时科研单位的种种弊病。

随后，中共中央发布关于科学技术体制改革的决定，全面启动了科技体制改革。这个决定提出，改革的主要内容是转变科技工作运行机制、调整科学技术系统的组织结构、改革科技人员管理制度等。

这一阶段的科技体制改革，以改革研究机构的拨款制度、开拓技术市场为突破口，目的是使科研机构增强自我发展的能力和主动为经济建设服务的活力，鼓励科技人员以多种方式创办、领办企业等。

在农业科研领域，1986年9月，当时的农牧渔业部印发了《关于农业科技体制改革的若干意见（试行）》，标志着全国农业科研机构开始全面改革。

1987年，国务院做出关于进一步推进科技体制改革的若干规定，在进一步放活科研机构、放宽放活科研人员管理政策、促进科技与经济结合方面提出了具体措施，这是对1985年中共中央发布的关于科学技术体制改革的决定的精神的具体化。主要内容包括：

——政研职责分开，简政放权，把科研机构逐步下放到企业、企业集团、行业和中心城市；

——以技术开发工作为主的大多数科研机构，特别是从事产品开发的科研机构，都应逐步进入企业；

——其他技术开发机构可采取多种形式面向经济建设；

——科研机构要精简缩编；

——适当加快科研事业费的削减速度；

——全面实行所长负责制；

——逐步实行科研机构所有权与经营权的分离。

1988年，国务院又做出关于深化科技体制改革若干问题的决定，进一步肯定了上述改革思路，鼓励科研机构发展成新型的科研生产经营实体，积极开发和组织生产高新技术产品；支持集体、个体等不同所有制形式科技机构的发展；积极推行各种形式的承包经营责任制。

1995年，中共中央、国务院发布了关于加速科学技术进步的决定，确立了“科教兴国”战略，提出“稳住一头，放开一片”的改革方针。改革的重点是，调整结构，转变机制，分流人才。在一些产业部门、中科院和教育部开展了试点工作，重点探索调整组织结构和专业结构，推进大部分力量进入经济建设主战场。

回顾这一时期的科技政策，可以用“市场”和“竞争”两个当时的流行词来概括。其成功之处，在于打破了“大锅饭”，在项目申请和立项方面引入竞争机制，使一部分优秀人才脱颖而出。同时，靠市场而不靠计划，也意味着科研机构必须自办公司、科研人员自寻门路，否则仅靠国家给拨的事业费，科研活动难以为继。

根据中国农科院的一项调查，在1988年~1999年间，全国农业科研政府投资强度年平均增长率为-2.47%，投资强度平均为0.193%。1997年后有所增加，2002年达到0.339%，但2003年又下降到0.312%，还不到1981年~1985年期间0.76%的世界平均水平的一半，也明显低于0.35%的低收入国家的平均水平。

在这种情况下，科研院所中一小部分能力强的人通过竞争国家项目或与企业开展横向科研，获得了比过去好得多的研究环境，市场体制为他们带来更大的自我价值。还有一部分科研人员通过分流进入企业或自己创办公司，利用技术优势推动企业发展壮大。

但是在“输血”水平没有大幅提高、“造血”能力又还没有来得及增强的情况下，大多数科研人员沉浮于市场经济的大海中，无力左右自己。

“国家不给钱，你不做买卖就生存不了。必须做买卖，这是被逼的。”陶承光感慨地说，“那一阶段的科技体制改革，失误在把省和国家这两个层次的科研单位推向市场——应该是把成果推向市场，而不是把科学家推向市场，错位了。”

曾经有个时期，一提起科技体制改革，陶承光就毛骨悚然、浑身起鸡皮疙瘩。“不是我一个人有这样的感受，各省农科院长们去参加这方面的会议时，腿肚子都哆嗦。”他说。

2001年8月，科技部的一位负责人在一次会议上说[1]，公益类科研机构，如种

(1) 徐冠华:《创社会公益类科研机构改革工作的新局面——在社会公益类科研机构改革工作座谈会上的讲话》2001年8月30日

子类、农资类、药物类、水利工程类、环保工程类中的大多数院所,已具备了面向市场的条件,一些机构也进行了成功实践,但大部分机构由于受“等、靠、要”思想的约束,仍认为自己应由国家经费支持,不按市场机制运作,活力、动力不足。

这位负责人还认为,由于这些机构占用了相当一部分国家投入,使确需国家支持、无法获得相应经济回报的真正公益性科研工作经费更加紧张。

陶承光认为,中央的改革动议没有问题,但各个部门执行的具体政策措施却给农业发展、战略性的竞争带来了30~50年的深层次影响。

“那次改革的核心内容,就是每个人手里有一把刀,上来就砍。砍人、砍经费,让科学家去做买卖办企业。改革的目的就是把科学家撵向市场。”他说,“现在农业的很多领域,我们大大地、远远地落后于西方,就是由于这20多年科技体制改革的影响。”

辽宁省农科院在杂交粳稻育种研究的突破,使辽宁成为世界上第一个将杂交粳稻大面积应用于生产的地区。陶承光就从这一点说起:“总体上看,我国还是传统的常规农业技术占主导,现代高新技术刚起步,和美国相差50~100年。当然,某些领域我们还是很先进的,可这种所谓的先进,实际上付出的代价比人家大100倍甚至几百倍。”

他解释说:“比如我们培育出一个新品种,不比美国的差。但分析一下背后就知道了,我们这个新品种付出的资源、时间、资金和人才的代价,是美国的多少倍? 10倍? 20倍? 先进国家现在完全是数字化育种,我们基本上还是穿着白大褂在地里来回看,和他们80年前、100年前差不多。国内个别的科研单位用了一点新技术,和美国、日本也根本不能比。这就是目前困扰科技创新、科技成果竞争的主要障碍。”

陶承光同时也认为,这种差距总体上在缩小,但是速度很慢,而有些领域差距仍在扩大。搞科研需要有高素质的、高知识层面的科学家队伍。没有这个队伍，中央的想法也好、政策也罢，都难以支持。

“改革应该是更合理，更符合国情，更有利于推动生产力发展，更有利于农村增收致富，更有利于长期持续发展和竞争。”陶承光直言不讳地说，“过去的改革把科学家锻炼成一个不是企业家、不是买卖人的什么也不像的那么一种人。整个科研体系搞乱了，科学家搞下岗了，研究经费搞没了，科学成果水平搞低了。整个一团糟，到现在也没完全恢复过来。”

陶承光刚主持辽宁省农科院工作时，全院已经累计亏损3000万元。做了十几年买卖，换来的就是这个大窟窿。

“既然赔得一塌糊涂，还做什么买卖？说明我们的科学家不适合做买卖。为什么把这些做买卖的都给撤了呢，就是考虑我们做不了买卖，大家干坐着也比做买卖赔了好。”他说。

从那时起，陶承光认准了农业科研必须走公益性的路子。他多次去向财政部门争取经费，向省领导汇报，争得了省财政厅等部门的理解和支持。

一次，辽宁省委书记到省农科院现场办公，了解情况。陶承光对他说，准备了两个稿子，不知道该汇报哪个。

省委书记奇怪地问，怎么有两个稿子？他说，一个稿子是如何推进辽宁省农业科技现代化服务于“三农”的，另一个稿子是怎么做买卖、研究生存的，你想让我汇报哪个？

省委书记当即说，要服务“三农”的。陶承光于是借机说，要服务“三农”就得国家支持、给我拨款，走公益性的发展之路。要是让我做买卖，就没有心思服务“三农”，我就得研究这些人怎么生存。

“我也可以去卖电脑、卖汽车零件，为什么非得搞这些最不赚钱的农业产业？我领这些人做买卖，我自己也可以跳槽走人，为什么非得守着这么一个经费十分紧张的地方？”他说。

省委书记听完他的汇报后当即拍板——走公益性道路。自此，辽宁成为在全国最早坚持农业科研的公益性道路的省份。

事后，陶承光总结了走这条路的三点原因：一是吸取了全世界农业与农业科研发展的经验和教训；二是总结了1985年科技体制改革以来的教训；三是从实际出发，农业科研既然上不了市场，那就上农场——科学家当不了老板，就还当科学家吧。

省委书记对农科院走公益性道路的肯定，使得全院上下士气大振。集中人力、物力和财力投入搞科研，加上全新的管理思路，几年之后效果显现了：一是推动了全省农业现代化的升级，二是为农村培训了大量的农业科技人员，三是每年有几百名科学家深入农村去解决科学技术成果转化问题。

这些都直接促成了全省的科技贡献份额、科技成果转化率的大幅度提升。辽宁省农科院科研成果获奖逐年增加，特别是在2008年，破天荒地一天之内获得了10项科研成果奖励——3项辽宁省农业科学进步奖一等奖、4项二等奖、3项三等奖，这是辽宁省科技界的最高奖项。

在陶承光看来，农业科研机构走公益性道路还有一个重要原因，就是目前绝大多数农业企业不具备投资科研实力，也不可能独立地自主研发。因此，农业科技创新的“主力军”仍然是农业科研机构和大专院校。

从实际情况看，他认为国家首先应全额保证国家、省、市一级的科研单位，形成“国家—省—市”三级科研结构、布局合理，研究各有侧重的科研体系。理想的农业科研结构是国家这个层次设立农业科学研究院，省一级设立农业技术研究院，而市县一级的重点是转化和推广新技术。

“现在的问题是，国家级研究机构干的事情，省、市甚至县级研究所都在干，‘上下一般粗’，非常不合理，人才、经费都是极大的浪费。”他说。

对一般人来说，可能很难分清楚什么是科学，什么又是技术。但在陶承光看来，科学和技术完全是两码事。

“科学是研究规律、规则的，不产生生产力。而技术能够推动社会的发展，能产生生产力。但是现在不管什么场合都是科技、科技。村里也叫科技，县里、市里、省里都叫科技。不管什么都是科技推广。”

陶承光继续阐述他的观点：“科学研究是国家的大战略，有可能涉及几十年、上百年的战略性竞争。国家就应当全面支持，无条件进行投资搞公益性研究。有很多东西没被人们所认识清楚，但不能不去研究，比如转基因的问题，我国起步就很晚了。”

“科学和技术应该有三个大的方面的构成：一是科学研究，二是应用技术创新研究，三是科技成果转化——就是国家级研究机构研究科学，省级研究机构研究技术创新，省级研究机构研究出成果后再拿到市县这一级机构去转化、推广。这就涉及机构怎么设置、经费怎么匹配、领导体制怎么确定和运作，形成一个从上到下，有效的既能创新、又能转化的体系。”

现在，陶承光对农科院的发展状况比较满意：

“应该说是历史最佳时期，科研的氛围比较浓，人心稳定，国内外老是有人想要到我们这儿来，每天一接电话都害怕。现在就业方面的社会压力大啊，公务员进不去，事业单位就成了首选。学农的、不学农的都往这儿来。我们去年计划进三五十人，结果报名一千四五百人。原来老怕人才走，现在都要来……”

满意之中，他也很清醒：“稳定科研队伍，暂时留住人没有问题。但从长远看，还缺乏激励机制和手段，缺乏吸引高新技术人才的条件。虽然现在条件不错，但再过三年五年，人家觉得你拿不出什么高待遇，还得流动走。”

“辽宁省的科研环境应该说还是不错的，和历史上相比，我们的事业经费、科研经费都大幅度翻番。翻了好几倍。但是，由于过去对农业不重视，投资基数小，还是远远满足不了科技创新的需要。”陶承光说，“所以我们每年还得额外争取项目经费。要不，就只能搞点一般性的科研，维持传统的运作。想要真正搞点创新研究，来点大动作，那些经费就不够用了。”

他接着说：“前几天我们招了一个人才，对方提出要25万安家费，我二话没说表示同意。可我这笔钱从哪儿来？怎么列支？我要是上财政要这笔钱，那比登天还难。我在内部筹集，又会说我挪用资金，非法了。真让人头疼。你不要这个人才吧，可惜啊！”

陶承光有点激动地说：“假如我现在有钱，我从哪儿节约出25万把这个人才招来了，他可能对辽宁、对全国的农业科研起重大作用。成果提供给社会、农民增收致富了。但是财务部门、审计部门不管这个。农民富起来跟他们没关系。他们就看你这个钱干啥用了。你打酱油的钱用来买醋了，他就认为你违法，这不就束缚着生产关系吗？”

曾经有人说过，科技体制改革能够在多大程度上取得成功，不在于具体的改革措施如何，而在于改革的背景如何。这意味着，其他方面的改革进程直接制约着科技体制的改革进程。

这话没错。

如果有人告诉你，有个省级搞农业科研的机构，确切地说是搞蔬菜、畜牧、兽医、土壤肥料等基础性的农业生产方面研究的机构，统统是企业，你信吗？反正，起初我不信。

但这的确是真的。

就在辽宁省农科院把发展的航向调整到公益性道路的两年前，在开风气之先的南疆广东，一场“深化科技体制改革”的运动轰轰烈烈地开展起来。广东省农科院，成为全国最早进行科技体制改革的省级农科院之一。

成立于1956年的广东省农科院，在华南地区农业科研领域有着重要地位，为广东以及华南地区农业发展发挥了重要作用。这家研究院是我国水稻矮化育种的发源地，曾使全国水稻大面积亩产提高了50%，推动了第一次“绿色革命”。20世纪80年代开始的动物营养饲料研究，则为我国饲料工业快速发展作出突出贡献。

1999年6月，根据《中共广东省委、广东省人民政府关于依靠科技进步推动产业结构优化升级的决定》和《广东省深化科技体制改革实施方案》的精神和要求，广东省农科院拉开了改革序幕。

他们的主要做法是：畜牧、兽医、土壤肥料、花卉、蚕业、茶叶、农业生物技术研究所定位为技术开发型研究所，事业费于2000年底减拨到零；农业科技情报研究所定位为咨询服务型研究所，保留30%的事业费；水稻、作物、蔬菜、果树、植物保护5个研究所定位为公益型研究所，保留了经常性事业费。

与此同时，这家研究院还组建了“广东省农科集团”，统一管理转制研究所、院属经济实体以及公益性研究所的经济实体。

这里简单回顾一下广东省农科院市场化改革独特的历史背景。

从20世纪80年代初开始，广东省就有科研机构开始推行对外技术转让有偿合同制、对内课题承包制。许多科技人员走出实验室，“星期六工程师”为珠江三角洲大大小小的乡镇企业解决生产技术上的难题，形成了产学研结合的雏形。

1981年，时任广东省委第一书记的任仲夷提出，科研成果和专利可以卖[(1)]。这是个开风气之先、很有时代感的理念。5年后，广东省人大通过了《广东省技术市场管理规定》，这是全国第一部关于技术市场管理的地方性法规。

进入90年代，整个广东省科技界都沉浸在一种焦躁而兴奋的改革洪流中。

---

(1) 林亚茗等：《粤海弄潮——广东科技敢为人先》，《南方日报》2009年9月29日

领导层对科研机构经费分散、重复研究、缺乏激励机制、科研成果转化率低等老问题认识得非常清楚，最重要的是科技支撑经济发展的力量不足，成为亟待改革的重要动因。

于是，全省69个省级研究所中有60个进行了转制——转变成科技型企业。广东省农科院的8个研究所也在其中。

再从国家层面来看。自1999年以来，围绕科研机构向企业化转制和公益类科研机构分类改革，国家出台了30多个推进改革的配套文件，涉及经费投入、人事管理、社会保障、资产处置、产权改革以及股权激励等多方面，其力度之大是少有的。“市场机制”、“企业化”这些词语，成了科技体制改革各种文件中的热词。

例如，对转制科研机构原有的正常事业费继续拨付、继续参加国家科研计划项目申请、转制后5年内减免相关税负，以及转制科研机构参加当地养老保险统筹等扶持政策，税务部门也制定了对转制科研机构的控股企业免征5年所得税的优惠政策，促进了转制改革的推进。

因此，广东省农科院的改革之旅并不孤单。现任广东省农科院院长蒋宗勇，就经历了这场改革的前前后后。

改革之初，蒋宗勇是广东省农科院副院长兼畜牧所所长，接待了许多前来采访报道改革经验的记者，以及“取经”的各方人士，如今是广东省动物营养学领域的领军人物。

“当时开会的时候我对省里一个主管部门的负责人说，这不对啊，全世界的畜牧研究所都没有转成企业的。他说你不转谁转啊？你们所效益最好。”10多年后提起这一点，蒋宗勇仍觉得无奈。

“哪家转制、哪家保留、哪家什么性质，其实已经统统被省里的文件定好了。”他说，“上面要你完成任务，你就必须得转。实在是活不下去的那些所转不了，效益好的所就得转。”

广东省农科院的领导参加全国农科院系统的会议时，各省农科院的院长对他们很有意见，说广东省农科院“带了个坏头”，搞得其他农科院压力非常大。

科技部1999年展开了一项《公益型科研机构结构调整相关问题的研究》，研究人员在对中央有关部门和地方属科研机构负责人进行大规模调研后总结道：多数院所领导认为在目前条件下大部分“公益型”科研机构尚不具备“企业化转制”的条件。

同时，多数院所领导对此项改革的“除弊”作用持肯定态度，但肯定其“兴利”作用的比例较低。32.3%的被调查对象认为，“如果实行企业化转制，本单位很难找到较为现实的发展途径”，占这一问题选项的最大比重。

广东省农科院的大部分职工也不愿意参与改制。但上面态度明确——不洗脑，就革职。一夜之间，两个所领导职务被撤，转制才得以进行下去。

2001年8月，当时科技部一位负责人在全国社会公益类科研机构改革工作座谈会上对广东省农科院的做法十分肯定，认为该院通过深化改革促进了科研和产业的大发展。同时，宁夏林业科研所、吉林省农科院也成为被科技部肯定的地方科研单位转制典型。

这位负责人对此高度评价说[1]，实践证明，一批地方公益类院所通过深化改革、面向市场，已经摆脱了过去的困境，创新能力大幅提高，科技产业迅速壮大，有的已成功改制上市，走出了一条加强公益性科研工作和加快科技产业化的新路子。

一时间，广东省农科院成为媒体报道的热点。当地一家报纸对广东省农科院的改革成效进行了充分而热情洋溢的肯定，称“改制利己又益农民兄弟”，“经

---

(1) 徐冠华：《创社会公益类科研机构改革工作的新局面——在社会公益类科研机构改革工作座谈会上的讲话》2001年8月30日

济、社会和生态效益显著”。

这篇报道描述道：“在‘饭碗’越来越‘富足’的喜人情景背后，农科院不仅没有发生人才流失现象，反而越来越具有吸引力。”还有一家媒体甚至这样说：“科研人员说：‘这样活着才够新鲜，够刺激。’”

尽管遭到科技界人士的纷纷反对，广东省农科院却多次作为改革样板介绍经验。经验之一，就是对研究所成功进行了以转制为核心的分类改革，一方面将科技人员赶下海，直接从事经济活动，另一方面保留了共性研究的基本力量，形成了一支“少而精”的科研队伍。

这涉及一个认识问题：农业研究到底需要多少人？

在当时的决策者看来，科研机构存在大量冗员。根据科技部2001年的一份材料，全国公益类科研机构有2400多个，机构分属于不同的部门和地方，交叉重复现象严重。在相当一部分科研机构中，只有1/3左右的科研人员长期承担政府科研项目，而一半以上的人员从未承担过政府任务。大部分经费用来养人，造成科技资源的浪费。

想出的没去路，想进的进不来，大量的人浮于事、无所事事。让想干事的留下，干不了事、不想干事的人离开，是改革的一个良好初衷——国家的科研经费有限，既然“僧多粥少”，那砍掉一些和尚岂不更好？

这个问题其实比较复杂。经济和社会发展对农业的需求不断在变化，而一支研究队伍却不能说变就变。所以，人是多了，还是不够用？很难说。

仍以广东省农科院为例。在农业部组织的全国农业科研机构综合实力评估中，广东省农科院继“八五”期间和江苏省农科院并列全国第一之后，“十五”期间又继续位居榜首。但就是这样一家实力很强的农科院，仍然无法有效应对农业和农村经济发展对科技的需求。

“农业的好多领域现在还没有人研究。”蒋宗勇说，“我上党校时，有一次跟市委书记、厅长们一起学习时聊起来农业的事，他们都觉得农业很重要。说有一种水果，你们有没有研究啊？我说真没研究，为什么呢？我们所里现在的重心就是主产的那些，荔枝、龙眼、香蕉、菠萝、柑橘，其他的根本没有人力做，也得不到什么支持，这种现象很普遍。”

他接着说：“再比如我们的花卉研究，现在重点只是兰花，而且主要也只是蝴蝶兰的研究，其他很多品种都靠引进。现在中国的花卉有知识产权的并不多，出口就很困难，因为绝大部分花卉都是非法生产，一旦人家打官司的话就有麻烦，相当于没交专利费。兰花有很多品种原产地是中国，但实际上我们都没有什么品种权。”

我采访到的不少科学家也都持有这样的观点：农业科研具有典型的公益性、长期性和区域性，每个学科都有大量的公益性研究，不能简单地将农业类研究所定位为开发型研究所。社会公共安全及农业产业发展要求这些研究所承担大量的公益性科技创新工作，如动物品种资源保护和创新利用、动物疫病防治、外来生物入侵、农产品质量安全、农业与生态环境安全、农业生物技术、三农政策研究等等。

在广东省农科院成为改革标兵和样板之时，邻省福建也在积极酝酿着。但这里在改革之初，就遇到了极大的阻力。福建省财政厅2002年组织了一次公益型科研院所体制改革研究，调查了林业科学研究院、农科院和社科院等22个研究院所。根据这份研究报告，对公益型科研机构改革，省内的各院所都有这样的看法：

——国家部属公益型科研机构分流70%工作人员的方案，对于科技力量相对薄弱的福建省而言，不能完全照搬。福建省公益型科研机构的人数多为百人以下，如果按此标准分流，许多院所将无法开展正常的科研工作，甚至不能运转。

——大家普遍感到难以理解的是，这次改革是在大力提倡“科教兴国”“科教兴省”的背景下进行的，党政机关所属事业单位改革，只要求精简20%人员，而公益型科研机构的改革，却要分流70%的人员。这明显与“科教兴国”的发展战略相悖。

——改革要求研究所要自己挣钱养活自己，这不符合科研规律，不但不能促进科技进步，反而延缓了科技事业的发展。要求搞研究的转制为企业，而搞技术推广的反而是事业单位，这是本末倒置。

——科技体制改革不能以研究所是否转制为科技企业来评价。否则，只不过是又增加了一批亏损的、有待进一步改革的国有科技企业。公益型科研机构的改革，主要是从管理机制上改，不能贸然把研究所成建制地转为企业。

福建省农科院认为，当前国家有关配套政策还不健全或不到位，农业科研单位体制改革需要相对宽松的政策和投入支持，以增强造血功能和自我发展的能力。现阶段是发展农业科研最紧迫、任务最重的时期，因此，农业科研单位全面推进体制改革的时机尚不成熟。

这份报告最后在改革思路方面提出，公益型科研院所是科技人才密集的地方，是我国科技创新体系的重要组成部分，要按照市场经济规律优化科技资源配置。在分流人员时，对科技人员特别是科研骨干的提前退休要慎之又慎。

改革力度太小，难以克服原有体制的弊端；力度太大，又可能产生较大的副作用，留下难以处理的后遗症。因此，在前文提到的科技部《公益型科研机构结构调整相关问题的研究》中有个建议：将50%~60%的机构确定为“公益型科研机构”；10%~20%的机构向“企业化转制”；其余机构或向中介服务机构的方向发展，或被“收编”，或“破产”。但是，这个建议并未被采纳。

在科技部举行的一次座谈会上，一些会议代表在讨论时表达了不理解：事业单位减人只减20%，为什么公益类研究机构要减70%?科技部一位负责人表示，提出这样一个问题是认识上有差距。转制不是削弱这类院所，而恰恰是用新的机制获得更大的发展动力，加强这些机构，并不是把70%的人推掉、甩包袱。

在这位负责人看来，事业单位的运行机制有时候不利于产业的发展，往往出现“小富即安”的局面。有些这类研究院所也办企业，但目标并不是根本上树立研究院所的市场导向，主要目的还是通过创收来弥补经费不足，作为院所长更关注拿到更多的钱来支持科研工作，改善留在院所的人员的待遇。

因此，这位负责人认为，这种体制下很难有更多的注意力来关注产业的长远发展。而研究所向企业化转制，加速建立现代企业制度，就是要解决长期以来制约这些有面向市场能力的公益类研究院所的体制和机制问题，能有更大的动力面向市场竞争(1)。

看来，当时科研机构转制的出发点和核心，就是培养一批科技型企业，从而带动相关产业发展。

“一般来说，企业做大做强、收入多了，科研就能进入良性循环。企业办得不行的，反过来就是恶性循环。”蒋宗勇说，“把科研机构转变成企业，研究所所有的机器设备都是搞科研的，没有一样东西是来办企业的。人才呢？也都是搞科研的，并不是搞企业的，企业跟科研需求的人才不一样啊。所以这10年下来，个别企业做强做大的也有，可关闭的更多。”

从20世纪80年代开始，蒋宗勇领导的科研团队对广东饲料工业发展起到了非常关键的作用。进入90年代，广东省饲料工业产值全国第一，他们功不可没。后来的改革、转制，对他们的研究目的有很大影响。即便同样是在搞科研，现在和过去在考虑问题时也有所变化了。

“20世纪八九十年代的时候，我们基本上就是在为企业服务，各方面的培训做了很多。后来我们也改成企业了，培训就不愿意搞了。你帮我卖产品，我就

(1) 徐冠华：《在社会公益类科研机构改革工作座谈会上的总结会讲话》2001年8月31日

帮你提供培训，有生意做我才给你提供服务，没有生意做我就不管你。”他说。

广东饲料企业大军，从此又多了一家弄潮儿。

曾经有些年，广东省农科院畜牧所的科技专家们是行业中的热门人物，全省饲料行业开任何会议，如果没有请到这些专家的话，都会被认为“含金量”不够。但后来，人家也不太把这些专家当回事了。

“因为你不为行业做事了，行业就不会那么重视你。你再说什么话，人家就会想想是不是真那么回事，因为你也搞企业了。”蒋宗勇体会颇深地说，“我越来越感觉到，国家办这个研究所跟它原来的宗旨偏离了。不敢说过去是为国家服务、现在是唯利是图，可能没有到那个程度，但起码从观念上已经有了很大的改变。”

“所以，我当畜牧所所长的时候，我们所被转，一年少了大概200万，对我来说的确不是很要命，没太大问题。但是这个体制和氛围的影响大啊，整个氛围变成搞企业了，不搞科研了，这很要命。当时所有人都是看钱多钱少，包括拿项目也是看钱多钱少。所以，当时相当多的课题质量很差，甚至可以说是在‘糊弄’。”

几年前蒋宗勇当副院长时，说话比现在还偏激，透着川东汉子的直爽（他是重庆人）：

“我当时说，这种改法弄得科研单位不是科研单位，企业不是企业，最后什么都做不好。科研单位不好好搞科研、不好好为社会服务还叫科研单位吗？办企业呢，也不像社会上那些真正的企业，因为人还是国家干部、职工，和企业那种运作概念是不一样的。结果呢，是用企业的办法来办研究所、用科研单位的办法来办企业。”

“这个企业怎么做生意呢？卖产品还是卖技术？”我问。

“主要是卖产品。现在大部分所很少卖技术，因为你把技术卖了以后，企业就活不下去了。技术能卖几个钱？过去搞过技术入股，但实际上这个教训很多，最后真正能拿到钱的很少。过去我们和好多企业都合作过，有用资金也有用技术入股的，可最后全都撤出来了。”

“但是我觉得，你们这种不像企业的企业，还是应该有些优势的。起码你们办企业，应当是很有创新能力的，基础应该是不错的。”我说。

“有优势，可也有劣势。甚至劣势就是比国有企业在体制上还要劣势。我们已经转制的研究所，实际上它的体制依然是事业体制。举个例子，工人调皮捣蛋，你能开除吗？你根本开除不了，你敢开？人家告你，你就拿不出招了，这跟民营企业完全不是一个概念。”

蒋宗勇接着说道：“还有，国有企业吃‘大锅饭’，我们也是啊。原来国有企业的所有毛病我们全有，离退休的包袱、在职人员的福利等一系列问题都让人头疼。真正干活的人不满意了，不少有本事的人就走了。畜牧所很多人才都出去了，办的企业比我们大得多得多。”

需要解释一个背景：中国的农业科研体制基本上沿袭了当年苏联的模式，各省都设有农业科学院，属于事业单位编制——事业单位是一个中国特色的名词，作为一个从业人员，如果不是身在企业、政府部门或是学校，那一定就是事业单位，否则就是单干的个体户。

作为事业单位的科研机构，其管理方式和运作模式与西方国家的科研机构完全不同。很多科研院所既服务于生产和社会需求，又是行业标准制定者及行业检测的权威，自身又兼负经营的职能。

在日趋激烈的市场竞争中，当时广东省农科院科技开发效益不断下降，产生了巨大的经费缺口，大部分转制研究所陷入困境。最困难的2003年，全院核算后节余为负22万元，除畜牧所基本维持收支平衡外，其他转制研究所都是赤字。公益型所出现了经常性事业费拨款不足以发放工资的窘境，而技术开发类和咨询类研究所的负担更为沉重，运转更困难。

同时，过渡期的税收优惠政策在实际操作中也很难体现，如转制前的1998

年，该院交纳除个人所得税外的各种税款为173万元，2003年达到1072万元，相当于1998年的6倍。

当时改革的另一个目的，是想改变科技人员在象牙塔里关着门搞研究、与生产脱节的问题。蒋宗勇回忆起这个话题时也有不同的看法：

“科技和生产是‘两张皮’，很多领导都这么认为，一说就是科技成果转化率只有多少多少。实际上客观地说，省级农科院这个体系跟生产的联系还是很紧的。”他解释说，因为从各省农科院的评价体系来看，论文并非是首要的。省级农科院系统研究出来的新品种、新产品、新技术很多。

“科研能力如果从一系列指标衡量来看怎样？有没有提升？”我继续问。

“我们本身分成了两类，公益性的研究所科研能力普遍是提升了。转制的研究所也有少数有所提升，一个因素是他有科技实力、拿的项目多，另一个因素是企业有效益，但总体来看转制所下滑得比较厉害。这样下去一些研究所会关门的，办不下去，这种情况肯定会出现的。”

“转制成企业的研究所也可以申请项目？”

“可以申请项目，但是往往在专家进行评审的时候要吃点亏。”

“为什么？”

“因为你都转制、搞企业了啊，不用给你了。很多评委就是这种想法。当然了，很多大学教授很高兴，因为少了竞争对手。”

事实上，改革之初国家在科研项目经费方面规定，转制科研机构可以与其他科研机构一样通过公平竞争获得国家项目经费支持。但这项政策看来在实际中很难“一碗水端平”。而从更深层面来看，研究所转制为企业后研究经费短缺，不得不更多转向“短平快”项目，时间一长即使得到公益性科研课题也无力承担。

“20世纪90年代时，研究生毕业首选到我们这里，现在大打折扣，我自己的课题组也一样，我带的研究生里优秀的都不愿意留下来——他们第一选择是企业，第二是学校。”蒋宗勇说，“很多人说我上你这里也是企业，还不如去真正的企业。去真正的企业人家把我当人才，待遇挺高。上你这儿来，你们研究的人一大把，也不当我是人才。干的活呢，到企业说不定我还是技术主管，到你这儿可能说不定成了销售员。”

2004年初，该院进行的人才队伍建设调研中，科技人员有58%认为转制挫伤了科研积极性，有70%认为转制对研究所发展的影响是负面的，有79%认为转制对农业科研的影响是负面的。

据统计，1999年至2006年，广东省农科院共有139人调离，158人退休，其中离开转制所的有123人，占88%，这些人才的主要去向是民营企业和大学。同期，全院引进了186名科技人员（主要是公益性研究所），科技人才队伍数量“负增长”。

其中的主要原因，是由于研究所转制后事业费减拨，各单位的收入以及社保、医疗等福利待遇也有很大差别。于是，人才大量从待遇差的单位流失掉了。

蒋宗勇说，国家各方面都十分关注广东院的改革，全国人大、政协、科技部、农业部和省有关部门等曾派出调查组到院里进行过专题调研。有些官员认为，广东院遇到的困难跟体制改革无关，但多数人大代表、政协委员和政府官员对他们还是给予了极大同情，也不完全赞同农业科研单位转制，因为违背了农业科研服务“三农”的公益属性。

那个时期，广东省农科院并非孤例。曾经作为整体转企试点的湖南省农业科学院蔬菜研究所、天津市黄瓜研究所、广东农业科学院和宁夏农林科学院等，几年间都出现了科研骨干大量流失、创新能力大幅削弱、经济创收大幅下滑的情况。这应当是转企方案设计者和决策者在改革之初不曾想到的。

2004年6月，广东省科研机构转制5年过渡期结束，更大的麻烦来了。转制所的所有人要进入企业养老社保和基本医疗保险，也就是说不管你是研究员还是技术工人统统按照企业职工交社保医保，退休后也是按照这个标准。谁能接受这种现实？结果，如果说前几年转制是所长的家难当，那么现在就是全体职工难受了，意见纷纷。

在广东，行政事业单位是公费医疗，退休后领财政退休金，而企业则是领基本社保和医保，对于一个研究员的退休待遇会差三倍。其落差之大是大家始料未及的。广东省农科院的领导班子一方面向省里反映情况、寻求支持，另一方面积极想办法，力求自救。

“我们利用其他事业编制搞自己的科技创新体系，明确科技创新服务‘三农’的定位，把转制所的科技骨干全都装进体系里，这才算稳住了阵脚。”蒋宗勇说，“这三年我们用同样的办法引进了80多位博士、200多位硕士，基本解决了由转制引起的人才缺失问题，壮大了人才队伍。一条很基本的认识，转制是留不住人才的。”

与科研机构的企业化转制思路一脉相承下来的有一个提法，叫“企业是技术创新的主体”——如果那些科研机构都顺利转为科技型企业，的确有可能成为技术创新的主要力量。但在农业领域，如同陶承光一样，蒋宗勇对这个提法也持有不同看法。

“这个词应该修改一下：不应该叫‘主体’，而是叫‘载体’。至少在农业科技领域这样定位。现阶段让企业成为农业技术创新的主体，不可能。”他说，“的确，我们省级农科院承担的有些工作，在国外是由企业来做的。比如说美国，真正育出新品种的并不是教育、科研单位，主要是企业。因为它经营规模大，研究条件非常好。而咱们国家基本上各地不同的农作物品种绝大部分是农科院、农业大学方面出的。国情不同。”

“国内真正有自主创新能力的企业本来就不多，在农业企业里就更是少得可怜。农业技术你要研究的话，需要储备很多东西，不是一般企业能做得到的。养那么些研究人员得多少科研经费啊？而且每个企业家，都跟我们的领导一样，希望今天花钱明天就见效果，谁都不想长期投入。”

“再给你举个简单例子。咱们俩比如说都是研究生，是同学。一毕业，我到了科研单位，你去了企业。三年以后开始，咱俩的学术水平就会差很远——我培养的学生出去就是这样。三年以后他想回来做科研已经不可能了，因为他已经远远落后了。就是这种做科研的氛围差远了，水平会大大下降。”

“所以说回来，我觉得‘农业科研到底是为了谁’这个问题，应当引起深刻反思了。是为了自己的企业还是为了整个行业的发展？我们广东有个领导讲，广东不缺企业，缺的是为企业提供科技支撑的科研机构。我觉得就是这样。”

2007年，广东省农科院抓住中国农科院和广东省政府共建华南农业科技创新中心的机遇，将这个中心纳入广东省重点建设项目，建设了3万多平方米的创新大楼，购置了1.3亿元的实验室仪器，科研条件得到极大改善。

“过去我们一开会就讲效益怎么样， 因为我们必须要找饭吃，现在开会我要求大家不再讲效益了，我只听科研的东西，中心就是科研。就算上面领导来考察，我也只汇报科研的事情。”

蒋宗勇接着说：“我们现在提的口号是‘科技创新，服务三农’，这是我的中心工作，是目标，我们现在都是这么干的。不是唱高调，这是事实，因为省委省政府对这一点很明确。我们赚的那点钱，对省委省政府来说根本排不上号，广东省几百亿、上千亿的企业有多少？我们这点算什么啊！所以我们重点还是在科研。”

“那这些企业怎么考核？”我问。

“我2008年当院长后不考核了，我只看科研成绩。因为赚钱不赚钱政府并不关心，只关心我们出了什么东西、能为‘三农’解决什么问题。不再想花那么多精力去做这些事情了，同时也要调动职工的积极性。因此我还是说，为‘三农’服务才是根本的。”他说。

“下一步深化改革怎么改？从体制上来说已经改到这个程度了，它毕竟还是一个企业。”我问。

“现在正跟省里磋商，下一步叫深化改革也好，叫完善也好，不用讲原来的怎么样，从头来。2009年省里搞自主创新能力调研，结果很让人吃惊——广东是全国第一经济大省，但是自主创新能力并不强，全省百万人均科研人员数量是全国最低的省份之一，更何况大部分研究所已经转制。”

蒋宗勇说：“靠挖别人的技术和人才行不通了，必须要靠自主创新和自己的人才。省委、省政府已经决定组建工业、农业和社会发展三大板块主体科研机构，由我们院牵头整合全省农业科技资源，组建农业科研板块的主体科研机构。我们提出了一个基本框架，大致有四个层次：

第一个层次，农科院这块要设立一个基础研究的公共平台。省级农科院应用研究是主体，但是我们还是要有前瞻性的研究，和国际接轨，重点在基因这块。

第二个层次，各个研究所侧重于还是原来的路线，应用研究为主，为产业服务，下一步改革重点是这一块。

第三个层次，根据生态区域建立六个区域性试验示范中心，目的是进一步加强为三农服务的力度。

第四个层次，企业大幅度减少国有股份，从百分之百减少到最多35%左右，其他都是职工股份。今后我们的成果转化也不仅仅是通过自己的企业，跟社会上的企业都可以合作，打破自己的科研纯粹是为自己企业服务的局面。

“比如我们现在的水稻育种就是这样——除了为自己的企业提供品种，也给别人做。省里面忌讳我们的改革走回头路，所以我们考虑的是，转制所继续往前转，把公益性部分抽出来按照发展现代农业的要求重新组建研究所，毕竟绝大多数的工作是公益性的。这样一来，真正能够出东西的专家才能进入新的研究所，重新建了个精干的公益性研究团队，人也许不会比原来多，但是贡献肯定比原来更多。”他说。

“这个思路很好，在增量上做文章。”我说。

"现在的基本框架省里挺赞同的。科技厅等几个部门都赞同，但就是给多少编制还在讨价还价，到底研究所是公益一类还是公益二类也还没确定下来。"

在广东省农科院等地方科研机构以"转制"为特征的改革先行试点后，中央部委所属的科研机构也终于迈开了改革的步子。

来自科技部2001年的资料显示，国务院农业、林业、水利、气象、卫生、环保、地质、海洋、地震等20个部门所属公益类科研机构有265家，在职人员总数约5.5万。自20世纪80年代以来，社会公益类科研机构开始进行改革探索，但改革力度较小，机制陈旧、学科结构老化、人员队伍固化等问题仍然比较严重。

2001年，国土资源部、水利部、国家林业局和中国气象局的98个研究所作为第一批的改革先头部队，率先启动了这项改革。2002年，农业部、国家体育总局等9个部门的107个研究所作为第二批，也相继开始了这项改革。2003年底，卫生部等5个部门的43个科研机构作为第三批展开改革。

至此，占部门所属公益类院所总数94%的248个院所都进入了分类改革的实质性操作阶段。

改革的基本思路是对主要从事基础性、公益性研究的科研机构，在调整结构、转变机制和优化队伍的基础上，国家财政给予重点投入和稳定支持。具有面向市场能力的院所向企业化转制，对该类院所实行保留原有事业费、继续承担国家科研任务、给予税收优惠等扶持，鼓励其面向市场从事科技成果转化和推广服务。

根据这一思路，在248个公益类院所中，有89个按非营利性科研机构管理，由国家重点支持，占原有机构数的36%，重新核定编制1.35万人，约占原有编制总数20%，约占原在职职工总数30%。61个研究所转为企业，占机构数的25%。其他机构通过并入大学、转为其他事业单位、转为中介机构多种方式发展。

2006年，中国气象局、水利部、国土资源部、国家林业局、国家测绘局、中国地震局等6个部门所属科研院所相继完成阶段性改革任务。据新华社当年的报道，经过改革，公益类科研机构学科和人员结构得到优化，科技人才层次明显提高，人才结构日趋合理，科研投入不足的局面有所改观。

这一时期的科技部，给人感觉更像是个主管产业经济的部门。比如从改革确定的具体目标来看，约占总数一半以上"具有面向市场能力的机构"要向企业化转制；以提供公益性服务为主的科研机构，有面向市场能力的也要向企业化转制。

为什么要把这么多研究所变成企业？2001年，科技部一位负责人一次座谈会上说过一番话：在我国农业正在进行产业结构调整和加入WTO后面临重大挑战的背景下，迫切要求一批农业类科研机构转变为农业高科技企业，鼓励一批科技人员牵头创办农业科技企业，按照"公司+农户"的发展模式，成为带动农民致富和农村经济发展的龙头[1]。

一些人觉得改革环境还不成熟，最好是先求稳。这位负责人说，市场经济体制不能等你，不能因为我们有困难，就不实行市场经济体制，在这种情况下，我们越等就会越困难，就会形成一个恶性循环。从这个意义上来讲，越不改革，风险就越大[2]。

2002年10月，作为第二批公益类科研机构改革单位，农业部所属中国农业科学院、中国水产科学研究院、中国热带农业科学院的科技体制改革全面启动。"三院"的66个研究所中，有29个将转为非营利科研机构，拟定编制4427人，占"三院"在职职工总数的29.7%，占"三院"总编制数的21.4%。

我手头有一份当年"三院"改革方案一览表。哪些研究所被转成企业了呢？在此列举几个：茶叶研究所、原子能利用研究所、蔬菜花卉研究所、麻类研究

(1) 徐冠华：《创社会公益类科研机构改革工作的新局面——在社会公益类科研机构改革工作座谈会上的讲话》2001年8月30日

(2) 徐冠华：《在社会公益类科研机构改革工作座谈会上的总结会讲话》2001年8月31日

所、兰州兽医研究所、饲料研究所、果树研究所、烟草研究所、蜜蜂研究所、渔业工程研究所……这些研究所大部分成立于20世纪50年代，在国家的行业领域创新中一直保持“独此一家”的地位。

或许管理部门是认为，这些研究所的研究对象市场化程度高、有钱可赚？但每个行业都有公益性和商业性的研究内容，这些研究所变成了企业后，还有义务用主要精力来搞行业性的共性技术研究吗？比如，让搞果树病虫害研究的人去赚钱，是不是就只有去卖农药了？

这次改革对中国农科院的影响最大，原有的37个研究所进行了分类改革：18个研究所整合为16个研究所后被转成了非营利性科研机构，12个研究所被转成了科技型企业，4个研究所进入了大学或者其他研究机构。

另外，还有3个研究所被转成农业事业机构——这有点像中介机构，主要受国家委托研究、制定并执行国家有关强制性标准，或者通过有偿服务的方式为社会提供检测、测评等服务。

根据方案，改革后的中国农科院编制人数是2852人，而其现有的在职职工则是9342人，还有5458名离退休职工。管理部门认为，重新核定编制将提高人均事业费的投入。那些转为企业的科研机构，将进行产权制度改革，科技人员可以拥有股份。

此后，进入大学的4个研究所相继完成了人、财、物的划转；转为农业事业单位的4个单位也完成了财务划转和法人注册。但是，拟转为企业的12个研究所却一直没有进行工商注册。而且，自2002年12月中国农科院启动这项改革至今已过去8年，这12家“企业”的运作仍停留在纸面上，从未真正进行过。

“我们现在叫做‘拟转企业’，其实到现在也没正式转。可是，那些改革的支持方面，比如改革启动费、基本科研业务费，以及给退休人员增加的一些费用，我们都没有享受了。”茶叶研究所所长杨亚军说，“我们并不应当被定位成企业。”

茶叶研究所在浙江省杭州市西湖区的梅家坞一带，离市中心大约一小时的车程，被几座起伏和缓、秀丽怡人的山峦围绕着。这家研究所四周，成片成片的茶园遍布其间，本是个清清静静做学问的好地方，但前些年的转制风云也搅得这里不安宁。

看门的老大爷告诉我，前些年院子里搞了好多卖茶叶的店铺，市场还不小。很多人跑到这里来买茶。这让我想起了当年的辽宁省农科院。

"我当时也反对，一个是农业科研周期本身比较长，第二个是农业的一些成果实际上不具备商业化条件。茶树是无性繁殖，我们花20年研究出一个新品种，一向社会推出，有人只要拿到我一株苗就可以自己繁育，我们怎么挣钱？所以不可能通过这个维持运转。"杨亚军说。

"还有，我们面临的市场是广大农村，农民们又是弱势群体，我这个技术要卖给他，可他没有这个实力，而我们研究这个技术投入那么多，也不可能不计算成本，对不对？"

"那这个'拟转企业'的工作是停顿了吧？"我问。

"到现在好几年了，也没有个说法。包括农业界的一些院士、人大代表、政协委员也都认为不能转，现在不上不下，所以我们还在按科研单位这样去运作。但是研究经费缺口很大。"他说。

我开了个玩笑："按照你们院的水稻所所长说的，茶叶所一斤茶叶卖两千块，他们一斤大米才卖两块，所以你们的造血能力强啊。"

杨亚军不以为然："很多人就是有这样的误解，包括当初制订改革方案时，把包括我们在内的中国农科院12个研究所转成企业，这12个研究所基本都是经济类作物，大家都觉得研究经济作物嘛，自然经济效益高了。可是，如果茶叶所要靠卖茶叶那就完了，茶叶公司多得是，国家不缺一个茶叶公司。"

茶叶是一个很古老的世界贸易商品，目前印度、斯里兰卡、日本、肯尼亚这几个主要产茶国家都有不错的研究机构。但从综合实力来看，中国农科院的这家茶叶研究所是最强的。

“如果让茶叶所来做这件事情，那还不如社会上其他的企业卖茶叶做得大呢。我们科技人员并不一定善于经营，很多人可能都不懂经营，他的专长是做研究，能在技术上有所创新的，这个专长丢了，做一个他不擅长的，我觉得这是浪费资源。”杨亚军说。

值得注意的是，中国农科院在20世纪60年代时就有32个研究所、大约7000人，而2002年启动改革时也只发展到11050个人员编制，在同期全国人口增加近一倍、不少行政机关人员增加数倍的情况下，这家单位的规模扩张速度并不算快。在科研任务大量增长的情况下，减人缩编这一刀确实砍得狠了点。

据统计，截至2002年转企前，在享受税收减免的情况下，农业部列入转企的22个研究所税后利润3326万元；转企试运行后，到2004年税后利润就大幅度下降为2630万元，仅占研究所全年总收入的5%；也都不同程度出现人心动摇、骨干流失、能力削弱、创收下滑、资产流失、经营举步维艰的局面。

中国农科院科技局副局长戴小枫2007年在一份研究刊物上撰文指出，“对国家级农业科研机构这样大的分流、转企力度，当初的决策依据并不充分。”(1)其理由是，对研究所设置的调整和对人员编制的压缩，并没有根据国家“三农”发展战略需要，对农业科研机构和人员的实际需求，参照国际同行的经验与做法进行科学测算，是一种不负责任的甩包袱做法。

戴小枫说，由于企业逐利本性，原来从事的长期定点观测监测、品种资源评价、种质与材料创新、栽培(饲养)技术、病虫害防治、测土施肥、土壤质量保育等没有直接经济效益的社会公益类研究及技术服务大大削弱乃至基本放弃，制约行

(1) 戴小枫等：《关于中国农业科研性质与深化体制改革的若干思考》，《中国农学通报》2007年第10期

业发展的应用基础研究、理论与方法、前沿技术和重大共性技术创新无人问津。

而在中国农科院院长翟虎渠看来，这次改革压根儿他就不赞成，是“领导部门没事找事干”，“为了改革而改革”。

“改革的目标是什么？最终目的是调动人的积极性、集体的研究力和创造力。如果达不到这一点，改革就是失败的。”翟虎渠说，“特别是对大的科研单位改革一定要慎重，如果没有一个成熟的办法出来以前，还不如不改。”

老翟直言：“对科研单位的改革，是和以前的工厂倒闭破产不一样。这些人大部分是知识分子，不能轻易动的，科技创新主要就得靠这些人啊！其实，职工也好、单位也好，都有改革意识，都在不停地探索。如果高层有好办法当然更好了，但也不要把科研机构都当做无知、不懂。可以说，100个科研单位里有99个的领导想把这个单位搞好，他也在想各种办法，包括制度方面的改革。”

几年来，科技界对改革的质疑和反对之声一直没有停止过：

2006年，全国人大农委副主任委员路明带队组成的调研组，花了半年多时间对农业科研体制改革情况进行了专题调研，调研报告指出：对农业科研机构社会公益性地位认识不足、国家对农业科研的资金支持方式不适应实际需求、资源配置效率不高及科研立项过度竞争、改革配套措施没有及时跟上。

这份报告提出，应对已经转为事业单位或拟转企的研究所重新进行科学分类、定位和调整，符合公益性职能的研究所在经过重组、调整、优化的前提下应当“回归公益性科研单位”。

几乎与此同时，全国政协教科文卫体委员会也展开了一项“科研院所转制改革进展情况”专题调研，发现突出问题是转制院所承担具有战略意义重大研发项目的作用和为行业技术服务的能力普遍减弱。

和改革的初衷相比，转制院所由原来为行业企业提供技术服务转变为与同行业企业进行竞争，其最好的技术成果只会给自己专用，不会扩散到整个行业。

对农业科研院所的改革，调研报告建议侧重院所内部管理体制、运行机制、激励和约束机制方面的改革。

2008年，全国政协委员、中国工程院院士宋湛谦在全国政协会议上呼吁，农林社会公益类科研机构不宜转制。

他认为，这些科研机构原先多数在行业、领域科技创新中居于龙头地位，长期承担国家公益性科研任务和从事基础性科研服务工作，为行业发展提供重要的科技支撑。转制后其承担和促进行业科技进步的能力逐渐减弱，支撑行业科技进步的能力也大大减弱。

2009年，全国政协委员黄鸿翔也在全国政协会议上建言：农业科研机构如何设立？保留多少研究所和多少研究人员？应该由科研单位根据科研工作的需要来定，不宜由上级下指标。

“那些承担着重要行业公益性研究和学科发展任务的研究所，不宜被撤并，也不宜转制成企业，已撤并或转制的应尽快恢复为独立的非营利研究所。”黄鸿翔说。

同年，民进中央科技医卫委员会对农业科研机构的公益性改革进行专题调研后发现，全国农业科技的整体公益性受到影响，农业科技创新体系的运行存在困难，非营利性科研机构创新机制严重不足，分类改革后不同性质农业科研机构的事业费都偏低；未进入非营利序列农业科研机构的业务发展经费与非营利性科研机构的结构性差距日益加大。

也不是全国所有的农业科研机构都推行这种“大跃进”式的改革。一些地方认识到改革中走过的弯路，在强化农业科研机构的公益性质、增加事业编制、加大科研投入等方面进行了调整。

很多省级农业科研机构都整体定位为公益型或非营利型科研机构，财政支持力度不断加大，许多省级农科院保留从事公益性研究工作的人员或机构比例都在60%至70%，骨干学科都没有动手，而地市级的农科所基本上一直就没有什么改革动作。

——浙江省的主要领导在对本省农科院进行了多次调研后，确定将其定为纯公益性的研究机构——不光是公益性，还加上一个“纯”字，态度坚决。

——吉林省明确了省农科院为公益性科研机构，省财政单独设立农业科研预算。

——山东省除了核定创新编制、大幅度增拨事业费外，省财政每年安排1.5亿元专项资金用于省内农业科研，并作为基数进入财政经常性固定开支科目逐年增长。

——江苏省将省农科院科研人员整体纳入省政府公务员进行管理，整合了省内农业科研机构的布局、组织与管理体制，实现了省农业科学院对地区农科所的业务直接垂直领导。

——甘肃省将省农科院整体定位为公益性研究机构，所有科技人员享受政府公务员待遇，人员事业费由省财政包干。

因此，受影响最大的还是国务院各部门所属的国家级研究机构。高层虽然对此已经有所认识，但中国30年来的渐进式改革从来都是发现问题、暗自调整，如果时机不到则先不表态、不调整。

中国农科院那12个“拟转企”的研究所就是一个典型的例子。这些研究所说企业不是企业，说研究机构又没有名分，大家该干吗还干吗，院里对这些研究所也没有赚钱方面的指标要求。

中国农科院原科技局局长信乃诠曾经就公益性研究机构保留21.4%的人员编制的依据是什么问过科技主管部门的领导，但没有得到信服的解释。

“你给下面的人讲清楚也行，又不讲，就得按照这个办，抠得很死，那个材料我到现在还保留着呢。每一个研究所多少人，核定多少人，都有。”他说。

更有意思的是，那些转为事业单位的研究所，大家更不知道改革的目的到底是要赚钱呢，还是不赚钱搞公益研究。信乃诠就这个问题也问过科技部的相关领导，要求给个说法，这个事业单位是什么性质的。

“结果谁也说不清楚。承认是公益性的，但是又不完全承认是公益性的——要看一看情况再说。但这一转以后，有的经费就拿不到了，有的项目也不能申请了。从上头就把你分开了，可下面大家基本上还是原封没动，还是按照原来的路子搞研究。你把我划成企业、事业了，研究工作还照样做。”他说。

2007年，财政部对中央科研机构的预算结构按照改革方案进行了大幅度调整，被确定为非营利机构的研究所得到了大量经费投入，平均每个研究所新增1000万至2000万元。而其他已经转为事业单位、拟转为企业的研究所却没享受到这笔新增加的经费。两者相比，投入相差数倍。

一石激起千层浪，转为事业单位和拟转企的研究所领导压力陡增，纷纷找上级领导诉苦。12个拟转企的研究所所长还联名致信科技部，要求对改革定位进行调整。

“农业研究的特点之一是要保持相对的稳定性、连续性。这是现在农业科研系统里大家呼吁最强烈的问题。”信乃诠曾经参加过几次当年科技部组织的大院大所科技体制改革座谈会，每次都要呼吁确保科研机构的公益性、稳定性，但是徒劳。

“可是谁也不去否定那些，上面睁一只眼闭一只眼。”他无可奈何地说。

在“僧多粥少”的年代，人们的改革意愿是最强烈的。但由于对农业科技需求形势和改革困难等估计不足，改革的确有些伤了科研工作的“元气”。这股“元气”，在不断的大幅度增加投入的情况下，正在一点点地重新积攒中。也许，一些涉及体制和机制方面的问题，将随着输血政策的施行有所改善。

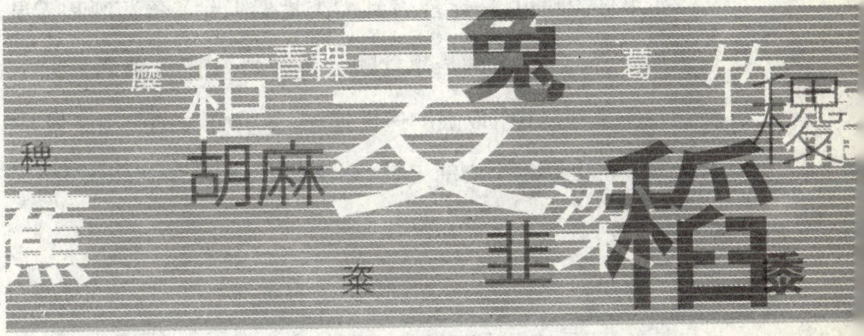

第三章
047-069

中国人的饭碗问题

南米北面，是中国人最基本的饮食结构；大米和小麦，是中国最重要的两种粮食作物。我们吃得饱吃不饱，这两种作物至关重要。

未来，我们有多大的底气回答“谁来养活中国人”的世纪之问？

有时候我实在有点怀疑，中国究竟有没有粮食安全的问题，那些担心“谁来养活中国人”的老外们是不是在杞人忧天？

开车从北京出发，无论走哪条高速公路，两边的巨幅广告牌都有很多是关于白酒的——影视明星们一手举着酒瓶，另一手竖着大拇指，或者是开心地冲着路人们举起一只酒杯。由于大多数酒的品牌我从来没听说过，以至于给人感觉是，如果哪个县没有个酒厂的话，可真是一件奇怪的事。

如果你去超市，一定能看到酒类货架上除了葡萄酒和零星点缀其间的三五种果酒之外，基本上都是粮食酿的各种酒，白酒、黄酒、米酒、啤酒。酒类的消费量每年都在以10%以上的速度递增。2010年中国白酒产量是890.83万吨，差不多相当于可以供每个中国人喝5公斤多，一瓶一斤装的酒可以喝10瓶，而且这还只是白酒。

“酒是粮食精”。毫无疑问，没有足够的粮食，肯定没有如此热闹的酒市场。事实上，酒这种东西正是从原始农业的粮食生产有了剩余后才开始发展起来的。2010年中国粮食产量54641万吨，人均占有量约在400公斤左右。这个数字比1949年整整翻了一番。

但这并不意味着平均每人每年能吃掉400公斤的粮食。事实上，随着生活水平的提高，中国人均口粮的消费量并没有随之递增。

粮食除了支撑酿酒工业的快速发展，另一大用途就是间接地为人们的饮食品质提升做出了巨大贡献——许多粮食作为饲料用来发展畜禽养殖和水产业了。用畜牧业专家的行话说，这叫“粮食的过腹转化”。从1949年到2008年，半个世纪间全国人均肉类占有量从4公斤升至54.8公斤，增长了12.7倍。

我们需要喝那么多酒吗？需要吃那么多肉吗？中国的确仍然有数量巨大的低收入阶层、甚至数千万的贫困人口——他们肯定没有肥胖症这类过多摄取酒肉的疾病烦恼，而是更需要脂肪和蛋白质，以及酒精对生活的安慰。但是，在许多“无肉不欢”的人群中，你不能忽视那些越来越多的高血压、高血脂、高血糖“三高”现象。在我的朋友以及他们的孩子当中，有不少就已经加入这样的群体当中。

除此之外，粮食还用来生产工业原料、燃料、榨油……所有这些让人很容易感到，我们不缺粮食。

美国学者布朗1995年出了一本操心中国人粮食问题的《谁来养活中国人》的畅销书。3年后的1998年，中国宣布基本实现了包括粮食在内的主要农产品供求基本平衡、丰年有余的历史性跨越，绝大多数的人们不再为肚皮问题而操心。

此后几年里，中国的粮食产量虽然增增减减，但吃不饱肚子的人群继续在减少。从2004年到2010年，中国更是连续实现了粮食生产的“七连增”。在此之前，粮食产量总是“多啦多啦少啦少啦”，粮食曲线高高低低起伏不平。

我承认，只说了令人乐观的成绩这一面。其实中国的领导人、农业部门、粮食部门等权威的声音在谈到粮食问题的时候，经常用“隐忧”这个词来形容他们身上的压力。

对此，我甚至根本不用再罗列太多数字和概念了，只要看看不断被高楼大厦、工厂车间吞噬的耕地，面积日益减少的江河湖泊，越来越多的种粮农民走进城镇成为需要买粮吃的市民，频繁发生的旱灾、涝灾、冰冻等极端天气，你可能就会感到，粮食问题还远远没有到可以高枕无忧的地步。

中国有13亿张嘴巴要吃饭，如果这13亿人都是劳动力也罢，但事实上是不仅仅农民越来越少，而且中国社会的老龄化现象也越来越明显。

根据预测，到2020年中国需要57250万吨粮食，目前的生产能力还达不到。依靠进口？全球粮食每年贸易量不到2.4亿吨，这意味着把全世界一半的粮食贸易量都运到中国，也只能解决一半的需要。甚至不用说一半，中国粮食产量只要减产1%，就意味着得占用世界贸易量的2%，这是一个非常敏感的问题。

所以，粮食问题对美国等粮食大国来说可能只是个价格的问题，而对中国来说更重要的仍是肚皮问题。

近年来粮食生产连续丰收，被总结为"人努力、天帮忙、政策好、技术新"几个原因。新技术的推广应用对粮食增产尤其发挥了重要作用，这也是中国的农业科技工作者最值得骄傲的成绩。

20世纪60年代以来，由于遗传学、有机化学、矿质营养学说、水循环理论、自动控制理论的发展，催生了种子、化肥、农药、灌溉、机械五大技术在农业领域的广泛应用。随着气候条件的变化，以及耕地资源和水资源等因素的制约，粮食产量的提高越来越得指望单产的提高，科技也越来越被人们寄予了厚望。

"当家粮食"水稻

1960年，30岁的袁隆平在湖南安江农校教书。7月的一天，他在学校实习农场的一块早稻田里发现了一棵鹤立鸡群的奇特水稻，植株高大、穗大粒多，优势明显。这件事成为他从事杂交水稻研究的发端。

第二年，袁隆平根据其后代的分离和退化现象，判断其为天然杂种，也就是天然杂交稻。全国六成左右的人口以吃大米为主，如果对这一杂种优势加以研究，无疑将对提高水稻产量起到重要作用，意义非凡。

水稻是世界上食用人口最多、历史最悠久的农作物。世界上90%的水稻产自亚洲，养育着25亿人口。20世纪初，科学界普遍认为，像玉米这类异花授粉作物存在自交衰退、杂交有利的现象。1926年，美国人琼斯首次提出，水稻具有杂种优势。

但是，水稻杂种优势利用的难点在于其是自花授粉作物，雌雄器官同在一朵花内，无法像玉米那样进行异花授粉。因此国际上进行水稻杂种优势利用的研究者极少，只有日本、美国和设在菲律宾的国际水稻研究所等少数科学家进行水稻杂种优势利用研究，可惜没有成功。在国内更是长期无人研究。

此后几年间，袁隆平又在一些稻田里发现了长势良好的野生杂交稻株，由此逐渐判定：同异花授粉作物一样，水稻这样的自花授粉作物也具有杂种优势。

1966年2月28日，中国科学院主编的《科学通报》半月刊第17卷第4期上发表了袁隆平的《水稻的雄性不孕性》一文，这是他学术生涯的第一篇论文，也是中国水稻杂种优势利用领域的第一篇论文。

这篇文章明确地指出水稻具有杂种优势，还提出对雄性不育等材料“通过进一步选育，可从中获得雄性不孕系、保持系和恢复系，用作水稻杂种优势育种的遗传工具，进而就能利用水稻的杂种优势”的设想。但他的想法遭到不少人包括一些学术权威的反对——他们断言搞杂交水稻研究没有意义，甚至说这是“对遗传学的无知”。

幸运的是，袁隆平的文章引起了时任国家科委九局局长的赵石英的高度重视。赵石英以科委九局名义致函湖南省科委与安江农校，支持袁隆平的水稻雄性不育研究活动，指出这项研究的意义重大，如果成功将使水稻大幅度增产。

1972年，国家科委把杂交稻列为全国重点科研项目，中国农业科学院组织了一场全国协作攻关。全国30多个科研单位的科学家一起参与进来，用了上千个品种与此前袁隆平带领的科研人员在海南找到的“野败”品种进行了上万个试验，扩大了选择概率，加快了三系配套进程。

中国农业科研领域头一次如此大规模地进行协作，其合作精神至今仍为许多科研人员怀念。两年后，袁隆平育成了中国第一个强优势杂交组合“南优2号”，当年实验亩产628公斤。

1979年4月，对推动全球发展中国家进行“绿色革命”、增加粮食产量起到重要作用的袁隆平第一次出国，出席菲律宾国际水稻研究所召开的科研会议。在那次会议上，袁隆平用英语宣读了《中国杂交水稻育种》的论文并即席答辩。从此，国际同行们普遍认可中国杂交水稻研究处在世界领先地位，袁隆平则被认为是“杂交水稻之父”。

回顾半个多世纪以来，每次技术的重大突破，都带来中国水稻生产的大发展。如今，全世界水稻平均亩产为300多公斤，日本等发达国家水稻平均亩产约440公斤，印度水稻平均亩产约220公斤，而中国全国4亿多亩水稻平均亩产接近发达国家，居世界先进水平，全国近六成的大米是杂交水稻生产的。

你知道，中国是世界上第一个将杂种优势应用于水稻生产的国家，依靠先进的杂交稻技术是继“高秆变矮秆”的水稻育种技术之后提高水稻产量的秘诀，而对水稻的研究也成为中国为数不多的处在领先位置的农业科研领域。

“中国的大豆已经‘失守’了，大量进口，在国际市场上没有我们什么位置。抗虫棉国外一度也进来不少，幸运的是我们研究出来国产的抗虫棉，把人家打出去了。”中国水稻研究所现任所长程式华这样形容国内水稻的实力：“抗日战争打了八年才把日本鬼子赶出去，说明我们还是很弱——如果日本鬼子在卢沟桥就根本打不进来那才算强呢。我们水稻到目前为止还没有外国品种打进来。”

袁隆平是中国水稻研究的领军人物，但中国的水稻研究之所以能在世界领先，并不只是袁先生“一枝独秀”，而是“众人拾柴火焰高”——有一支实力雄厚的水稻科研队伍。在很难有人说得清全国有多少水稻研究人员、甚至有多少家水稻研究机构的强大阵容里，位于浙江省杭州市的中国水稻研究所就处在这个研究阵营“金字塔”的塔尖位置。

这家研究所是新中国成立以来一次性投资最大的农业科研机构，也是唯一一家冠以“中国”字头农业科研机构。国家水稻改良中心、稻作技术研究与发展中心、农业部稻米及制品质量监督检验测试中心、科技信息中心和水稻生物学国家重点实验室都设在这里，其科研成果涵盖了国家自然科学奖、国家技术发明奖、国家科技进步奖三大奖项。2007年农业部公布的“十五”全国农业科研机构综合科研能力评估中，这家“豪华”研究所在1077个农业科研机构中位列榜首。

1981年6月，中国水稻研究所经国务院批准建立，隶属于农业部直接管理。相比其他历史较早的农业科研机构，中国水稻研究所草创之初最缺乏的是试验田。所以，1983年国家几个部门联合发文，将位于杭州市郊34公里外富阳市的国营皇天畈农场划归研究所，并更名为中国水稻研究所试验农场，水稻所一下子有了7400亩土地和近千名农场职工。

在当时以效益为中心的改革年代，这个试验农场的定位很有中国特色，叫“事业性质、企业管理”，说白了其生存目标还是要赚钱。20世纪的八九十年代，国家对农业科研的经费投入非常有限，水稻所虽然来头大，但也常常是捉襟见肘。程式华当时是所里的一名普通科技人员，回忆起往事唏嘘不已：

“像我这样的科研人员，一年至多有一次坐飞机的机会——领导说这是给你开开洋荤，领略一下坐飞机的味道。其他时候出差只能坐火车、坐汽车。在外地繁育的种子都得自己运回来，长途汽车上还睡不成觉，生怕被人家给偷了。”

每年冬天研究人员要到海南继续搞实验。为了省钱，程式华等研究人员得先从杭州坐火车到广州，然后转乘汽车、轮船。

“经常是长途车开着开着就被人家赶下来，还不是主干道，然后又有大客车过来，上车还得重新买票。如果坐车的人少，开到一个地方就又叫大家下车，把我们再倒腾到别的车上。”他开玩笑地说：“我们这些研究员就像猪一样被汽车司机卖来卖去三四次才能到海南。”

农场本应成为一个重要的经费来源，遗憾的是像大多数科研机构办的企业一样，这个农场也不赚钱——当时甚至办了电缆厂、玻璃纤维厂、化工厂、味精厂等不少与农业毫不相关的企业，结果办一个亏一个，最后银行贷款的4000万元还不上，农场账号被法院查封。

日子过不下去了，农场职工被迫全体下岗，离退休人员每月能领200元，在职职工每人只分到了一亩地，随便你种粮种菜，生计全赖于此。这下子麻烦了，职工们三天两头跑到研究所找领导提意见。由于经费短缺、人心不稳，科研工作也没办法正常进行。出不来科研成果，上级领导又不满意了，一度甚至没有什么上级领导愿意来中国水稻研究所考察工作。

1996年，当时农业部的一位领导到水稻所开座谈会。所里有位专家在会上说，发展困难主要是因为有个农场的包袱。这位领导闻言很不满意，讲了一个小时的话拍了70多下桌子——很多农场都发展得非常好，你们是怎么搞的?！此后不久，中国水稻所就由农业部直属管理转归为中国农科院下属的一个研究所了。

转机出现在本世纪初国家对部门所属科研院所进行的分类改革。在这场改革中，中国水稻研究所进行了一次“全民公决”，大家投票决定到底是走非营利的公益性道路还是转成企业去赚钱，结果是希望被划定为非营利性的科研机构的占微弱优势。

尽管当时科技部一位领导认为水稻所贡献少、不应当再被国家包下来了，但好在经过多方做工作，最后还是修成正果，得以能够继续“吃皇粮”。随着此后国家对农业科研经费投入的大幅度增加，水稻所幸运地得到了前所未有的资金支持，离退休人员的待遇也有所改善。

但在科研方面，中国水稻研究所和其他省级农科院的水稻所、甚至地区级农科所的水稻所、大学里的水稻所一样，长期以来在同一条起跑线上争夺有限的课题经费。

虽然中国水稻研究所成立之初就被国家赋予“组织和协调全国有关水稻重点科技项目和综合发展研究”的定位，但大家都像水里的鱼儿似的追逐着大大小小的项目这个“鱼饵”，无法舍弃。而早年间水稻全国性的联合育种攻关，成为老一代研究人员不时怀念的往事。

"稳定的支持一直讲了很多年，但每次项目指南一公布，大家就都得到北京答辩、竞争，国家级的研究所和省级的、地市级的研究所一同竞争，没有人考虑水稻产前、产中、产后这条主线，大家都是拿经费、抢饭碗要紧。"程式华说。

2007年底，程式华担任了新成立的国家水稻产业技术体系首席科学家，"一盘散沙"的情况开始发生变化。这个体系的目的之一，就是为了解决"课题组越来越小、课题越分越细、协作攻关越来越难、急功近利现象越来越突出、公益研究越来越不重视"的问题。

水稻体系在没有打破原来单位的基础上，建立起一套以农产品为主线的研究系统，基本上把国内知名的水稻专家都网罗进来了——不仅袁隆平派了助手加入体系，被称为"中国转基因水稻之父"的华中农业大学教授、中国科学院院士张启发也派出助手加入，而武汉大学的朱英国、福建农科院的谢华安、江西农科院的颜龙安，以及沈阳农业大学的陈温福等几位院士更是亲自投身进来，可以说水稻研究的精英云集于这个体系中。

水稻体系成立之初，所有科学家都进行了一次摸家底式的调研：水稻生产上的主要问题有哪些、发展方向是什么、需要解决哪些关键技术。在调研的基础上，水稻体系确定了三块重点任务：提高产量、改良品质、提高效益。

科学家们研究了全国的水稻生产布局后向农业部建议：北方主要发展优质稻、南方长江流域以高产为主。栽培、田间管理、加工等方面重点要提高农民种粮效益。

"有人提出水稻发展要优质、高产，但我们不赞成。从全国来讲，高产还是要放在首位。根据预测中国人口最高峰将达到16亿人，全国农作物的单产需在现有基础上提高30%以上才能满足粮食的安全供给，难度不小。所以高产还是要放在第一位。"

程式华说："我上次去宁夏时鼓动了一下他们的自治区区委书记。我说现在世界上水稻单产最高水平在埃及的尼罗河沿岸。宁夏有引黄灌区，灌溉条件非常好，可以搞超高产。这就是我们在考虑的全国布局方面的调整之一。"

应急性的任务也成为科学家们职责之一。2008年汶川"5.12"特大地震后，四川许多水库干涸，水稻面临减产绝收危险。体系里的一大批专家连续去了多次灾区，实地研究当地水稻生产问题。那一年，四川水稻产量不仅没有减产、而且还比上年略有增加。

凡是与生产有关的方方面面问题，体系的科学家根据分工和研究领域都有自己相应的责任，这是和过去承担项目一个最大的不同。

"体系要求大家主动工作，而不像以前那样盯牢你。以前做项目不是这样，很少有综合性的工作。现在体系各个领域都有专家，组织起来可以解决综合性的问题。"程式华说。

科学家们发现，在解决水稻某一重大问题时，越来越需要不同学科、专业的联合协作。比如，优质高效高产多抗水稻新品种的选育，需要种质资源、遗传育种、生物技术、生理生化、植物保护、土壤肥料、生态环境、数理统计、信息技术等不同学科领域技术专家的协同合作。

同时，现代水稻技术更加强调技术各环节、方面的集成应用，如水稻病虫害综合防治技术、设施农业技术、农产品加工技术、全程质量控制技术等都是技术集成应用的典型，这种趋势还在继续发展。

"我更像是一个协调人，许多事情并不用我一定得到现场，但得协调好相应的专家。比如，有农民因为农药出了问题反映情况，我就安排几名专家去调查，然后形成报告。最近农业部说要一个新的栽培技术，我也想不出技术来啊，就叫朱德峰解决，他是水稻体系栽培研究室主任，由他们组织。加工方面、农机方面我就更不懂了，都需要大家一起联动。"程式华说。

体系里人才济济，“大牌”专家很多。程式华说：“真正的‘大牌’专家往往不会要脾气，开会准时到，报材料准时报，开会发言也很认真。可是，有些年轻的‘大牌’专家一开会就要请假，甚至连假都不请。在中国，院士是学术界的最高荣誉了，你再‘大牌’也大不过院士吧？所以我就对他说，体系的管理办法有规定，你不配合的话，以后大家就很难一起工作了。”

水稻研究界过去“山头”林立，这一次，大家不仅头一回目标统一了，而且更重要的是有了协作机制，大家开起会来第一次有种“人丁兴旺”的感觉。

但虽然协作机制初步形成了，大家也普遍有相互协作的需求，毕竟各自为战时间长了，惯性的东西很强，一些专家的观念并不是一时半会儿说改就能改的。程式华对此也有体会：

“有的岗位科学家和试验站站长还是过去那套工作思路，尽管合同也签了，任务也派下去了，可还是不知道自己应该做些什么，应急反应也不够快，这都需要逐渐提高认识、统一思想，逐步改善。”

2008年那一年，程式华出差时间有150多天，差不多接近一半时间不是在路上就是在田里，或者是在给技术员进行培训的课堂。

“农业成果光停留在实验室是没有用的，这和搞基础理论研究的不一样。你培育了品种，必须要在生产上检验，要检验你就必须要到基层。”程式华说，“以前大家都是把品种育出来就不管了，自生自灭。现在如果培育出新品种，体系里的各个试验站都会布好点，如果确实表现好，还会和当地农业部门沟通，研究怎么把成果转化为生产力。”

作为水稻体系的首席科学家，程式华承担了许多管理职责，这让他觉得比过去累多了。

“以前我就管中国水稻研究所，不管中国这么多的水稻研究所。”程式华说，“现在，体系里的各个试验站基本上都是地市级的农科所，要经常看看他们的工作情况怎么样了，有没有什么困难。我现在还没有达到每个试验站都走一遍。”

为了满足人们对稻米的需求，育种学家们认为必须尽快育成一批产量比现有品种增产30%左右、品质较好的突破性新品种。中国水稻研究所的研究员、水稻体系栽培研究室主任朱德峰认为，新的“绿色革命”要在选育新品种的同时，更重要的是研发与社会经济发展相适应的生产技术，以栽培技术的创新来实现品种的增产潜力。

在近年来研究人员将育种重点放在超级稻培育的过程中，发现了一个有意思的现象：新品种在实验田里的产量很高，在农民手里种起来却达不到希望的效果。小面积的水稻亩产可以达到800公斤，但全国平均产量只有不到450公斤。这350公斤差在哪里了呢？主要是没有很好地掌握配套的栽培技术。

“不光超级稻，普通稻也有这个问题。实验田的产量跟农民大田里的产量相差大概百分之二三十，关键就是技术没有配套。许多技术其实已经有研究基础了，但适用性、实用性还不够。”朱德峰说，“比如你要种上百亩水稻，就要实行机械化，以往适合手工作业的品种就跟不上了，这方面现在还有欠缺。”

朱德峰解释说，有些是因为品种生长特性不适应机械化，还有些是插秧机、收割机本身不大适应。比如现有的机械插秧技术是从日本和韩国引进的，但中国的品种和种植季节与他们不同，因此引进的技术不能很好发挥中国水稻品种的产量潜力，特别是不能发挥杂交稻的优势。

如同许多农作物品种一样，水稻专家也大多集中在育种领域。自从20世纪50年代以来，中国水稻生产有两次大的提升，都与两次基因和育种的重大创新密切相关：一次是矮秆品种替代高秆品种，另一次是人们更熟知的杂交稻的广泛应用。

在这两次水稻的“绿色革命”中，栽培技术的配套也发挥了重要作用。但相对栽培、农机、植保等领域，育种研究几十年来得到国家支持的力度要大得多，研究新品种的项目要比其他项目多得多。由于栽培研究没有得到足够重视，从事栽培学科研究的人员大幅下降，品种与技术不配套，品种在生产中的作用没能很好发挥。

另一方面，新品种可以通过产业化反哺育种研究，增加收入。这几年新品种层出不穷，更新加快。水稻方面，20世纪80年代全国主要品种数量大约有300个左右，到近几年已经至少有700个品种了。品种数量多有好的一面，但由于有些新品种抗逆性不清楚，生产风险很大，这让朱德峰有点担心。

“品种多了，有的技术就没办法配套了。比如说，一个地区几个品种通过技术研发可以配套，可几百个品种怎么配套？你今年推这个，明年又推那个，我原来做的研究也没有用了。所以只有研究区域性、共性的栽培技术。”朱德峰说，“所以，品种多也不是个好事情，不是越多越好。现在新品种的生产水平已经很高了，如何把优势发挥出来才更重要。”

水稻也是惯于精耕细作的日本的主要农作物。有一次朱德峰跟几位日本的水稻专家讨论时问他们，日本用的是以前的老品种，是不是育种家没做什么事？日本专家说，这些老品种在生产上十分稳定。

“日本对水稻研究的投资比我们多得多，人家强得很。”朱德峰说，“我们国家水稻品种更新得快，可有些品种对环境的适应性差，产量不稳定。”

老问题还没有解决，新情况又出现了。

由于过多追求高产，一直以来人们对资源和环境的问题考虑不够。水稻是消耗水资源最大的农作物，化肥的用量也很大。中国水稻生产氮肥用量比世界平均高70%左右，在水稻产量与日本和韩国基本相同的情况下，氮肥用量比这两个国家高出60%。

此外，由于全世界90%的大米是由发展中国家种植和消费的，包括中国在内的许多亚洲水稻生产国如今都逐渐面临严重的人力资源危机。随着社会经济发展，农村劳动力大量向其他行业转移，稻农数量不断减少，平均年龄上升，教育和专业技术水平却相对较低。相应的，水稻生产机械化、集约化、轻简化栽培技术的研究就显得十分迫切。

近年来，朱德峰的研究重点放在了水稻机插秧技术、节水技术、提高肥料的利用率、水稻产量差异成因、高低温对水稻产量影响等上面。提高肥料利用率的核心是怎么少施肥、多产粮，他在南方和北方的一些水稻产区对不同季节的氮肥用量做了一系列研究，目的是提供一套不减产、少施肥的技术措施。

随着粮食生产越来越向种粮大户集中，他们更希望的是能有提高生产效率、服务水平的技术。这也是朱德峰等栽培专家研究的内容之一。

由于栽培基本属于公益性的研究——免费给稻农提供技术服务，这是跟种子产业的区别之处，国家的经费也很少，许多研究朱德峰一直心有余而力不足。

“过去发现了什么问题，有思路，但苦于没经费没法搞，”他说，“有的领域容易拿项目，但生产实际问题没解决。”

由于长期以来对栽培的投入少，水稻栽培方面的专家撤的撤、转的转，已经寥寥无几，队伍几乎都散掉了。据朱德峰估计，全国真正搞水稻栽培的可能连1000人都不到。如浙江做水稻栽培的，省农科院、浙江大学都基本上没有什么研究力量了。有些省曾经上百人的栽培队伍，如今萎缩到几个人在支撑。

对此，朱德峰很满意他加入的这个水稻体系。“现在水稻体系有稳定的经费支持，可以让科学家根据生产问题发挥自己的思路，这也是体系对科学家的信任。我们研究室的科学家感到是一种责任、一种使命。围绕产业发展，调研生产问题，研发实用技术，提出研究思路。”

“这不光是钱的问题。”他接着说，“科学家们的研究从来没有像现在这样密切关注生产实际问题。以前同行在一起开会介绍各自的研究，经常是听一下就拉倒了，大多是自娱自乐，现在大家交流目标一致。”

有了经费支持，这几年朱德峰的研究推进就比较快。实用的、解决实际问题的新技术也逐渐出来了。水稻体系分布在全国的46个综合试验站还能提供给新技术在不同地方进行示范、评估的条件。某个区域在生产上出现的问题也可以通过试验站这套系统反映上来。

虽然水稻体系是个“国家队”，但它并不能包打天下。朱德峰对此也颇有体会：“不是所有的研究这个体系都能完成的，我们能够通过这个体系调研来发现问题、提出解决思路，接下来的研究应当跟国家的一些项目挂钩，解决水稻产业问题，推进产业发展。”

麦田守望者

作为中国人的传统主粮，小麦无疑是可以和水稻并驾齐驱的另一大作物。就像水稻并非只是南方才有一样，小麦的适应范围也非常广，从北纬18度到50度（大致相当于从海南省中部的五指山一带到黑龙江的黑河、内蒙古的海拉尔一带）、从低海拔的平原地区到海拔4000米高的青藏高原都有农民在种植。

根据对温度要求的不同，小麦可以分成冬小麦和春小麦两种。黑龙江、内蒙古和西北是春小麦的天下，当年春天三四月份播种，七八月份就能够收获了，生长期只有100天左右。而从辽东、华北、新疆南部、陕西一直到长江流域各省及华南一带都是冬小麦，这是中国小麦的主要栽培类型，大致占小麦总产的八成左右。冬小麦当年秋天10到11月份播种，收获则要等到来年五六月份，生长期长达半年左右。

中国人多地少的国情，使得“地无闲田”。由于冬小麦是越冬作物，种冬小麦和其他粮食作物矛盾少，可以减少冬闲田、增加粮食总产量，所以半个多世纪以来中国的冬小麦种植面积不断扩大，目前大致占全国18亿亩耕地面积的1/5，是世界上最大的小麦生产国。

其中，从长城以南、六盘山以东、秦岭—淮河以北这一带，是全国最大的冬小麦主产区和消费区——中华民族饮食文化繁盛多样的面食类型，大多出自于此。

在河南、山东、河北、山西、陕西，以及安徽和江苏北部一带，面食并不是像它在南方那样只是一种点心，权当匆匆打发肚皮的早点或是宵夜而已。一海碗拉面、一盘热腾腾的包子或水饺、一个大白馒头配炒菜，是许多北方人习惯了的正餐伙食。四川、重庆、湖北一带的人们也习惯以一碗麻辣小面、担担面或是热干面作为一餐，但他们的饮食太丰富了，面条只占其中很小的比例，比不得北方人以面为生。

每个地方的人们的饮食习惯，总是来自于他们的生活环境。小麦生产第一大省是地处中州大地的河南。河南人有一种根深蒂固的面食情结——如果他吃饭时可以选择米饭还是面条、饺子、包子、馒头、馄饨、油饼、烧饼、疙瘩汤等各种各样的面食的话，他一定会选择面食。许多河南人，如果哪顿饭没有面食吃，即使肚子里已经填进去许多，心里却总是觉得半饥不饱的。

从1999年到2009年，河南省的粮食产量已经连续10年位居全国各省份之首，是中国最大的“粮仓”。这个省的近8000万农民，用占全国1/16的耕地生产了全国1/10以上的粮食，养活了占全国1/13的人口。全省1亿多亩耕地中有7400万亩种植的是小麦。近60年来河南省的小麦品种更新了9代，平均亩产从1949年的83斤增加到目前的800斤左右。上述数字，已经足够显示河南之于全国粮食供应的地位。

有意思的是，尽管中国是小麦第一生产大国，但每年仍要从加拿大等国进口一部分小麦，这不是因为中国同时是小麦第一消费大国，而是因为食品加工业对小麦有不同的品质需求。确切地说，国产的小麦品质还不能完全满足加工需求。

你还记得20世纪七八十年代在供销社或者军人服务部买过的饼干吗？那种

咬一口就掉渣的？还有一种叫"蜂蜜蛋糕"的东西，烤得焦香但口感粗砺？对，因为那些都是用普通的中筋面粉做的，自然不能和现在的同日而语。

长期以来，中国的小麦基本上都是中筋小麦，用它磨成的面粉就是中筋面粉，也即人们熟悉的"标准粉"，而强筋、弱筋小麦几乎没有。强筋小麦加工成强筋面粉，它的蛋白质和面筋含量高，主要用来做面包、点心。弱筋小麦加工成弱筋面粉，适合制作蛋糕、饼干。后两种面粉都是食品加工业必需的原料，长期依赖进口。

这种窘境直到许为钢培育出"郑麦9023"才开始有所转变。

2001年，河南省农科院小麦所研究员许为钢培育的"郑麦9023"通过河南、湖北两省的小麦品种审定，这是他的研究团队独立培育出的第一个品种。这个品种是优质强筋小麦，它的蛋白质含量、湿面筋含量、稳定时间以及面包综合评分等指标，在世界范围内也是领先水平。此后连续几年里，"郑麦9023"迅速成为全国种植面积最大的小麦品种。"郑麦9023"还出口到新西兰，成为第一个走出国门的食用小麦品种。

作为小麦良种的"第一品牌"，"郑麦9023"适应性强，不挑地。从东到西，从南到北，不同的气候，不同的茬口，不同的土壤，"郑麦9023"都有很好的适应性。有一年小麦主产区条锈病大暴发，其他品种纷纷染病，而它却"毫发无损"。和许多中高产品种相比，"郑麦9023"产量不差，品质更好。

2004年，许为钢从北京捧回了国家科技进步奖一等奖这个科技界的最高荣誉，这也是"十五"期间小麦研究界唯一的殊荣。

在提高小麦品质的同时，科学家们并没有忽略增加单产这个永恒的主题。

目前，中国小麦单产最高的区域是北部冬麦区和黄淮冬麦区的北部及中部，包括河北、山东、河南北部等地，这片区域大致位于北纬35度至39度之间。让人头疼的是，小麦虽喜干燥气候，不适应潮湿环境，但又是耗水大户，每公顷麦田在生长期间大致需要4500吨到6000吨的水，这意味着每收获1公斤小麦籽粒需要800到1000公斤的水。

更糟糕的是，这片区域从二三月份小麦度过寒冬后开始返青、拔节、抽穗、灌浆直到成熟，绝大部分时间都是春旱时期，东南季风还没有把丰沛的降水带到这里，加上人口密集、工业和生活用水量大，而地下水资源又很匮乏，随着气候变暖，旱灾更趋频繁和加剧。

在全国小麦已经连续7年（2004年至2010年）丰收、单产也连续7年提高的情况下，再指望这片区域进一步提高产量困难重重。

小麦生产新的增长点在哪里？科学家们把视野放在稍微靠南、大致是北纬33度上下的另一片区域。

这片区域包括苏北、皖北、河南中南部、湖北北部、陕西南部和四川的北部，约有1亿多亩麦田，占全国小麦种植面积的30%。这里过去也一直种小麦，但由于栽培耕作粗放、生产技术水平低等原因，小麦单产较低。科学家们虽然多年前就清楚，北纬33度地区是中国小麦增产潜力最大的地方，但因为涉及的地域广阔、研究领域也多样，又需要相互配合，所以一直没有组织过大范围的研究。

2008年，中国工程院院士、山东农业大学教授于振文向农业部建议，北纬33度左右地区光热资源丰富、降水量多、地下水位较高、土地肥沃，提高单产有很大潜力。在改变生产条件、培肥地力的基础上，采用良种良法配套，每年亩产提高10公斤，5年提高50公斤是完全有可能的。

于振文是国家小麦产业技术体系栽培与设施研究室主任。提高北纬33度地区小麦单产，也是小麦体系确定的重点任务之一。在他的牵头下，小麦体系的32名岗位科学家、39名综合试验站站长一改过去惯于“单打独斗”的研究方式，大家坐到一起想办法。他们认为，提高这个地区的小麦单产水平，重点要抓好以下技术措施：

——推广一批增产潜力大、品质优良、抗倒性和抗逆性强的小麦主导品种。

——根据品种特性、地力水平、播期早晚等情况确定适宜播量，进行精量、半精量播种。

——氮、磷、钾肥配合施用，改变过去重视底肥、轻视追肥的施肥方法。

——针对干旱、冻害、渍害、干热风、病虫害等灾害，及时采取技术措施。

那一年，小麦体系的科学家们在调研了这一区域小麦生产技术现状后划定了工作范围，包括江苏45县、安徽52县、河南73县、湖北24县、四川52县。

不同岗位的科学家结合小麦生产的不同环节都纷纷出招：

栽培岗位的科学家在河南、安徽、江苏省都创出实打亩产600公斤以上的地片，展示了北纬33度地区小麦生产技术能力。

育种岗位的科学家分别在该区域内设置了新品种测试点，还与美国农业部软质小麦研究室等联合召开了弱筋小麦品种国际研讨会，为在该区域更新推广品种做好了准备。

病虫害防控岗位的科学家既分区域研究小麦病虫害防控技术，又承担起这一区域条锈、白粉、赤霉、纹枯、病毒病，以及蚜虫、吸浆虫等主要病虫害发生危害规律的深入研究。

土壤与养分岗位的科学家研究各种增产农艺措施对于迅速消减稻作后土壤渍害、恢复土壤结构和通气氧化条件、培肥基础地力的效果，为可持续发展提供技术依据。

产后加工岗位的科学家对新收获小麦开展质量调查，全面分析各品质指标，发布了2008年北纬33度地区小麦生产质量监测报告。

产业经济岗位的科学家建立了18个经济信息固定监测点，对农户的生产、成本、价格、效益、库存等方面进行监测分析，及时发现小麦生产中存在的突出问题，并提出对策建议。

研究出好技术还需要推广到田间地头。小麦体系在这一区域内有18个综合试验站，除完成体系的统一试验示范任务外，每个试验站都确定了重点示范县，负责指导提升其小麦生产技术。由于横向的产业研究链条贯通了、上下传导也贯通了，这项系统性的研究推进速度很快。

“说白了，就是怎么把这个地方的小麦种好的问题。但以前我们肯定解决不了这个问题，必须要多学科的合作。”作为小麦体系育种岗位科学家的许为钢说，“我们现在是以栽培学科为主，其他的学科为辅，配合着一起做”。

以往，这种区域性、系统性的研究即使有，也是由哪个主管项目的政府部门来“张榜出题”，科学家们谁有本事谁去“揭榜”应约，而这一次则纯粹是科学家们自己出题考自己。其实逻辑很简单——他们发现了问题，他们有了稳定的经费支持，他们还有一个系统的组织方式，主管部门不管科学家干什么、怎么干，只要求把产业发展需要的种种技术搞定，好吧，那就开始干吧。就是这样。

“比如我们搞育种的，你搞杂种优势，他搞常规种，我搞转基因，谁搞什么国家并不管，这个行业你们自己研究，将来各个生态区域的小麦怎么发展，你们自己分析，没有人命令你必须怎么做。”许为钢说，“这一方面体现了对科学家的信任，更重要的是它符合农业科研长期性、连续性、不可预测性的客观规律。”

简单地打个比方，培育一个新品种至少需要10年功夫，一项基础性研究需要在前人的成绩之上继续跟进，这就是长期性、连续性的意思。但许为钢说的不可预测性怎么理解？

“农业科研失败多于成功，这非常明显。农业科研是研究生命现象的，而生命现象太复杂了，我们的科技水平还达不到一定是一对一这样的因果关系。你建个楼，怎么设计、投资多少，最后肯定就会出个那种样子，但对生命的研究还没到那一步。所以虽然医院里有各种化验设备、检验仪器，但还是需要主治医生才能管用，对吧？”

许为钢当年选育“郑麦9023”这个品种时，他的课题组每年都要做几百个杂交组合，其中大部分组合都是失败的。

他接着解释说，农业技术无疑属于应用科学，某种程度也是一种工程学。应用科学往往有一个特点：实践中许多问题的解决早于理论对此问题的解释——没有理论可以解释，但经验可以解释。同时，由于没有理论的计算、分析作支撑，就自然有不确定性，需要科学家准确地判断。

举个例子，小麦条锈病分很多亚种，其致病菌有所不同，自然界一旦产生某种新的亚种，就需要科学家相应进行研究，可是没有人能预测10年后哪个条锈病的亚种会突然暴发，只有根据经验进行分析判断，然后进行相应研究，结果自然会有不确定性。

“小麦体系给了科学家一个宽松的研究环境，刚好符合农业研究这几个特点，长期性、连续性和不确定性，实际上这个体系允许你失败，很宽容。”许为钢说。

研究的自由度比以往大多了，但科学家们身上的任务也多了起来。体系给科学家们规定了应急性的任务，什么地方出现了生产上的问题，相应的岗位科学家一定得及时赶到现场、做出响应。以往许多科学家关门闭户地闷头搞研究，现在则被这根线牵着动。

2008年、2009年小麦主产区秋冬春连旱，小麦体系几乎所有的科学家都三天两头往地里跑，查苗情、研究对策。如果是过去，像许为钢这样的大牌科学家很难把这种事情太放在心上。

“过去是政府部门请你去，你是大专家，哪里出问题了，去指导指导，就这么回事。现在就不是了，这是你的任务，你必须去。”他深有体会地说，“体系里每个科学家在加入体系时都签了协议，规定了应急性任务，不去显然就是失职。”

2008年是小麦体系运转起来的头一年。这一年也是多事之秋：

年初，南方出现特大雨雪冰冻灾害，科学家们及时分析了对小麦生长可能造成的影响和应对措施，并通过媒体广为宣传；

5月，汶川“5.12”特大地震发生后，科学家们及时分析灾害对小麦生产及收获的影响，提出抢收抢种建议；

秋冬种期间，科学家们分析了地震灾害和持续降雨对重庆和四川地区小麦播种的影响并提出了对策；

11月下旬，河南驻马店一些农户反映他们种植的“平安6号”小麦品种出苗弱、小麦出苗后叶色发黄、叶尖干枯，甚至有死苗现象，栽培专家第一时间赶到现场调研，并作出分析报告和抢救措施……

“实际上大家的任务很重，无形中的压力也很大。”许为钢想了想说，“除了对产业需要的技术要提供支撑，也要提供生产指导方面的服务支撑，还要给政府部门提供一些参考意见，起到决策支撑的作用。这几个功能是非常明显的。”

所以，虽然体系没有对大家提过多、过细的具体要求，比如两年、三年内必须搞出一个什么新品种、新技术，但是在年度的总结、考核中，由行业学会、政府部门、企业等“技术用户”组成的管理委员会给科学家们打分，干得好干得差，大家心里都有数。

“你的资料交上去，人家一看是乱凑的，肯定分高不了。你是育种的，可是这方面老出不来成果，说明你能力不行。你搞前瞻性研究，没有好论文、也没有什么专利。或者你搞了一大堆鸡毛蒜皮的，人家只搞了一个可很是不得了，自然就会有不同的评价。并不是非要十分明确的量化标准，但最后你到底做了什么，大家都看得到。”

许为钢比画着说：“一打分，人家是优，你是良，或者是中等，你自己也脸上无光啊。而且，体系人员每5年一调整，你干得不好下一轮就没你事了。”

一方面责任增加了，有些人嘴上偶尔会抱怨：把我们当成农技推广员了，云云。但另一方面，大家其实非常看重能够加入这个体系。

每个岗位科学家每年70万元稳定的经费支持，对过去很难拿到政府课题的人来说是阳光雨露，而对许为钢这样的大牌专家来说并不是最重要的——70万元大概只占他每年研究经费的1/5左右。2004年他得到国家科技进步一等奖的100万元奖金，2008年他又得到了河南省科学技术杰出贡献奖的100万元奖金，研究课题方面也"管饱"，他不差钱。

但对每个人来说，加入体系后意味着跟政府相关部门更密切了，有什么意见、建议，对研究领域、对行业发展的考虑，都可以通过适当的途径反映上去。

"你和政府部门的关系会发生一些微妙的变化。向政府表达观点、言论要便利得多了。"许为钢说。

即使如此，许为钢也还是希望体系的经费投入力度能再大些。每年从体系得到1/5经费的他，显然不能完全指望这个搞研究，他仍不得不被申报指南、答辩、评估等事务性工作所纠缠。更重要的是，体系的研究、运作和生产实际结合得很紧密，科技成果的推广会更快。

"我的期望是其他渠道更少、这个体系的力度更大。最理想的是经费增大到其他项目我可以不去申报了。现在国家有很多项目，多头管理、多头给钱，管理成本太大，都可以整合到这里面来，政府管理层就可以减少了。"

许为钢说："小麦体系里本身包括了很多从事基础创新研究的科学家。但我个人感觉，体系对生产强调得多了，在基础创新方面强调得稍微少了点，这方面还可以加强，但这也需要更多的钱。我现在就还在做一些国家的课题——我肯定要做，我不做，创新这块咋弄？没有创新的成绩，体系也不会要我啊。"

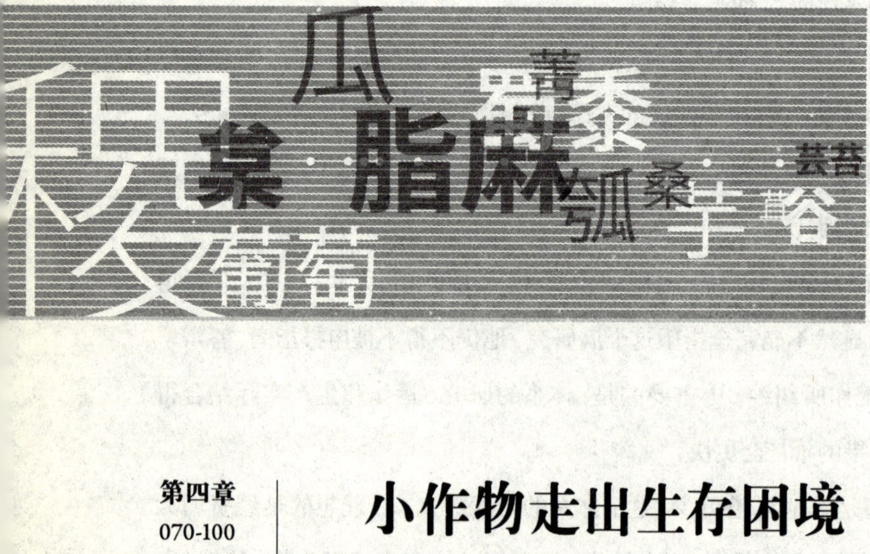

第四章
070-100

小作物走出生存困境

“陈芝麻、烂谷子”，看起来不起眼，可没有还真不行——谁家没个香油瓶子？

在可见的未来，水资源日益趋紧，为了确保粮食安全，科学家们已经把目光放在谷子这个传统的“低产作物”身上……

芝麻

晚清小说《二十年目睹之怪现状》中有段描写一个旗人吃烧饼的情节:“只因他吃烧饼时,虽然吃得十分小心,那饼上的芝麻,总不免有些掉在桌上,他要拿舌头舐了,拿手扫来吃了,恐叫人家看见不好看,失了架子,所以在那里假装着写字蘸来吃。”

撒在桌上的芝麻蘸着吃光了,但还不算完:“他又忽然在那里出神,像想甚么似的,把桌子狠狠地一拍,又蘸了唾沫去写字。你道为甚么呢?原来他吃烧饼的时候,有两颗芝麻掉在桌子缝里,任凭他怎样蘸着唾沫写字,总写不到他嘴里。所以他故意做成忘记的样子,又故意做成忽然醒悟的样子,把桌子拍一拍,那芝麻自然就震了出来,他再做成写字的样子,自然就到嘴里了。”

读到这里,不禁令人拍案叫绝——对一个死要面子的落魄穷人来说,还有什么办法能比这样吃烧饼更既有“面儿”又能尽收腹中呢?作者吴趼人精妙生动的刻画,仿佛把读者带进了茶馆,就在那旁边看着。而那一粒粒的芝麻,则是这情景中最不可或缺的角色。

芝麻,也许是农作物里最不起眼的吧?但它早已是中国人饮食文化中的一个重要食材了。因其香气四溢的特点,芝麻常常作为“画龙点睛”之笔,用在点心、凉菜、羹汤上。从北方的涮羊肉到南方的热干面,芝麻酱又大显身手。

芝麻油,也就是俗称的“香油”,更是人们烹饪菜肴时的必备品。老母亲的那一碗清汤小面,碧绿小葱、澄黄香油点点漂浮其上,最能勾起游子心中挥之不去的思乡之情。

随着现代榨油工艺的提高、原料范围的扩大,越来越多的中国人开始接触橄榄油、山茶油、椒目仁油、小麦胚牙油、葡萄籽油等新的食用油品种。但是，芝麻油因为其独特的营养价值和浓郁香味，一直居于无可替代的地位。

芝麻是世界上最古老的油料作物之一，属胡麻科芝麻属，是一年生草本植物。芝麻营养丰富，既是强身健体的滋补品，也是风味别致的调味品，它的确是个好东西。

现代医学发现，芝麻不仅含有大量油酸、亚油酸等不饱和脂肪酸，还含有丰富的蛋白质、钙、磷、铁等矿物质、磷脂、维生素、核黄素、叶酸等物质，其中钙含量为牛奶的2倍以上，铁含量为菠菜的3倍。

更为独特的是，芝麻中含有大量的抗氧化物质芝麻酚（芝麻素）。有了这些抗氧化物质，不仅使油耐存藏，而且能够增强亚油酸的生理活性，防止食物中维生素的分解，有助于消化和吸收，抑制人体胆固醇、脂肪的形成。所以，芝麻有预防动脉粥样硬化、冠心病、脑中风，养血补血，减轻缺铁性贫血症状之功效。早在汉代《神农本草经》中就认为，芝麻能“补五脏、益气力、长肌肉、填髓脑”。

还不仅如此。芝麻榨油后的副产品麻饼和磨油后的油渣，是家畜的精饲料，也是优质的肥料，施入土壤不仅能提高产量，还能增进品质。麻饼或油渣施入烟草田，烘烤出的烟叶油分较高、质地细致、叶色金黄、烟味醇香，施用于西瓜、甜瓜、甘蔗、柑橘，可以提高糖分、减少纤维。芝麻的秸秆、蒴壳，则可以沤制成有机肥料，培肥地力。芝麻的花多，蜜腺丰富，花期长，还是一种好蜜源。可以说，芝麻浑身都是宝。

对中国来说，芝麻是舶来品还是本土植物，一直有争议。北宋的沈括在《梦溪笔谈》里记载道：“张骞自大苑（宛）得油麻之种，亦谓之麻，故以胡麻别之。”但除此之外，其他史籍并无相关记载。

1956年和1959年，考古人员在浙江太湖流域的吴兴钱山漾和杭州水田畈这两处遗址的出土文物中，都发现了已经炭化的芝麻种籽。据考证，这些芝麻出现在公元前770年至公元前480年的春秋时期。

所以，也许这种芳香四溢的芝麻，在中国的栽培历史至少已经有两三千年了。根据现有的史籍记载，芝麻最先是在黄河流域种植，后遍及全国，并逐渐传播到朝鲜、日本、东南亚等亚洲邻国。

中国芝麻种植不仅历史悠久，而且分布广泛，几乎遍及全国各地，常年种植面积1000万亩左右，总产量约75万吨，主要分布在河南、安徽、湖北、江西等省。在中部地区，西起湖北襄樊，经河南南阳、驻马店、周口至安徽阜阳、宿县等地有一条核心芝麻种植带，由此向南北辐射形成了黄淮、江淮芝麻主产区。该区是中国芝麻生产的中心，种植面积大，在很大程度上影响着中国芝麻生产的形势。

历史上，中国的劳动人民不仅喜爱种植芝麻，而且在生产实践中积累了丰富的种植经验。在这条核心种植带上，有关芝麻的农谚也特别多。比如：

关于选地整地：

田高地爽、芝麻肯长。起厢挖沟，旱涝保收。

关于合理密植：

芝麻地里卧下牛，一亩地里七八斗。

芝麻稠，不可留，留来留去少出油。

关于适时播种：

小满种芝麻，亩产一担八。夏至种芝麻，头顶一篷花。

关于田间管理：

干锄棉花湿锄麻，连阴雨天锄芝麻。

芝麻花，头三抓，露头扒，紧三遍。

关于收成：

天旱收芝麻，雨涝收豆子。雨少收芝麻，雨潦不见荚。

……

与许多农作物的发展轨迹所不同的是，芝麻的种植面积和产量在新中国成立之前曾经达到过相当高的水平。

1933年，全国芝麻种植面积为2340万亩，亩产高达41.2公斤，总产达96.41万吨——这组数字甚至在1949年后很长一个时期都没有超越。在1933年全国可耕地面积不到15亿亩、比现在少了3亿多亩的情况下，芝麻能有如此广泛的种植面积、如此巨大的产量，实在是历朝历代农民经验积累和国人饮食结构对芝麻高度依赖的结果。

其后的几十年间，芝麻的年种植面积和总产量出现几次较大的波动，这是芝麻和其他油料作物发展命运最大的不同之处——油菜、花生、向日葵等许多油料作物的种植面积几十年间都有较大发展，有些作物的单产和总产甚至成倍增加，而芝麻的种植面积和产量却增长缓慢。

统计数字显示，全国芝麻种植面积虽然在1955年曾达到1720万亩，但此后的几十年间，种植面积和总产量一直呈下降趋势，1975年种植面积下降到801万亩，总产20.8万吨。1979年全国芝麻年种植面积恢复到1264.9万亩，到1985年一度增加到1587万亩，而此后芝麻的种植面积再次呈下降趋势，至今未能恢复到历史最高水平。

1957年到1979年间，在“以粮为纲”的指导思想下，芝麻首先被列为砍掉的对象。以后，在国家的种植业结构调整过程中，芝麻本该有较大的发展机会，但因种植效益低，还是没有得到大发展。如今，许多生产条件好的地方都用来发展玉米、棉花、花生等这些高产作物了。这，应当是芝麻近几十年沦落为边缘作物最主要的原因吧。

数据显示，2003年之前中国的芝麻不仅能够自给自足，而且还有大量出口，年出口芝麻15万吨左右。而2003年以后芝麻出口量逐年下降，进口量急剧上升，到2006年出口总量仅4.7万吨，而进口量达26.4万吨，2009年突破30万吨。目前，中国芝麻籽对外依存度已达到30%，而且还有继续提高的趋势。

主要原因，一方面是国内芝麻加工企业快速增加，对芝麻需求量逐年递增；另一方面是，近10年来主产区自然灾害频繁发生，涝害病害较重，产量低而不稳，比较效益低，导致国内种植面积和总产量持续下降。

据河南省近10年的统计，芝麻因受涝害而减产竟达4年之多，特别严重的是2003年，全省平均亩产只33.8公斤，不足正常年份的一半，重灾区部分田块甚至颗粒无收，进而也导致全国平均单产和总产随之大幅度下降。

“影响芝麻生产发展的因素很多，但主要还是芝麻稳产性较差，农民种植芝麻的效益难以保证。”河南省农科院的芝麻专家张海洋说，“芝麻本身是一个比较娇弱的作物，喜温好光，对环境条件十分敏感，抗病耐渍性较差。虽然新选育出的芝麻品种单产潜力不断提高，但抗病耐渍性没有从根本上得到解决，加上缺乏稳产种植技术，生产上始终没有摆脱产量低而不稳的局面。”

这种情况在黄淮、江淮一带的芝麻主产区尤其明显。20世纪50年代以来，随着耕作制度的改革和复种指数的提高，这些地区的夏播芝麻面积快速增加，生育期间涝害病害频繁发生，增大了芝麻稳产的难度。

河南地处中州大地，土壤肥沃，气候适宜，气温和降雨都比较适中，所以这里的芝麻一直以来品质好，蛋白质、脂肪含量比例合适。张海洋是河南项城市人，芝麻的主产区之一，小时候家里就一直种芝麻，所以他对这不起眼又离不开的作物情有独钟。

有关芝麻的科研历史，其实也类似这种小小作物的发展轨迹，一样经历过波动和艰难岁月。对芝麻的科学研究是从新中国成立后才开始的。20世纪50年代，科研人员主要开展了芝麻品种资源征集、整理、鉴定以及良种评选工作。60年代到70年代，研究工作逐步走向深入，新品种选育也从系统育种逐步转向杂交育种。

进入80年代，芝麻科研进入蓬勃发展时期，芝麻种质资源收集保存和主要特征特性鉴定被列入国家科技攻关计划，芝麻种质资源耐渍性鉴定及研究先后得到国家自然科学基金的资助。芝麻育种也被纳入农业部重点项目，并于1981年成立了全国性跨学科、跨地区的芝麻科研协作组织。

张海洋回顾说："这一时期，在芝麻种质资源、遗传育种、栽培、病虫害防治等方面取得了一批举世瞩目的科研成果，在品质育种、抗病育种、杂种优势利用等方面已走到了世界前列，而且这些科研成果的推广和应用对我国芝麻生产的发展起到了巨大的推动作用。"

进入90年代，芝麻科研工作陷入了艰难之地。随着全国科技体制改革的逐步展开，国家对农作物研究的投资集中在主要农作物上，有关小作物研究的项目很少，经费申请十分困难，芝麻科研队伍快速萎缩。到2000年底，全国专职从事芝麻研究的人员不足20人，多集中于河南、湖北两省，其他各省如果有的话也多为兼职研究人员。

值得庆幸的是，张海洋带领的研究团队坚持了下来，并度过了那一段最尴尬的时期。

1993年，张海洋从南京农业大学博士毕业，成为河南省农科院的一名研究人员，研究对象就是芝麻。河南省的芝麻种植面积占全国1/3以上，研究力量也是最强的。从品种选育到基础理论研究，都是国际领先水平。

张海洋提出通过远缘杂交将野生芝麻抗病耐渍性状导入栽培种，培育抗病耐渍新品种这一切实可行的研究方案，很快得到了国内外同行专家的认同，也拉开了他开展芝麻研究的序幕。

"那时候，科研经费非常紧张，一年也就能从上面要来十万、八万的样子。"张海洋说，"这点钱现在看好像干不了什么，那时候我们还坚持做了很多事。"

由于缺乏申报大项目的机会，限制了芝麻研究的深度和广度，张海洋一直为几位很好的人才离开这个研究领域而感到十分惋惜。

"十五"期间，国家启动了一项"948"项目，主要是从国外引进先进技术、优质种质资源。张海洋领导的研究团队得到了支持，平均每年有五六十万元。他们因此能够从非洲和印度等地引进了大量抗病的芝麻种质资源，把国内整个芝麻育种水平提升了很大一块。同时，在"948"项目的支持下，日本、韩国先进的芝麻加工技术也得以引进，提升了国内不少芝麻加工企业的工艺水平。

现在，以张海洋为学科带头人的一批芝麻专家，成为目前国内研究芝麻的中坚力量。他培育的"豫芝11号"芝麻品种，籽粒纯白，口味好，高产、多抗、早熟，品质优良，成为国际市场上最受欢迎的芝麻品种。通过建立芝麻地膜覆盖、春播、麦垄套种及夏播等四种高产高效规范化栽培模式，张海洋领导的研究团队曾经创造出亩产251.8公斤的世界纪录。

"'948'之前，我们争取项目非常困难，一年大概有1/3的时间在写项目报告、汇报、总结。"张海洋说，"每个项目都要层层评选，非常浪费时间、浪费精力。符合自己研究方向的都要申请，不管申请到申请不到，都要去写、要去答辩。由于缺乏申报大项目和大成果的机会，很难引进或留住高级人才，限制了研究的深度和广度。这种情况不光是我们，全国搞芝麻研究的都这样。"

但是，"948"的芝麻项目没有解决整个芝麻行业发展所需要的技术问题。

"就拿研究新品种来说吧。农民种下芝麻后，如果雨水一大，下一星期的大雨，田里一积水的话，天一晴，两三天内芝麻就几乎全部死亡——耐涝性差。这是我们一个重点研究方向，需要集中全国搞芝麻研究的人一起做。解决了这个问题，再把抗病问题搞好了，芝麻产量可以稳定提高20%以上。"

在栽培、加工、贸易、营销等方面，同样需要相关的研究。如，目前中国芝麻生产多为一家一户分散种植，生产上使用的品种有农家种、引进品种、科研单位选推广的品种、自留种等等，多达50多个品种。而在收购方面，主要以小商贩为主体，多品种混合收购，难以保证芝麻品质的一致性，也给加工企业产品的质量带来严重影响。

加工方面，基本上是家庭作坊式的生产，加工设备简陋、技术和工艺落后。全国有品牌的加工企业有50多家，但年生产规模在千吨以上的企业不足10家。而且，这些加工企业主要是进行芝麻油、芝麻酱、脱皮芝麻等初级产品的加工，缺少深加工产品加工技术及关键性加工设备。因此，产品出口附加值低，在国际市场上竞争力不强。

张海洋的视野很开阔："你知道，收获芝麻的时候不能太成熟，要不然裂荚后籽粒就全掉地上了。如果农民收芝麻的时候，不用再那么费力地用人工一点一点地收，而是像玉米、水稻、小麦这些大作物那样，也可以实现机械化收割，那劳动强度就会大大减轻。"

在芝麻的生产中能用上机械化的工具，张海洋希望能和国内的专家们一起解决这个现实问题。

如今，张海洋成为国家现代农业产业技术体系中的芝麻体系首席科学家。他带领的研究团队正在针对上述方面系统地、展开研究。他总结了这个体系的四个优势：

——整合了国家、省市级研发资源，凝聚了全国从事芝麻研究的核心力量，真正在全国范围内建立起一支服务于国家芝麻产业发展的联合攻关平台和队伍；

——通过不同岗位设置把芝麻产业各个环节技术研发工作紧密联系在一起，形成了一个有机的研发整体，避免了很多重复研究；

——研究课题来自生产一线，科技成果又能通过技术示范、技术培训快速应用到生产中去，提高成果转化效率；

——解决了过去申请经费难、人心不稳的问题，国家给了稳定的经费，每个人目标任务明确，使科技人员真正能安心于科研工作。

谷子

俗话说："陈芝麻，烂谷子。"也许因为它们都很微不足道，芝麻和谷子被人们天然地联系在一起。那么，就再说说谷子的故事吧。

谷子，去皮后就是小米。你肯定喝过小米粥，但也许还没机会去谷子地里亲眼看看这种植物。没关系，即使在北京、上海这样的大都市，也总免不了会在城市绿地、小区墙角看见一种叫狗尾草的植物。这种野草因其繁殖力极强，四处可见，在园林工人眼里看来是必定要除之而后快的。

狗尾草和谷子长得差不多。两种植物都属于禾本科狗尾草属，谷子与狗尾草其实是近缘关系。甚至，有些地方的农民称狗尾草就叫"假谷子"。科学研究认为，谷子就是原始农业时期人们采集青狗尾草的种子作为食物的过程中慢慢驯化成人工种植的。

谷子是世界上最古老的栽培作物。与芝麻有所不同的是，谷子的原产地就是中国。事实上，黄河流域的农业文明，就是从种植谷子开始的。先民们最早的口粮，就是小米粥。

刁现民在我的面前铺开一张中国地图，上面密密麻麻标注了许多不同颜色的小圆点。

"不同的颜色，代表不同的历史时期。"刁现民指着地图说，"你看，这些红色代表一万年前，5000到8000年的用的是蓝色，3000年到5000年是黄色。凡是有标注的，都是考古时发现了谷子遗迹的地方。"

整幅地图，从海南到黑龙江，甚至包括现在的蒙古一带，都有许多不同颜色的小圆点。

相貌清瘦的刁现民，20多年来一直从事谷子起源进化与种质创新、谷子功能基因组和有益基因发掘，以及利用谷子、黍、稷、高粱等作物开展禾谷类比较遗传学等方向的研究，现在是中国农业科学院作物科学研究所的研究员。

“都是种植的吗？有没有野生的、属于原始采集业的？”我问。

“都是种植的，和采集的能区别开。比如河北磁山遗址发掘出来的谷子就是大规模窖藏的，从地里随便采可采不来那么多谷子。再根据发现的新石器时代的工具，你更能看出来那些都是用来种地的家伙了。”刁现民说。

1976年，在世界农业考古史上是辉煌的一年。考古人员在河北武安磁山的一个遗址里发现了上百个粮食窖穴。其中，80个窖穴里有粮食，以粟、黍为主。粟就是谷子，而黍也称为稷、糜子，是有黏性的黄米。当然，那些粮食都已经只剩下皮壳了。把这些粮食换算成小米的话有十多万斤，比以往所有遗址发现的总和还多。

2009年，美国国家科学院院刊刊登了中国科学院吕厚远博士对磁山遗址的研究成果，说明从8700年前后的很长的历史谷子一直是北方先民的主粮。加拿大多伦多大学（University of Toronto Mississauga）原始农业起源研究专家Crawford博士专门评论该文章，来说明此文章对世界农业起源研究的重要意义，并说明中国原始农业起源同世界著名的两河流域“美索不达米亚文明”（底格里斯河和幼发拉底河之间的美索不达米亚平原文化）一样重要。

与磁山几乎同时发现的河南新郑的裴李岗遗址，同样发现了大量的粟、黍。这是黄河流域出现的最早的种植业，也是全世界最早大规模种植粟、黍的开始。而几乎同时在甘肃秦安大地湾遗址，考古人员也发现了距今7000多年的粟、黍，此后在辽宁新乐、沈阳等地，也发现了人工栽培的谷子。

据不完全统计，中国在新石器时代遗址中发现谷子遗迹的有40余处，由原始社会直至金代的遗址中，发现谷子遗迹的有近百处。出土的实物包括碳化谷粒、谷壳、谷穗、小米、谷灰和配套的生产加工工具等。在新石器时代及以后，谷子的遗迹已扩展到东北、新疆、甘肃、云南和台湾。

据刁现民介绍，目前已知的考古研究发现，到了距今7000年至5000年的著名的仰韶文化时期，以关中、豫西、晋南一带为中心，东至河南东部和河北，南达汉江中下游，北到河套地区，西及渭河上游和洮河流域，当时的主要作物已经是粟和黍。

仰韶文化之后的距今5000到4000年的龙山文化时期，粟、黍的地位更加重要。科学家们用C13法测定原始人的食谱显示，粟黍类在食物中的比重，仰韶文化时期为50%，龙山文化时期为70%。

“在某种程度上，可以认为中国北方原始农业的起源是以谷子和黍稷两种作物的驯化紧密相关的，仰韶文化在很大程度上就是谷子（粟）文化，也可以延伸地说，谷子是中华文明的主要缔造作物，是中华民族的主要缔造作物。”他说。

“中国人传统的粮食是‘五谷’。”刁现民接着给我上课，“古代的五谷有两种说法，其中一种说法是‘稻、黍、粟、稷、麦’，小麦不是中国起源的，但传到中国已经有4000多年历史了。另一种说法是，‘稻’不在五谷中，‘麻’取而代之。因为中国传统文化以北方为中心，北方、尤其是西北的麻很多。玉米传入中国只有很短的历史，大概三四百年吧，算不上传统的粮食。”

这么说起来，所谓五谷，其实也就是三大类粮食了，黏或不黏的小米、大米、麦子。一直到中华人民共和国成立，秦岭以北广大地区6000多年来的第一大作物一直是谷子。这种情况，与其日后的衰落形成了鲜明对比。

刁现民还纠正了我一个错误认识：古人所称的“粱”，不是指高粱，而是谷子。“黄粱美梦”，就是指的小米。而“社稷”的“稷”、“锄禾日当午”的“禾”，都曾经作为谷子的代称。

自从3000多年前的甲骨文中有正式记录以来，谷子出现在不计其数的古籍记载中。公元533年至544年的《齐民要术》“谷田必须岁易”、“凡春种易深，宜曳重挞。夏种易浅，直置自生”等对粟的种植全面、科学的描述，有些内容至今仍适用。

从夏、商的奴隶社会，到后来2000多年的封建社会，谷子不仅是人们的主食，还是备荒的主要粮食。在元代《农书》中记有“五谷之中，唯粟耐陈，可历远年”。谷草的军需和民需、谷子作为粮食的储备，使其成为国家稳定和社会发展的关键。

直至新中国成立前，中国的谷子面积仅次于水稻、小麦，居第3位。河北、山东、河南、陕西、山西等省，谷子播种面积则处于农作物播种面积的首要地位。谷子这一古老作物，在中国农耕文化过程中完成了自身的演化。

那么，谷子何时从主粮变成了小作物？小米又是怎么从中国人的餐桌上“淡出”的呢？

刁现民认为，主要原因是工业化和畜牧业发展对玉米需求的大大增加，以及小麦、水稻等粮食作物产量的大幅提升。这个转变，大致是从20世纪70年代开始的。

以曾经和谷子进行过“争地战”并大获全胜的玉米为例，玉米不仅可以作为粮食供食用，还可以作为饲料，经过深加工作为工业原料用于制药、食品工业等，而谷子除了加工成小米供食用外，几乎没有其他用途。

由于水稻和玉米育种上的进步，单产增幅显著，谷子种植面积迅速下降。到1980年，全国谷子播种面积约为6000万亩，但谷子仍是许多北方农村的主食。从1980年到2000年，由于水利条件改善和化肥投入快速增加，玉米、小麦等作物面积明显增加，谷子的播种面积持续下降。目前，全国谷子播种面积约3000万亩左右，相当于新中国成立前的1/5左右。

“谁现在还吃玉米面做的东西啊，但是玉米是全国除了水稻的第二大作物，说到底还是市场需求。日本、韩国过去谷子占的比重也高，现在和我们情况差不多。”刁现民接着说，“当然，实事求是地说，谷子作为主粮消费，现在肯定不行了。小米在口感上比不过大米、小麦。”

目前，除在北方少数地区谷子仍用于干饭主粮消费外，80%以上的谷子用作米粥。受米粥消费量的限制，谷子的消费市场也相应变小，这在某种程度上也造成谷子播种面积的减少。

但小米的营养要比大米更丰富。大米中几乎没有维生素，蛋白质含量也不高，这一点小米要强很多。而且，对人体有重要作用的食用粗纤维是大米的5倍，是近年来兴起的世界性杂粮热的主要作物。

“为什么南方人吃大米，要搭配各种蔬菜？这样营养才能均衡。北方人吃小米、小麦，还有其他杂粮，菜少、肉少，营养一样也够。”刁现民说。

随着谷子在国家粮食生产大局中退居二线，研究谷子的力量也不可避免地萎缩了。

“七五”时期（1986~1990），全国研究谷子的科研人员人数在200人左右。这一时期国家开始进行的科技体制改革实行了项目制的方式，科研人员要想把研究继续进行下去，就得把研究内容包装成某个课题，然后向有权分配科研经费的部门申请这个项目。

“‘七五’以前完全是计划经济，那个时候不存在大作物、小作物之分。大家都有经费，上班、研究、领工资，你是小麦组，我是水稻组，他是蓖麻组。”刁现民说，“以项目的形式管理科研，在当时确实起到了很大的作用，这一点必须得肯定。当时我们的课题组每年有一万来块钱经费，觉得相当不错了，挺高兴。”

“后来，大概从‘八五’开始，有些不好的苗头就出现了。所有有权、有钱的部门都在抓项目，中央、地方都是这个样子。糟糕的是，大家都想“抓大放小”，可实际上小作物根本就是放任不管。举个简单的例子，省里的科技厅在设计项目的时候，小麦、玉米、水稻、棉花，先把大作物分一分，如果还有钱就再分点给小作物，没钱了就不做。后来计委、发改委、农业厅这些部门也抓项目，甚至财政厅也抓具体的项目。最后你看，大作物大家都管，小作物大家都不管。”

“你能猜得到‘十五’（2001~2005）时期国家每年给谷子科研的投入有多少吗？”刁现民问我。

“100万？”

“15万。如果加上黍稷高粱等其他小作物的话，顶多也就25万。”刁现民耸耸肩。

“这个钱是哪儿出的？”

“科技部，这个钱是科技部的钱。别处根本没有。”

“有多少研究所来分这个钱？”

“谷子是11个，加上高粱大概是19个。”

“19个研究所分这25万。每个一万多块钱。”

“对，‘十五’的时候就是这个样子。”

“那多的呢？”

“水稻，整个‘十五’时期各类经费有50亿。平均一年10个亿啊。”

“这一万多块钱跟‘七五’时每年那一万多块钱有什么不同？”

“性质不一样。工资自己赚，单位只给你提供办公室，人头费、事业费，研究方面所有要花钱的地方都得自己解决。结果呢，大家只好都去卖种子，尤其是地方农科院、农科所。”

没钱做事，全国范围内研究小作物的队伍整个处于散伙状态，更无从谈起培养研究谷子的人才。至今为止，全国唯一做谷子研究的博士学位毕业的科研人员，就只有刁现民一人。而他以前在河北省农科院念博士时，也卖过近5年的种子。

“20世纪整个90年代，我们搞谷子研究的人，日子过得都很窘迫。”他说。

不是每个读书人做生意都能成功，刁现民就是这种人。因为缺少生意头脑，赚来的钱只够维持购买一些材料的开支，研究工作也只好时断时续。幸运的是，他们还坚持每年种一些用于育种的谷子样本，有些研究所连这些样本都没人管，相继扔掉了。

现在，已经调到中国农科院作物研究所工作的刁现民，科研情况有所好转。有意思的是，这个所如今在玉米、小麦等大作物领域做的非常出色的一些科学家，当年就是抱着遗憾从谷子、高粱转行的。

“从谷子论文的发表情况你就能看出我们受到了多大影响。”刁现民回顾说，“‘六五’、‘七五’的时候，全国有不少好的谷子文章发表，但是到‘九五’时就没有了。这种情况到现在还在延续。你翻翻《中国农业科学》什么的核心期刊看看，能有几篇关于谷子的文章？不光谷子，包括其他小作物，黍稷，麻类也都这样。文章大多都是水稻、小麦、玉米、棉花、大豆。”

“我不是说不应该重视大作物，但你要知道，作物的多样性对国家农业的稳定以及应对未来是不可缺少的。就像生活中需要道路、需要楼房，还需要汽车，需要其他很多很多东西。光盖个楼、造个汽车怎么行？这是个农业生产体系的问题。现在已经有很多人都认识到这一点了。”

中国不仅是谷子的起源地，而且是世界上谷子的集中种植国，播种面积占世界谷子播种面积的80%，产量占世界谷子总产量的90%。这样一个谷子大国，研究力量还不如国外。

“比如美国，谷子不是他们的主要作物，可人家搜集了几千份资源进行研究。对谷子进行基因组测序的工作，就是美国人在做，已经都测完了。日本、法国对谷子的研究水平也比我们高。”刁现民有点遗憾地说。

小作物研究的“断血”窘境，到了2003年开始有所改观。那一年，中国科学院院士李振生联合了10多位科学院、工程院的院士，给科技部和农业部写信，提出要重视小作物，不能光抓大作物。此后，国家在“十一五”规划、“支撑计划”中设立了杂粮专项，安排了总计3500万经费。农业部的结构调整等项目也有了小作物的位置。

从2003年起，刁现民得到的科研经费开始大量增加，虽然离他所设想能够开展的研究相比还有很大差距，但这已经是“旧貌换新颜”了。也就是从这时起，刁现民越来越感到，经费问题会很快得到解决，但人才问题却是一个长期过程。

“把谷子作为一个体系、一个产业链来看，解决这根链条上的问题，需要各种各样的人——研究资源的、育种的、栽培的、植保的、产业经济的、加工的，等等。各方面的人加在一起才能组成一个体系。”刁现民举了个育种方面的例子：

河南省过去有三家农科所做谷子育种，分布在洛阳、郑州、安阳。同在华北平原的山东农科院作物所、河北农科院谷子所以及衡水的旱作物研究所、沧州地区农科所、保定地区农科所也都在做育种。这些科研机构同处在一个生态区，品种可以共享，但却相互封闭，互不相通。

同时，栽培研究没人做，产业组织没人做，生产加工没人做，植物保护就河北农科院谷子所一家在做。这种情况，在其他作物、其他地区也同样存在。

2009年2月，国家谷子产业技术体系成立，刁现民成为第一任首席科学家。某种程度上来说，这个体系就是针对他担心的谷子科研缺乏联合协作的问题而组织起来的。

谷子产业技术体系网罗了几乎全国所有搞谷子研究的精英，更重要的是通过设置不同的功能研究室，完善了谷子产业链条上的各个研究领域。

“比以前确实是进步了。原来申请课题，我申请上别人就申请不上，拿不到钱啥事也干不成。成立体系后这个问题就解决了。国家给了稳定的经费，每个人的定位都很明确，大家在一起就形成了一个完整的体系。”刁现民对此毫不吝啬溢美之辞：“这个体系的建立，对搞小作物研究的人来说是个新的‘科学的春天’。”

刁现民把谷子定位为“战略储备作物”。这种作物有个奇妙的特性：给它一杯水，就结一杯水的粮食；给它一桶水，就结一桶水的粮食；给它一方水，就结一方水的粮食。谷子这种特别强大的自我调节性，在对付干旱气候、瘠薄土地方面比水稻、小麦要强得多。尤其是小麦春天生长时，正值北方旱季少雨，主要依赖地下水灌溉。

由于农业生产消耗了大约60%左右的水资源，一些粮食主产区已经无力支撑这种发展。在冬小麦主产区华北平原，一个巨大的地下“漏斗区”正在下沉。靠资源过度消耗换来的粮食增产，成为一种无奈的现实，长期以往或许将造成无法挽回的生态灾难。

2009年，西北和东北大旱，内蒙古东部赤峰市尤其旱情严重，许多大秋作物干枯死亡，但谷子表现了显著的抗旱性，虽然减产，仍有一定收成。

“小麦耗水量很大的问题，能通过技术进步解决吗？”

刁现民回答说：“比较难。也不是说不可能，但可能性很小。就跟猴子是猴子、人是人一个意思。把谷子的抗旱性结合到小麦里、水稻里，像种谷子一样种水稻，那当然好。也许有一天人类有能力这样，但我觉得离那一天还早着呢。就像领导讲话说要培养人才一样，这可不是一朝一夕的事，更现实的是把现在的人才用好。”

刁现民认为，谷子之所以最早被驯化栽培，同其抗旱耐瘠薄能力高和广泛的适应性是紧密相关的。

有关研究表明，在适宜温度下，谷子吸收本身重量26%的水分即可发芽，而同为禾本科作物的高粱需要40%、玉米48%、小麦45%。谷子不仅抗旱，而且水利用效率高，每生产1克干物质谷子需水257克，玉米需水470克、小麦510克，水稻更高。

“小时候我在农村生活，大家吃水就靠水桶在井里打，现在早就打不上水来了，都得靠机器在更深的地方抽。”刁现民说，“到有一天的时候，你不得不思考，究竟种什么作物？谷子是节水抗旱的作物，你只要种就会有产量。你浇的水多产量就高。”

他接着说：“谷子、黍子，还有其他一些杂粮，是几千年来跟环境融为一体的作物。不说别的，就光说耐旱这一点吧，从我们国家也好，从世界也好，早晚还得恢复谷子的种植，所以我说谷子是应对干旱和气候变暖的战略储备作物。”他对此很有信心。

“小麦、水稻取代谷子、高粱这些传统作物，总是有它的道理的。”我有点开玩笑似地抬杠。

他却很认真地说：“小麦、水稻好吃，产量也高。可是以前自然资源是充足的，尤其水资源是充足的。如果水资源不够，你就不得不种谷子这样的耐旱作物。实际上我认为，在衡水、沧州这些地下水下降很快的地方、地下漏斗很大的地方，政府现在就应该采取措施了，不能再开采地下水种小麦，否则以后会是生态灾难。”

如果单就平均产量来说，目前仍以玉米为最高，谷子的平均亩产在400到500公斤。谷子和水稻、小麦均属以群体穗数争取产量的作物，水稻和小麦均通过矮秆基因的利用实现了绿色革命，产量潜力大幅度提高。

但是，谷子育种在矮秆基因利用上一直没有突破，虽然发现了数十个矮秆材料，也做了大量的杂交改良探索，但因矮秆种质的早衰等原因，谷子的矮秆“绿色革命”至今未实现。刁现民认为，这并非谷子本身产量就低，而是会随着研究水平提升而往上涨。谷子和玉米一样都是碳4（C4）植物，光合效率高，所以完全有这种潜力。

“所有的禾本科作物可以分为两种光和作用的途径，一种途径叫碳4（C4），一种途径叫碳3（C3）。小麦、水稻是C3途径，高粱、谷子、玉米是C4途径。C4植物的光利用效率高，能生产更多的干物质，也就是能固定更多的光能，远远高于水稻和小麦。”

刁现民说，由于诱变育种、生物技术育种等技术的发展，已经形成以杂交育种为主、诱变育种等其他育种手段为辅的育种局面，使谷子由原来的低产作物改变为旱地的稳产作物、水浇地的高产作物。

2007年，张家口市农科院谷子研究所赵治海选育的杂交谷子“张杂谷5号”，创下了亩产810公斤的高产水平，这个产量是常规谷子的两倍，也是中国谷子单产的最高纪录。

“现在小麦和水稻等大作物的潜力挖掘得很深了，再增产5%都很困难，而谷子等小杂粮的潜力远远大于大作物。所以说谷子的增产潜力很大，只是育种工作还没跟上。如果我们做到更高水平，谷子一样可以实现高产。”他对此颇有信心地说，“迟早还会回归主粮”。

我对他这个说法不置可否。

“我可能更关心的是，小米这东西好不好吃。让吃惯了大米白面的人改吃小米饭、喝小米粥，传统的饮食习惯很难改的。”我坚持说道，“所以谷子如果重现辉煌，可能是两种情况——一是由于资源紧缺，大家不得不改吃这个，二是你们把小米弄好吃了，大家喜欢吃这个。”

他说："我们已经开始研究改进小米的适口性问题了。过去育种方面大家不太关注这一点，谷子育种除以产量为主要目标外，在品质性状上主要是煮粥的相关性状。但由于一直没有将干饭的适口性作为育种目标，新品种在干饭的适口性等方面改善不大。"

刁现民曾经提出"主食性谷子"的概念。他认为，中国积累了丰富的谷子品种资源，其中有一些就是做干饭适口性好的农家品种，可以通过品种选育或者通过基因工程的手段改良适口性，潜力不小。

而在保健方面，研究内容也大有可为。据《本草纲目》记载，小米具有"除热除烦消食宿"的医疗效果。谷子在保健和食疗方面的功效很多已被人们熟知，如预防心脑血管病、对糖尿病的辅助治疗、米糠油对皮肤的保养、养胃补胃等，但对这些和保健与食疗有关的深层机理和成分的研究，国内基本没有开展，倒是日本、德国等国开展了一些相关研究。

如日本岩手大学的N.Nishizawa研究发现，谷子蛋白质能通过提高血浆中高密度脂蛋白来增强抗动脉粥样硬化的功能，但究竟是哪种蛋白并不清楚。同荞麦、燕麦等其他杂粮作物的功能成分研究相比，谷子这方面的研究相对落后。

无疑，谷子体系正在着手加强的有关研究，会促进高附加值谷子制品的开发，进而促进谷子的产业化生产。这对产业本身来说是一大进步。

作为首席科学家，刁现民现在除了希望真正把谷子产业水平提升之外，一个最大的心愿是打好一个人才队伍的基础。

"我们希望这个体系能够很好的运转，稳定地运转。如果过五年、十年以后，国家还有一支研究小作物的队伍没有断档，而且比原来更强了，我觉得这甚至比研究出几个新品种的功劳大得多。"他说。

葡萄

葡萄在水果中资历甚老，名头很大。

大到什么程度？《圣经》里最有名、最常被提及的就是葡萄。在《创世纪》里，上帝那场著名的大洪水退后，600岁的挪亚重踏大地后做的一件重要的事就是“作起农夫来，栽了一个葡萄园”。甚至，挪亚还因葡萄酒醉而在帐篷里赤着身子睡了一觉。

用这种非常迷人的水果酿造的酒，是许多文化中不可或缺的一个角色。

这个已经有5000年栽培历史的古老的酒类，尤其受到了古希腊人和古罗马人的青睐。他们创造出的喜欢狂欢的“酒神”狄奥尼索斯，喝的就是葡萄酒而非其他——考古学家在古希腊遗址中发现的钱币上的酒神像，头上就缠着一圈葡萄藤。而在古埃及和巴比伦，葡萄酒也是人们须臾离不了的。

虽然葡萄自从汉代的张迁通西域后就带到了中原地区，但2000年来这个舶来物种似乎一直淹没在种类繁多的水果当中，从来没有一枝独秀，而作为酿酒的原料则更是微乎其微。

事实上，在四大文明古国中，除了中国传统上的酿酒原料是高粱、大麦等粮食作物之外，其余三国最常用的就是葡萄。这种对酒的偏好的差别延续至今。一直以来，全国接近九成的葡萄是用来当水果吃了，这个比例刚好与国外相反——大约85%的葡萄用来酿酒、10%用来鲜食、5%用作其他加工。

但这种情况近年来有了变化。葡萄酒这个西方的古老产业，在中国成为食品加工业的一支新生力量和朝阳产业，得到迅速发展。由于有酿酒的用途，葡萄相比其他水果来说附加值高了很多。

截至2008年底，中国葡萄种植总面积达750余万亩，总产量720多万吨，葡萄酒年产量近70万公升，产量和产值每年以20%以上的速度递增。呈现禾秆黄色、金黄色或宝石红色的这种诱人的液体，如今被认为是最具保健作用的酒精饮料，越来越多地出现在中国人的酒席饭桌上。

葡萄酒的传统种植区（葡萄酒界把这些地方称为“旧世界”）法国、意大利、西班牙、土耳其等国，是夏天干热、冬天湿冷的地中海性气候，这种气候对葡萄生长非常有利——生长期干热、休眠期湿冷。美洲、澳洲一些新兴的葡萄酒生产国（“新世界”）如美国、新西兰、澳大利亚、智利、阿根廷等，也是适宜葡萄生长的海洋性气候。

而中国大陆性季风气候刚好与这些国家相反，夏天湿热、冬天干冷。这种气候特点决定了葡萄的种植方式和欧洲、美洲、澳洲都有所不同。总的来说，中国不太适合这种水果生长。

虽然葡萄作为一种传统的庭院绿化植物，从南到北、从东到西有着广泛分布。但作为大面积栽种的水果，葡萄却有着明显的地域性。在传统的葡萄产地新疆，每年冬天来临之前农民都要把整株的葡萄苗埋在土里，否则会很难过冬——倒不一定是被冻死的，而更可能是被干死的。

在环渤海湾地区，特别是胶东半岛，葡萄在生长季时雨量要比位于太平洋西海岸的美洲大，病虫害的情况就相应更严重。

但中国的亚气候类型特别多，给农民种植葡萄带来了更大的可能性。比如在云南的香格里拉地区的澜沧江和金沙江流域为主的干热河谷，就是很特殊的类型。那里虽然干冷同季，但是冬天不太冷，不需要像新疆那样得埋土防寒。雨季又刚好错开了葡萄成熟期这个容易得病的阶段，所以非常适合生产优质酿酒葡萄。

在更靠南一点的广西，科研人员已经创造出一种新的栽培方法，使葡萄一年能结两次果，尤其以第二季（12月）成熟的为主，这个时候的葡萄品质也非常好。

特殊的环境造成了特殊的中国葡萄生产方式，就需要有别于国外的研究跟进。葡萄的发育机制、生长规律、栽培方式、育种目标等一系列研究都应当因国情不同而进行调整。但几十年来，葡萄研究领域从来没有形成自己的一套用于指导实践的理论。即使到现在，大多数的实用技术都是照搬国外，或者以国外的理论和原理为出发点做些有限的改变。

由于果树研究比粮食和蔬菜这类的作物周期更长，培育一个好品种也许需要花二三十年功夫，所以尽管许多研究人员早就清楚中国的葡萄和国外是不一样的种法，但相应的技术配套和更深的机理问题始终没有得到很好解决。

在中国农业大学食品学院葡萄酒研究中心主任段长青看来，国内这个领域的研究水平和国外相比差得不是一点两点——至少落后二三十年。从2008年8月北京奥运会开始，一直到第二年的6月份，段长青接连跑了几个大的酿酒葡萄产区和鲜食葡萄产区，了解生产情况。看过之后他认为和国外的差距要比他以前感觉的还要大。

“我在云南发现，本来是很好的葡萄，但是可能这一串已经成熟了，那一串却还不成熟。甚至是这一串里有几颗熟了，着色、风味都很好，另外的却还是青的。作为商品，熟的熟、生的生，能有多少价值？”

段长青说：“现在是6月份，北京市场缺货、上海市场缺货、广州市场缺货，但是云南的葡萄还进不了这些大城市的超市。反而南半球那些三四月份成熟后冷藏下来的进口葡萄占据了超市。我们国家的鲜食葡萄在全世界产量最大，可高档次的葡萄要从国外进口。”

实际上，中国开展葡萄和葡萄酒研究其实并不算晚，自从20世纪50年代以来中国的农业科技人员就开始对葡萄进行研究，但由于它毕竟只是一个小的果树树种，在“以粮为纲”的年代，甚至一直到20世纪90年代之前，农业科研经费的阳光雨露基本上都是洒向了粮棉油、肉蛋奶。如同芝麻、谷子那样，葡萄一直是被边缘化的研究领域。

边缘化到什么程度，很少有人能从一而终地搞葡萄研究。在地市一级的农科所，甚至省级的农科院，这种情况非常普遍。

“如果你是葡萄课题组的，好不容易争取到两年的经费，那就先做起再说吧。等到第三年正做得有点意思了，可没钱做不下去，就只好先停下来。”段长青说，“这时候搞桃的又有了一笔钱，那你就给人家打打工。回头搞桃的经费用完了，如果你又有钱的话，那大家就风水轮流转，好处均沾。”

在农业产业里，葡萄是产业链非常长的一种作物，种植、加工、市场、文化、旅游等方方面面都大有文章可做。而且链条上的每个环节扩展的空间也很大。

比如，从每年的4月底到12月底都有葡萄上市，那么靠不同的品种、不同的栽培技术来调控市场供应，都有内容值得研究。但科技人员长期以来经费不足——有时甚至连下乡在大田里搞实验时的路费、住宿费等都解决不了，导致许多环节无人过问。

而技术环节的研究薄弱，没有好的品种、没有好的栽培技术、没有好的病虫害防治措施、没有对市场的深入系统研究，推广人员也是无米下锅，农民得到的技术指导更是有限得很，长期以来他们种葡萄靠的是经验和相互之间的交流，这是葡萄产业落后的根源。

段长青以前就很少直接面对农民搞培训。

“我对那三五户、种十亩八亩地的农民苦口婆心说半天也不见得有啥效果，也没有那么多精力、财力做这个，更没有责任和义务——那是推广部门的工作。所以即使我到基层搞培训也只是泛泛地讲，大家想听就听，不想听也无所谓。”

他接着说：“人家公司一种就是三五千亩，而且我能一头扎在几千亩地里搞研究，从原料种植到工业加工全过程。所以，以前我的原则是把握好企业的种植基地、发酵过程、产品研发这一条线，从品种、栽培技术、病虫害防控，一直到采收时间、酿什么样的酒、如何酿造，最后再到产品的市场研究。”

不光是专家们没有推广技术的责任，也因为葡萄的区域性非常强，这个地方专家的技术很可能就跟另外一个地方的专家不一样，所以农民和技术员们有时也不知该听谁的。

“我对一些县里的农技推广站提过建议，但他们也不一定采纳——他们有他们的理由，说某某专家不是这样说而是那样说。其实谁说的都是对的，但要看哪个最适合你这个区域。”段长青说，“比如胶东半岛是个不埋土区，完全可以按照国外的模式做，为什么还要按照埋土区做呢？用那种模式做，葡萄枝条的抗逆性也比较差。”

所以，尽管段长青所带领的实验室还能做到跟国外同步接轨，但从整个国内来看，理念和技术的差距巨大，而且技术没有系统性。

“比如我做这一块研究，就按我的方式往下做，相关的研究我都不管。所以，每个人解决的都是产业链上的一个点，但这个产业链可能有50个点，技术人员只把20个点攻得很深而其他点没有人做，整个产业链的研究是断的。”

他说：“你去国外看看人家那个葡萄园，然后再看我们的葡萄园，那简直就不叫葡萄园了。美观程度、整齐程度、均一性等根本就没有可比性。”

“管理者认为哪一块比较重要，他就建议你在这一块立项，从来都不是从产业整体提升上考虑问题。但点上的立项永远解决不了面上的问题。从持续性上来讲，这种科研体制是不符合产业发展的。”

段长青接着说，“就算我选的研究方向很正确、对产业也非常重要，但这个立项不是你说了算也不是我说了算，要看管理者的喜好和认识程度，如果他觉得这个不重要、参加评审的专家也认为不重要，那就没戏了。所以有可能一项研究会有突破的时候，经费支持停在这里，于是就断掉了。”

这种体制还很容易产生暗箱操作。

“等你拿到指南的时候，有可能这个项目已经给了别人了，因为是他提的建议。所以虽然说是公开招标、大家竞争，但你忙活半天后才发现早就内定了。”他说，“即使大家都很公平公正，但每个人的认识都有所不同，反映在偏好上是不一样的。立项也缺乏集思广益的过程。”

像绝大多数科研人员那样，段长青也经常为申请项目而头疼。每次都得先查资料、写初稿，等到项目公布时，又要花半月20来天整材料。交上去以后，坐卧不安地等着审批。又经过3个月、6个月，甚至9个月审批期限后，如果幸运地拿下来这个项目了，没过几天就又得开始写总结、被中期检查了。

对这种情况，段长青深受其苦，也很不满意：“农业科研不确定性很大，不是我想这么做就一定能做出来。可能我在研究过程中发现原来设想的现象是错的，或者是不存在的，但这个特殊现象如果能深入研究下去会有大的收获。可是项目设定的指标纯粹就是为了验收过关，我很难针对生产上的问题，系统地、深入地拿出什么东西。这种项目管理体制把科研人员的主观能动性全都抹杀掉了。”

不仅是一个产业链之间的各个环节没有协调性，甚至就连同一个环节之间的研究也没有协调性。科技人员相互之间基本上没有统筹和配合，大家各行其是，各走各的路。比如，北京的育种者培育出的一个品种如果在当地不适合，即使在新疆的表现非常好也会被他淘汰掉。为什么不在新疆继续做，他怕什么呢？

段长青把育种者的顾虑讲出来：“葡萄是无性繁殖，剪一个枝一插就长起来了。嫁接也一样，我用一个芽子马上就能长成一棵苗。所以我的东西很可能最后就变成你的东西了，你的东西很快又变成他的东西了。没有任何人约束这种仿制。”

他说：“我给你重换个名字，审定新品种时就能说是我的，你怎么办？我有很多很好的品种，但都在试验田里，十棵八棵、三棵五棵在那保留着，就是不敢往外放。这东西卖100块钱都有人买，买回去以后很快大量苗子就繁殖出来了。所以大家都只是在可控的范围里推广。”

“从国外引进的品种也是这样。给你重新起个品种名称。如果按老名称2块钱一棵苗，起个新名称就能卖10块钱。这下子，两三年后结果了，你才发现这个就是那个，这时候他已经赚了不少钱了。没办法，整个产业管理、技术管理都处于无序状态。其实不是大家不愿意推广，至少可以得到知识产权保护，承认这东西是我的。至于经济回报，大家就压根儿没想过靠这个赚钱，能保证说是我育出来的就不错了，好给政府的立项部门有个交代。”

因为葡萄分布广泛、附加值高，这种古老的水果成为许多地方这些年来进行农业产业结构调整的一个重要作物。有的地方的农业部门，甚至政府部门的领导往往不顾现实条件拍脑袋决策，这个市说要上30万亩，那个地区就敢说要上50万亩，很少考虑种苗是否供得上、栽培技术是否适用、将来的市场是否广阔。

这种靠行政命令搞农业的习惯由来已久，官员们的习惯性思维即使在市场经济的大环境下也并不是那么容易说改就改的。在葡萄产业的发展上，这种盲目性就表现得非常明显。

20世纪80年代后期，各地都在纷纷推广一种把欧洲品种和国内山葡萄进行杂交后培育成的新品种，这个品种抗逆性比较强，产量又比较高，因此作为酿酒品种大量推广。到了90年代，酿酒企业纷纷发现用这个品种的葡萄酿出来的酒品质不行，国内市场也因此一直没有培育起来。

无奈之下，农民辛苦种的已经短则5年、长则10年的葡萄树统统被砍掉了。这是改革开放后国内第一次大规模地砍葡萄树。

第二次发生在90年代中后期。当时由于白葡萄酒热销的市场导向，许多地方在政府部门和企业的引导下热衷于发展白色酿酒葡萄基地，1995年后随着人们发现红葡萄酒对预防心血管病等有很好的保健作用，于是消费者又纷纷由白转红。酿酒的白葡萄没了出路，可怜的农民只好把大片种植多年的葡萄树砍得遍地都是。结果，近几年白色酿酒葡萄又出现了紧缺，有的地方甚至产生了抢购现象。

还有一个问题——目前全国主栽的酿酒葡萄品种总共不过五六种。葡萄酒产区很少通过品种的适应性实验确定哪种葡萄最适宜本地栽种，许多地方认为，只要是名贵品种就适合本地葡萄酒生产。

“大家总是雄心勃勃。我最近和一些地方政府部门接触得比较多，经常提醒他们，搞葡萄产业一定要科学发展。你这个地方适合种什么、苗木可靠不可靠，种出来以后市场定位在哪里，方方面面都要考虑到。”段长青说，“市场是每年20%以上的速度在增加，但这个增加的能不能分到你的碗里去？”

2009年5月，他在参加由西部某省高层领导主持的葡萄酒产业发展研讨会时，当地相关部门和专家起草的葡萄酒产业发展规划称，未来10年要发展酿酒葡萄60万亩，葡萄酒产能规模达40万吨，葡萄酒企业50~60家，葡萄酒产业产值超过200亿元，利税超100亿~200亿元。小小葡萄，能把纸上的数字变成现实吗？

对此，段长青直截了当说：“如果要的是政绩工程，我建议你们不要搞。因为短则三年五年，长则十余年后才能见效，你们等不到。我还告诉所有企业家，你们把钱投进去，如果希望像股市、房地产那样马上就能赚钱，我也建议不要搞。”

尽管他发现大家并不太喜欢听这样的话，但看多了葡萄产业大起大落的他还是坚持完完整整、明明白白地表达出自己的看法。

2009年初，第二批现代农业产业技术体系相继启动了包括葡萄在内的40种农产品技术体系。段长青有了另一个身份：葡萄体系的首席科学家。这个体系从机制上改变了科研立项缺乏连续性和系统性的问题。有位来自地方科研所的科研人员用了一句非常朴实的话来形容这个体系：“搞了这么多年，可算找到组织了。”

这不是一句随口说的话。每个科研人员的知识都需要更新和相互交流。在过去，尤其是基层的科研人员碰到问题后不知道能够找谁去问，谁能提供可靠的技术支持。现在呢，研究人员有任何问题都可以在体系里找到相关领域的人来解决——每个人都有责任为其他人解决问题。

“没有这个体系的时候，你那里出现病虫害了，你给研究病虫害的人打电话，人家一句‘我有事去不了’就把你打发了。可是病虫害如果几天之内去不了，可能就成了毁灭性的了。”

段长青还举了个常见的例子：“就算专家下去了，他不一定是研究病虫害的，可能搞栽培的也对病虫害懂一点，他就随便说说，说错了也不用承担责任，顶多你明年再改吧。甚至同样都是搞栽培的、搞病虫害的也说法不一，你让当地怎么决策？但我们现在是有一个集体在决策，不是某一个人来提供支持。岗位科学家做事是要承担责任的，所以干什么事都会很慎重，可能三五个人协商后研究一套技术方案来进行支持。”

葡萄体系成立之初，大家集思广益，在很快确立了本产业的总目标——优质、稳产、安全、高效，以及本体系诚信、自律、求实、创新的工作作风的基础上，又确定了需要大家齐心协力去做的两件大事。

一个是要建立葡萄种植区域的地理信息系统。过去中国在葡萄品种区划方面从未开展过全国性的系统研究，无法科学地给种植者提供正确指导。段长青要求每个岗位科学家、综合试验站站长都带着GPS，无论走到哪儿，只要见到葡萄园就定好位，把数据传到首席科学家这里，最后汇总成一个全国性的非常详细的GIS地理信息系统。

他预计，经过两三年后，大家把葡萄园都走得差不多之后，全国葡萄园的具体分布、特征将会有非常准确的统计，而不是过去那些说不清道不明的数字。

另一个是建立病虫害预测预报系统。有了这个系统，就能够根据当地的气候条件变化和主要病菌的孢子数多少，告诉葡萄种植者应该在什么时间做什么事。比如，当孢子数达到一定的数量级，且温湿度达到发病的临界条件时，适合某种病的发作，就得赶快控制和预防。如果等这种病发作后再防治，那样的葡萄做啥都没用了，鲜食没人吃，酿酒更没戏。

现在，葡萄体系的科研人员们形成了一种合力，从整体上考虑产业提升的问题。这种合力尤其在栽培上反映很明显，大家统一了栽培目标：不是产量高，而是产值高。因此，大家明确了几个关键点。

一是必须种优质品种。在葡萄酒行业里流行一句话——“先天在于原料、后天在于酿造”，说明优质的葡萄品质对酿酒的重要性。

第二个是简化栽培方式，不用把农民都培养成技术员，而是研究“人人都会用”的技术。同时研究标准化栽培模式。在这个基础上，下一步他们再进行机械化方面的研究，解决劳动力的问题。

这个体系成立后，段长青等人越来越感到，大家可以针对一些制约葡萄产业发展的基础性问题做工作，联合起来进行攻关。

几年前，段长青在对云南香格里拉的葡萄产区做风味分析时发现，这里的葡萄风味产生机制、酿出来的酒的风味反应，和河北昌黎、胶东半岛、西北地区都不一样。他认为其中的原因是代谢路径不同——假设有10个分子决定了风味特点，香格里拉的葡萄可能是某三个分子为主，而其他地方的以另外的几个分子为主。

这种差异给了他一个明显的信号，为什么会形成这样不同的机理？这时候靠技术已经无法解释，需要在科学方面解决问题了。高原和其他地方最大的不同，是紫外线更强烈。因此，段长青从紫外线对风味代谢途径的影响展开了研究，并初步了解了其中的规律。科学问题解决后就该开始研究技术问题了。

下一步，他计划通过研究不同的栽培模式和管理技术来解决优质产品的生产，比如研究散射光和直射光对果实质量影响有什么不同，如何通过栽培技术调控果实的受光，确保优质葡萄产品生产。

段长青认为，如果大家联合起来，从品种、栽培、病虫害防控、采后贮运、加工技术及市场需求和文化旅游开展全产业链研发，中国葡萄产业的整体水平将会快速提升。

第五章
101-123

柑橘花香

“后皇嘉树，橘徕服兮”。橘是一种非常古老的水果，相伴中国人几千年。但在以前，橘子是一种“稀罕物”，普通老百姓并不能想吃就吃得上。

如今，这种局面有了根本改观。橘子几乎一年四季都有上市，价钱也不贵。柑橘技术的广泛应用是最重要的一个原因……

4月的三峡，柑橘花漫山遍野绽放，沿着长江一路淌开。日出而作的人们，就浸淫在清冽而又带着些许辣味的柑橘花香中。

江上氤氲缥缈的迷雾，噼啪作响的机动渔船，高耸起伏的山峦以及错落其间的民房，已经化作他们生命中的一部分基因，点点滴滴藏在心底最深处。趾高气扬的货轮汽笛声，虽然取代了饱含激情和对生命一声叹息般的川江号子，但大江仍旧永远这样平静地从城市或乡村流过。

“桃花飞绿水，三月下瞿塘”。李白当年过三峡时，想来也应当有素洁芳馨的柑橘花在开着，为何却没有因此留下笔墨？如今，那种几千年来飘荡在巴楚山水间的味道，确是更加的浓郁了。

橘树原产地在中国，而且很可能是先秦文献史料中被最早和最多提及的果树。

《周书》有云：“秋食栌梨橘柚。”庄子也说：“譬三皇五帝之礼义法度，其犹木且梨橘柚邪，其味相反而皆可于口。”（《庄子·外篇·天运》）甚至严厉峻苛的韩非子，也对这种好吃的果子印象不错：“树橘柚者，食之则甘，嗅之则香。”（《韩非子·外储·说左》）

春秋战国时，长江三峡及其周边地区就已是良种柑橘的主要产地，这也是有考证的。

《吕氏春秋》：“果之美者……江浦之橘，云梦之柚。”《禹贡》：“荆州橘柚为善，以其常贡。”《史记苏秦传》：“楚必致橘柚之园。”

……

在楚（湖北、湖南）人屈原看来，橘树简直就是国家的社稷之树，为此他专门作《橘颂》，充满感情地赞扬道：“后皇嘉树，橘徕服兮。”此举开创了古人吟橘颂橘之先河。

到了唐宋，柑橘已经在南方地区广泛栽种，分布范围与现在基本相同，包括四川、贵州、湖北、湖南、广东、广西、福建、浙江、江西及安徽、河南、江苏、陕西南部等地。

巴渝山水和云梦之地则成为传统的进贡皇宫的柑橘产地之一。《新唐书·地理志》记载:“山南道江陵府,土贡橙;巴州,土贡橙。”而宋代的《尔雅翼》更是记载:“巴郡朐丑、鱼复二县出橘,有橘官。”因橘设官,其影响可见一斑。

但就算如此,柑橘也不是寻常百姓能吃得到的水果,甚至就算有点地位的人看来也是稀罕物。

唐代诗人刘禹锡在《为武中谢新橘表》中说:“奉宣圣旨,赐臣新橘若干颗……珍足俞百果,荣比兼念。”因为是皇上赐的,刘禹锡感情有些夸张可以理解,不过从皇上把柑橘当赠品送人这一点来看,这种水果确是相当珍贵。

虽然古人多称“橘”,但其实包括了橘、柑、橙、金柑、柚、柠檬等水果。早在南北朝时期,《异苑》一书中就分为“柑、橘、橙、柚”。而世界最早的柑橘专著、南宋《橘录》,则把这种柑橘属芸香科的植物,细分为真柑、生枝柑、海红柑、洞庭柑、甜柑、橙子、黄橘、绵橘、沙橘、油橘、绿橘、乳橘、金橘、朱栾、香栾等27种。种类多得现代人也不可能全都有幸品尝过。

到了明清时期,中国的资本主义萌芽了,尤其是在沿海一带,种植柑橘已经不仅仅是上贡和用来物物交换。在广东、福建、江西等地,出现了不少柑橘专业种植户,甚至专业村。

清代的《南丰风俗物户志》曾经记载,江西南丰一些村子整个都“不事农功,专以橘为业”。同一时代的《闽杂记》也记载了福州城外“广数十亩,皆种柑橘”。而在《岭南杂记》也写道:“广州可耕之地甚少,民多种柑橘以图利。”

就这样,柑橘与中国人相伴了几千年。果实生津止渴,橘红(果皮)镇咳化痰,橘络(果皮内层的筋络)温胃止痛……传统的中华医学,也早就探寻出柑橘的种种用途。

柑橘在世界范围的流传，则是从15 世纪开始的。

1471年，葡萄牙人把中国的甜橙带到地中海沿岸栽培，当地称为“中国苹果”。1665年，“中国苹果”流传到美国的佛罗里达，后来又扩至拉美。1821 年，英人在中国采集标本后把金柑带到了欧洲。1892年，美国从中国引进了椪柑，叫做“中国蜜橘”。

如今，柑橘栽培遍及五大洲，135个国家生产柑橘，其中以中国、巴西、美国、西班牙、墨西哥等国的栽培面积和产量为多。从全世界来看，无论从栽培面积还是产量，柑橘都是最大的水果。联合国粮农组织数据显示：柑橘是排名前5位的国际贸易农产品，贸易额近70亿美元。在农业领域，这个产业不可谓不大。

时间到了21世纪初的时候，中国的柑橘开始不那么吃香了。

1999年，中国为争取加入WTO做出了一个关键性的让步：取消了美国柑橘、肉类和小麦的进口限制。

第二年6月，来自美国的新奇士脐橙首次“登陆”中国，超市里贴着Sunkist标签、喷了油光锃亮的蜡的洋果子卖相极好，即使售价远远高过国内柑橘，也经常是刚上架就被抢购一空。国内水果业者和研究者惊呼：中国柑橘产业即将亡矣！

新奇士的商标来源于美国新奇士果农公司。有意思的是，这是一家全球最大的柑橘供应商，自己却没有一棵柑橘树。年收入高达10亿美元，却买不到他们的股票，因为根本就没有发行股票。

为什么？因为新奇士果农公司其实是一家农业合作社，或者叫协会，它本身是非营利的机构。加入这家协会后的果农，可以团结起来占有更大的市场份额。协会做了很多单个果农难以做到的事情，如开拓全球市场、树立品牌、利用全球运输系统、进行综合性研发、通过官方渠道进入海外市场等。

新奇士果农公司是世界上历史最久、规模最大的柑橘营销机构，1893年由一些柑橘果农共同创建，原名是“南加州水果与农产品合作社”（The South California Fruits and Agricultural Cooperatives）。当时美国柑橘业非常分散，和现在的中国差不多：分销无组织、代理无信誉、价格“残不忍睹”，严重威胁果农生计。

经过上百年发展，这家协会已经成为美国10个最大的农业合作社之一，拥有6500多个成员，涵盖了加州和亚利桑那州的大部分（约95%）果农。Sunkist这一品牌具有上百亿美元的市场价值。

中国柑橘产量占全国水果总产的20%有余，这个产业和800万人的生计相连。柑橘“巨鳄”要是给放进中国，不搅得国内市场天翻地覆才怪！面对有组织的“正规军”，国内的“散兵游勇”们靠什么跟人家打拼？不仅鲜果的果形差、保鲜期短、品质不稳定，因此卖不起好价钱，就连橙汁也主要靠进口。

2001年冬，我曾开车自重庆经三峡至武汉。沿路的万州、奉节、巫山、巴东、秭归、兴山，虽因三峡工程之故，移民搬迁热火朝天，许多地方已经人去房空，但山坡上一树树红灯笼似的柑橘仍挂在枝头，甚至公路边上也有被倒掉的果子。

问及乡人，说是品种不好，卖不起价钱，果汁加工厂也收不了那么多，只有倒掉，或者干脆就不摘了。感叹了一路：橘贱伤农，农民挣点钱可真不易！

但我当时不知道，这里的柑橘“保卫战”其实早在几年前就大规模打响了。

挂在树上的，有些的确是品质较差没有市场的老品种，但也有不少是采用了一种叫“留树保鲜”的新技术，果子就挂在树上迟些时间再摘，既延长了上市时间又节省了贮藏成本。而倒在路边的果子，也有不少是刚刚进行过品种改良、老品种“退场”的残局。

指挥这场“保卫战”的，是华中农业大学的邓秀新教授。

邓秀新，1961年生于湖南省宜章县一个小山村。20世纪80年代初，他从湖南农学院考入华中农业大学农学院攻读硕士研究生，师从已故的老一代柑橘专家章文才教授。章文才是我国柑橘学科的奠基人之一，被称为“中国柑橘之父”。邓秀新也成为新中国培养的第一位果树学博士。

两年后的2003年，我碰巧有幸采访到他，仍然是在这片山水间。

初次见面时，邓秀新正带着世界柑橘协会的主席阿布里哥（一个美国老头），在山坡上和农民聊天。一双黑雨鞋，裤脚上全是泥巴，怎么看也不像知识分子。直到他从背包里掏出一个GPS测海拔高度——当时GPS还是一种非常新鲜的玩意儿——才相信他真是搞研究的。

随后我发现，邓秀新在秭归、巴东等三峡库区一带，和橘农们混得比当地的乡干部跟群众都熟，似乎每个橘农都认识他。无论在县城街上，还是在乡下果园，甚至在一条偶然经过的小路边，经常有人跟他打招呼：“邓老师，又来啦？”

那一次，秭归县郭家坝村村支书郭启喜告诉我，种了邓老师带来的新品种，全村橘农的收入提高了七八成。这个村是柑橘专业村，家家户户都有几百棵柑子树，3/4的收入来自柑橘。

“我国柑橘要想在市场竞争中不败，最基础的是要尽快把品质搞上去。”邓秀新当时这么对我说，“国内的柑橘品种结构不合理，老劣品种多，成熟期过于集中，产后处理落后。”

如今，邓秀新已经搞了快30年柑橘研究，成就非凡：他主持开展的柑橘对称及非对称融合技术等基础性研究取得重大突破，创造了一批新的柑橘种质，获得宜昌橙与甜橙种间，脐橙与橘种间等多个组合的柑橘体细胞杂种植株；他主持完成的“柑橘优异种质资源发掘、创新与新品种选育和推广”获得了2006年度国家科技进步二等奖……

他还有一连串的职务和头衔：中国工程院院士，曾任中国柑橘学会理事长、世界柑橘学会执行主席，全国人大常委、全国劳模、华中农业大学校长、全国高校先进科技工作者、有突出贡献的中青年专家……

但最令人钦佩的是，本应在实验室搞细胞工程这样前沿技术的他，像技术员一样常年奔波于湖北、河南、四川、重庆、江西、浙江等柑橘主产区，每年大概有1/3的时间奔波在乡下。

时间长了，许多橘农对他都很熟悉。有意思的是，章文才先生在年近90的时候，还到山区果园搞研究。邓秀新显然秉承了老师的做学问态度。

“新奇士”刚开始进入中国时的那些年，邓秀新也在柑橘主产区大力推进建设基地。同时，在选种、育苗、规划等一系列关键环节，邓秀新以及同事们给当地提供了大量指导意见，还把国际最新研究成果及时传播给农户。

20世纪末，赣南柑橘曾因产量不高、价钱不好、病虫害多，尤其是发生了罕见的霜冻，面临是砍是留的问题。邓秀新带领科研人员走访橘园，取土、收集果实样品，以及病虫害和橘树，带回实验室研究，摸清了情况。

他们向当地领导提出了极具针对性的解决措施：保留橘园，更新品种，配方施肥，有针对性地防治病虫害。从那时起，他们每年三五次来到赣南，走进农户橘园，手把手地教农民防寒、修剪、施肥、防治病虫害。

赣南脐橙的产量，也从1999年的4.8万吨增加到2008年的85万吨，成为国内最大的脐橙基地，主要供给北京、上海等大城市，成为中国出口柑橘类水果的主要类型。当地农民因为种橘子成百万富翁的不在少数，过去外出打工的人也纷纷返乡种脐橙了。

1998年，以邓秀新为首席专家组成的课题组承担了国家“引进国际先进农业科学技术专项”（简称“948”计划）柑橘良种及配套技术引进与推广的工作，目的是用几年时间尽快通过品种和技术的引进为国内柑橘产业打实发展基础。

这个项目的实施，使中国柑橘从整体上更新换代了一次。

“农业科技的推广，不仅要带给农民一个新品种、传授一套新技术，还要向农民宣传一种新观念。”邓秀新说，“农民不知道种什么好，这反映了他们对市场的茫然，而能把这两者联系在一起的就是技术，我们不仅传授给农民栽培技术，还要告诉他们怎样才能使产品卖得更好一点。我们过去几年的工作就是扮演了这样一个角色。”

过去的农业科研人员不注重研究市场，也很少考虑农民对新技术的接受能力，推广的农业技术有些过于高新，这是造成新技术推广难的重要因素。邓秀新在开展“948”项目时，强调培训农民的市场观念，告诉他们国内、国外的市场情况，还编制了一整套“傻瓜化”的技术规范，这样农民就很容易接受。

就在这一时期，中国从美国进口的脐橙从2001年近8万吨的高峰逐步下滑，而国内柑橘的出口量从2000年的18万吨达到2006年的46万吨，并以每年20%~30%的速度增长，2009年达到111万吨。2004年中国的柑橘产量增至1500万吨，在全世界仅次于巴西。2008年产量又增至2331.3万吨，超过巴西成为世界柑橘第一生产大国。

和邓秀新第二次见面是2009年6月的一天。当时他正在北京西北郊的中央党校学习。之前联系采访时，我希望能有个相对完整的时间，有些问题可以谈得从容些。邓秀新爽快地答应了。于是，在他那间10来平方米、陈设简单整洁的宿舍里，我们聊了一个上午。

“在我们国家，柑橘是园艺作物里比较早实行市场化的。”邓秀新先从这个产业的发展说起，“1984年起，柑橘就完全进入市场了。经过十几年发展，1997年国内第一次出现产量过剩、卖不出去的情况。此后到2000年，柑橘产业进入结构大调整时期。2000年以后的发展是比较健康的。除了2008年大食蝇事件影响外，其他年份总的来说供需大体是平衡的。产量稳步上升，但并没有出现大量过剩。”

和其他水果一样，柑橘一直以来都是季节性非常强的水果。但自2002年起，这种情况有了很大的变化：上市时间从原来的9月份到翌年2月份，往前后两头各延伸了两个月左右——总共延长了4个月，意味着一年的三个季节都有新鲜的柑橘成熟。

如今，每年大约7月20日左右，来自云南玉溪的早熟柑橘就出现在市场上了。而最晚的，一直到来年4月份都还有脐橙，更晚的是5月底上市的夏橙。

新技术的广泛应用，不仅拉长了柑橘的产果时间，也缩短了从栽种到结果的时间。农民过去栽一棵橘苗，要等到5至8年后才能进入结果期，而现在通过大苗定植的方式，第二年就可以开花结果。这两项新技术给橘农带来了非常大的实惠，也极大地推动了这个产业的发展。

柑橘生产结构方面的多样化也大大增加了，特别是脐橙、柚子的比例越来越高。

“如果你到产区看的话，会发现现在的种植已经不是那种简单的这一块、那一块了，而是规模化种植和现代化的生产模式。”邓秀新说，“特别是你要到赣南去看就都是这样。湖北也是，一望无际，连片种植。规模化生产带来的是产后处理能力大幅度提高。”

产后加工方面的变化也很大。现在的柑橘产品看上去不再土里巴叽的，包装很漂亮。而在邓秀新看来，因为有好产品、好包装，最大、最明显的变化是柑橘的出口量大幅度上升。2008年，中国出口新鲜柑橘50多万吨，橘子罐头30余万吨。

“加入WTO前，国家最担心两个农产品，一个是大豆，另一个是柑橘，这是美国人最紧盯着的两个。”他说，“结果几年后呢？美国出口到中国的柑橘量不仅没有增长还减少了。他有的东西没我的好，他没有的东西我有啊。”

邓秀新得意地说："橘子他们就很少，美国几乎全是橙子。我们的橙子又比他们的甜、颜色又好，成熟期也拉得很开，所以美国橙子现在在中国没有什么市场了。现在倒是韩国担心中国柑橘出口过去后，他们的产业要垮掉。他们的柑橘贵啊，所以老说我们的柑橘有这问题有那问题——韩国才30万亩柑橘，比一个宜昌市的种植面积还小呢，一过去肯定挤垮。"

"现在看来，除了其他国家用'绿色壁垒'来搞贸易保护的因素外，咱们的柑橘竞争力还挺厉害的。"我由衷地说。

但在邓秀新看来，柑橘的产业结构还需要优化。尽管成熟期拉开了，但并没有在质量上达到最优，中间成熟的品种差距还比较大，特别在三峡地区要改良品种。

"这个改良不是说技术上不行，而是农民的承受能力有限，需要一个过程。"他解释说，"秭归那么好的柑橘产区，新品种在那里推广却困难得不行。有的品种推了五六年才到两万亩。"

什么原因？库区农民手里的地太少。

"他今年改接别的品种，当年没有产量，第二年产量减半，第三年产量才能恢复，也就是他减少了一年半的收入。他没有收入，政府又不补贴，没有饭吃怎么行。所以由于生产方式和农民的经济状况影响了新品种推广，特别是三峡地区比较明显。"

邓秀新接着说："再一个，中国的柑橘鲜果竞争力很强，但橙汁不行，实事求是地说我们还依赖进口。全球橙汁大部分来自巴西，那里的土地不用灌溉一年就结两次果，可以一年四季采果来榨，我们只产一季。"

由于国内目前的生产模式基本都是鲜果生产，能榨汁的柑橘区主要在三峡等地，而三峡是个移民区，土地金贵，人均又只有7分地，农民必须要靠这块土地来生存。所以，榨汁原料果的成本太贵。

几年前，为了解决三峡库区移民的生计问题，重庆在做工程规划的时候曾经提出来要搞橙汁加工，请了邓秀新去出主意。他带了一帮研究人员在库区跑了些日子后，给这个橙汁规划泼了一盆冷水。

“三峡库区搞加工甜橙是技术上可行、经济上不可行。”他对三峡工程办公室的一位负责人说。

对方听了后对他说：“你说这个要负责任的，会影响到我们的决策。”尽管加工厂后来还是建起来了，但确实如邓秀新所言，建的厂子吃不饱——太贵了加工厂不要，太便宜了老百姓不种，利益不平衡，两难。

“全世界发展橙汁加工都是一个规律，就是土地要便宜、原料要便宜。农民希望卖的加工果汁的柑橘跟鲜果差不多价钱，否则干嘛要卖啊？”邓秀新说，“而且加工厂后面的环节赚钱再多，也跟他没关系。可国外不一样，他们是搞合作社，果子变成饮料后，农民还要分一点利润。”

邓秀新既是农业专家，又是大学校长，身兼研究者和管理者双重角色。所以，他的视野并非仅仅局限于柑橘。农业科技进步和科技体制改革也是他非常关心的话题。

“近些年中国提出建立‘创新型国家’的方向。在农业科技领域，‘创新’也是一个流行词。你觉得目前农业科技创新方面的主要问题是哪些？”我问。

“从我们搞研究的角度来看，大家都觉得到了应该解决一些根本问题的时候了。这些年国家投入越来越多，但科技产出方面突破性的进展不多，说得刻薄一点差不多就没有。相比之下还不如早些年投入少的时候产出多。”

邓秀新说：“大家都一直在说农业科技成果转化率低，为什么呢？我们许多搞研究的人认为，转化率低是推广部门的事，但实际上不是。”

他分析说：“首先来看看这个所谓的‘成果’。你认为是成果，可究竟是不是成果呢？很难说。换句话讲，过去对成果的管理方式有问题——找几个人来鉴定一下到底是国内水平还是国际水平，但是不是一个可用的成果？不知道。”

“为什么会造成这个局面？”我又问。

“课题设置有问题。整个立题——不敢说百分之百——但大多数课题都是一帮专家确定的，他们已经很难跳出自己的利益圈子了。”

邓秀新直截了当地说：“这些专家中，有些是在改革开放中成长起来的专家，不少有农村工作经验，比较了解‘三农’，提的项目有针对性。但也有不少专家没有这方面的经验、特别是少数‘海归派’，一直在实验室搞研究，所以他们的立题都是前瞻性很好的项目，但是适用性和解决实际问题的针对性不够。”

用他的话来概括，就是农业科技成果里有很多课题不是来自生产一线，或者说不是“问题驱动”，而是“兴趣驱动”或者“模仿秀”的课题。

“国外搞什么，我们也跟着搞什么，不搞就觉得落后，这种立题非常多。成果鉴定时都挺好，但适用性或解决问题的经济可行性比较差。”他比画着说，“反映到生产上，就显现出科技成果应用的比例低——本身那个分母就不应该有那么大。”

在这个背景下，农业科技要创新怎么办？邓秀新坦率地承认没办法。

“肯定还是几个人拿笔钱，做个庙，圈个圈子。”他说。

他还回顾了近几十年的科研发展史：“文化大革命”时，科研人员想做科研却做不成科研。改革开放以后，科研人员有用武之地了，激情迸发，于是出了很多有用的成果。

“突然从一个受禁锢的年代到了比较自由的年代，这个时候大家的积极性和协作精神都非常好。”邓秀新说，“曾经有一段时间，大家还不知道成果对自己有什么意义，或者说跟仕途、收入有什么关系的时候，协作精神非常强。”

再往后呢？随着国家经济体制变化，特别是科研人员奖励制度的变化，大家开始感到，成果是个人的东西了，自我意识加强了。这个过程大概是从20世纪

90年代开始的。现在搞研究是课题负责制，“课题组”这一称呼就是这样来的。而在此之前，是叫“集体负责制”。

“以前搞杂交水稻的时候，能进行10万人的大协作，后来为什么很难协作了？就是从课题负责制开始变化的。”邓秀新说，“以前搞科研钱少，但那个时候没有‘公’和‘私’之分。”

由于课题制实行谁申请的课题谁就是经费负责人的方式，强化了科研人员的个人意识。加上国家搞知识产权推广、普及各种专利，更进一步强化了科研人员的个人意识。

与此同时，几乎所有科研单位都把成果、特别是国家奖励的各种等级的成果，作为评定职称和晋升的一个非常非常重要的考核指标。因此，现在的科学研究变成了作坊式的研究。

“科研体制改革中最大的问题就是缺乏协作精神，这一点远不如欧美、日本。”邓秀新说，“导致大家现在协作精神差，不是主观原因，而是客观上要求课题组有边界了。特别是现在大学搞排名，更强化了自我意识。在这种情况下，科学研究只能是各干各的。”

他感慨地说：“我们的社会主义制度怎么体现不了大协作呢？是因为这套激励机制、考核机制让大家强化了自我意识啊！搞课题制没问题，谁拿钱谁负责，但奖励制度有问题。你说你的成果，评上多少国家级奖之类的，其实没有用。”

“真正没有几个项目是从提出问题开始去研究，然后解决问题、再进行生产推广的。这种科学逻辑很严谨的项目太少了。大部分都是些‘箩筐项目’。”

“箩筐项目？”我对这个说法感到很新鲜。

“‘箩筐项目’是我起的名词。比方说，我主持了一个全国性非常大的项目，报奖的时候就取个很大的名字，把你的、我的研究放在一起报奖，反正只要是项目中有名字都算。我要是把全国的水果研究都一起报个奖，肯定那是一等奖，这种项目就叫‘箩筐项目’，什么都能往里面装。”

“这不也是大联合吗？”

“但不是科研的联合。甚至有的项目原来就没有在一起做研究。为了报成果的时候大家才联合在一起，把各自的研究资料统一统，只是‘报奖联合’，而不是‘事业联合’。”邓秀新解释说，“还没有合作大家就要先说好，是你排第一还是我排第一。不是看最后谁贡献大，而是先把名排好，咱们再干活。在这种背景下，国家再给多少钱也解决不了问题。”

他接着说，另一个情况是，多数农业科技工作者认为农业科技体制改革中间有段时间确实存在一些问题。很多公益性的研究机构被改成企业，基本上财政不管了，或者管的很少。很多单位变得很凋敝，而且这些单位恰恰是最基础的、挣不来钱的。

“能挣钱的那一块不会凋敝。比如说卖肥料、卖种子，红火的就这么几个，从农民手里收钱的科研单位都还在。”他说。

“国家没有项目来支撑这些搞基础研究的吗？”我问。

“在很多研究领域确实没有。有的研究所连人都不养活。给了点芝麻，撒点芝麻盐，但吃饭的钱、养兵的钱都没有。”他打了个比方，“你给我很多钱建资源圃，但是我工资发不出来，不能把树给卖掉啊，所以得想办法在资源圃里面腾腾地，搞苗子。我把苗子倒腾卖了后来养人啊。你打仗有钱，我吃饭没钱，那打不了仗的。只能想办法把武器卖掉先去吃饭。”

某所大学有个专家曾经对邓秀新讲过一件他的亲身经历：为了拿下“973”计划的一个大项目，他前后开了不下100次会。层层论证、层层开会。

“这些项目要做很细的预算，支出一支铅笔都要做。稍不注意，就认为你表述不明确，要重新做。”邓秀新说，“很多科学家成天都在想怎么去找钱、怎么去交账，而不是怎么去解决问题。”

“科学家每个五年计划前都在琢磨，下个五年做什么、方向是什么。所有的钱都成了可流动的，像泥鳅一样，你不抓就跑掉了。”他苦笑。

还有个情况：国家过去在农业科研方面的投入是多途径、多部门，具体来讲，技术研发这条线有大学系统，有农科院系统，还有科学院系统，这些体系之间，由于隶属部门不同，矛盾就很多。

在技术推广这条线也有几套系统——大学在搞推广、农业厅在搞推广、农科院也在搞推广。就是说，技术推广现在至少是三条线，研发则有四五条线，但是相互之间交流不多。为什么？利益使然。

2007年12月，邓秀新受聘为新成立的国家现代农业产业技术体系的柑橘首席科学家。其实，这个由农业部和财政部两家共同组建的技术体系，在设计架构的过程中邓秀新就全程参与了。

这是个什么样的体系？与以往的项目、课题有什么不同？它是如何运转的？目的是干什么？邓秀新这个首席科学家又是如何领导柑橘产业技术体系的呢？

“2006年农业部搞了一个调研，全面疏理了一下当前农业最需要解决哪些基础性的问题，大概涉及几十种产品吧。比如说柑橘，把基础性的东西做好了，你再怎么进口洋橘子都没关系，我们有竞争力。”他说，“美国也是这样，有些属于基础性的工作，或者说长期的工作，那政府就必须做起来。”

在参与体系设计的讨论时，邓秀新多次提出一个观点：农业是产业和事业并重的行业，也是个基础产业。既然事业成分很重，因此在设计整个体系时就考虑到要抓公益性的、长远性、基础性的东西。

“大家怎么组织起来？会不会又是个更大的‘箩筐项目’？”我开个玩笑。

“你知道，现阶段不可能打破体制来重新组织一个体系，因为毕竟力量有限，除非中央下命令才能调得动。否则，哪个研究机构愿意并到其他机构呢？”

邓秀新说，“但可以通过稳定研究经费的方式建立一种新的机制，把以前形成的各个系统的基础性研究——我们把这个叫‘桥桩’——给连成一座桥了。而这个‘桩’在哪个系统对我们来说并不重要。你也可以说，体系是一种类似‘虚拟’的组织形式。”

“这个体系的人员是怎么确定的？”我问。

“在设计制度这方面，没有指望哪个部门能全做下来，因此设计的是开放性的体系——谁有本事谁就来做这个事。”

开放到什么程度？以往，你是这个系统的就只能参与这个系统的项目，别的系统也不会把项目给你。这个体系打破了这一点。在所有50个品种的体系中，有不少科学家是出自农业院所和农业高校之外，比如一些综合性大学、科学院等。

“既然这个体系是公益性的，所以就不太适合完全采用公开招标的方式，而是采用了招聘制，制定了一系列选择标准。组织者在挑选专家的时候，根据需要，比如说他们要找研究柑橘病虫害的专家，可以通过网络、信息情报系统搜集起来进行分析，也听取学会等方面的意见，总之是个调研的过程，然后才确定下来。”

邓秀新举例说：“拿育种岗位来说吧。第一，你的背景应该是学农的，不能学工的去做育种。第二，你过去连续几年一直在做育种，对育种这个工作一定要熟悉。第三，你有支撑做育种的基本条件。比方说至少有50亩试验田什么的，否则连地都没有，在实验室做不出育种的。第四，你最近几年在业内得到了公认，或者你在你的领域里面比较活跃。”

“大家加入进来后，到底要干些什么呢？”我问。

“每个人都有四个方面的工作，基础的、重点的，前瞻的，还有应急的。比方说冻害来了，我们就动员所有的人，必须到一线了解冻害情况，提出措施，指导农民，同时，尽快通过这个体系上报农业部门。”他说。

2008年初，整个南方大面积出现雨雪冰冻灾害。柑橘体系第一时间把灾情上报给农业部门。体系里的科研人员一个省、一个省地统计有多少面积受害、减少了多少产量。邓秀新认为，他们的数据最准确，因为这里面没有利益，而有的省报的受灾面积，大得让人不能想象。

“有一个省上报说有4亿棵树死了。4亿棵树有多大面积啊？全省的柑橘都死了才大概是这个数。结果到年底报成绩时，他们又说丰产了，怎么可能？”邓秀新又可笑又可气地说，“我们的调查人员都是试验站里长期在一线工作的，数字非常准确。按我们当时评估，会影响5%到10%的柑橘产量。”

“我们不用附和省里，因为是对农业部负责。”他说。

在应用性研究方面，过去许多技术没有人搞。比如柑橘种植一段时间后出现叶片黄化等症状，研究发现是缺少硼和镁。体系成立后，两位专家在湖北秭归搞了这方面的研究，有了结果，再把配方给了肥料厂。

“肥料厂当然高兴啊，你帮他们怎么不愿意啊？农民用了这个专门的肥，也不用多花什么钱，果实就能提前一周左右着色，糖分又高了些，品质提高了。”邓秀新说，“以前为什么没人研究呢？没钱啊。搞柑橘申请不到钱，搞粮棉油才能申请到钱。所以过去水稻专家有点过多。”

“国家前些年重点都支持水稻、小麦这些粮食作物去了，所以大作物的竞争特别激烈。”我点点头说。

“冲突很激烈啊。国家以前抓的农业，不是个全面的农业，就抓粮、棉、油，小作物很少。”他说，“全国搞柑橘研究的副高职称和硕士以上的才200多人，一直从事柑橘研究的人员只有150多人。这跟产业的需求也不匹配，但最近几年情况要好些了。”

“柑橘不算是个小作物吧？”

“相对粮食来说还是小作物。但中国的柑橘在全世界种植面积和产量都是最大的。解决了800万人的就业，那怎么还能说是小的呢？中国电信、中国联通才

50万人就业，对吧。我们肯定不小。”邓秀新说。

柑橘体系里的科学家有一项重要任务是对农民和技术员进行培训。不管科学家手头在做的事情是大是小，都要求必须到基层示范和培训。

邓秀新说：“如果是科学创新方面的研究，那是以基础研究为主的，我们重点是解决生产问题的技术研发，有些问题需要长期的基础研究的话，可以建议国家其他计划，比如‘973计划’和自然科学基金支持，在某种意义上这将是为基础研究提出了一些题目。”

来中央党校学习前，他刚刚在宜昌搞了一个示范点。示范什么呢？宜昌的柑橘不太甜，原因是过去农民普遍施有机肥，但后来都开始用化肥了，使用方便简单，可是结出来的橘子没过去甜，采购商把收购价压得很低。后来，柑橘体系开始推广一项地表覆膜的新技术，就是在果实还在着色的时候，在地表盖上一层薄膜，用来隔离雨水，人工造成相对干燥的环境，水分减少了甜度自然就提高了。

“秋季你到宜昌去看，漫山遍野铺的都是薄膜，糖度一下子就提高了1~1.5度。现在他们的柑橘又卖回1.5~2.5元一斤了。2008年的时候，同样的橘园产的柑橘才卖4毛钱一斤。”邓秀新说，“我们的目的就是让技术真正从设立题目时就针对田间地头的问题。”

他想了想，又补充说：“再说远一点。一个地方的农业产业要做好，必须要三个方面力量的结合。第一个力量是科技人员，专家出思路，还要有经常到现场的技术人员。第二个力量是企业，或者是合作社的力量、营销的力量，第三个力量是要有政府支持。政府不支持做不动。”

“只要这三个结合了的，农业就能做好。很多地方政府投入下去后没有效益，什么原因？产品卖不掉，没有企业做营销。还有一种是投下去后没收入，搞错品种了，因为没找到科学家指导，或者没大找对科学家。”

“有这种例子吗？”我问。

“多的是啊。好些地方推广板栗，种了板栗以后卖不掉。后来推广山楂，结果又滞销。再后来种‘乒乓球’葡萄，全国都种，最后也无声无息了。所以农民有个说法是，你叫我种什么，我就不种什么。”他回顾说，“这个问题是从20世纪90年代开始出现的。当时各级农业科技人员下海，倒腾新品种，两年就来一个新的，不断骗农民，主观上不是骗，但客观上就是。”

再回过头来看这个体系。邓秀新觉得，体系的技术服务网络是全新的，在机制上完全不同。他们利用网络建立起前所未有的产业信息联络体系和专业的技术网站。几十个试验站通过1个辐射带动5个县（区）的办法，与主产区的100多个县的技术人员相连，任何一个问题只要上传到互联网，体系的专家很快能给出答复，提高了远程咨询能力。

2008年4月，广东德庆县橘农种植的贡柑突然暴发急性炭疽病。事情发生的第三天，柑橘体系得知了这一消息，马上安排了广东果树所和华南农大的岗位科学家和试验站站长邓晓玲、马培恰等赶到当地，对发生情况和原因进行了调查，并提出具体的防治意见，疫情很快就得到控制。

那一年，江西赣南脐橙产区的柑橘白粉虱、广东部分县的沙糖橘出现“砂皮”现象等突发性事件，也都在体系科学家们的努力之下得到了较好的解决。

“如果大家都能用心去做，随着这个体系的成长，会解决现在农业技术推广方面‘网破、线断、人散’的老问题，甚至如果把体系的试验站做大，完全可以说找到了一个解决问题的办法。”他很有信心地说，“我们的试验站目前还没有广泛设立，还只是国家级的，如果各省再建一套柑橘的体系然后联网，那所有的技术问题我们就都有能力去解决。”

柑橘体系在互联网上有一个网站，体系专家的联系方式全部公开，某个专家是哪里的、搞什么研究的都一清二楚。果农碰到什么问题，给网站上留的电子邮箱发一封电子邮件，很快就会收到反馈。

现在，全国的柑橘产区都知道国家建了一支为他们服务的专家队伍，有了事情不是打电话给邓秀新就是打给其他的岗位科学家或者试验站站长。

有些岗位科学家过去下基层少，刚参加体系后觉得为什么没有明确的任务？自己该干些啥？现在很多人已经非常明确了，有的专家一年有200多天在基层跑。

“其实专家也希望去解决问题，因为发现新的东西可能就是一个机遇。所以尽管我们体系没有确定具体的任务指标，但有明确的那四类重点任务，还确定了5年内要解决什么问题。看上去挺容易的，可真去做会累得不行。”

他说：“但也不是说要把这些科学家都变成农技推广人员。他们可以安排学生做基础测定、分析之类的实验室工作，有一支队伍在支撑他的研究。所以，很多研究还是在实验室来完成的。”

“碰到体系解决不了的问题该怎么办？”我问。

“如果发现了重大问题，不是几个专家能解决的，会把它当成项目交给有关部门找科学家攻关。”邓秀新说。

他举了一个柑橘黄龙病的例子。这种病是在中国最早发现的，也是以中国科学家命名的，主要发生在广东、广西、福建、云南以及湖南南部、浙江南部等地，大概北纬27度以南的地方发生。橘树一旦得了这个病，树就黄化了，没有果子或者果子结出来一点点。在广西，一年砍掉的橘树可能不少于1000万棵。

黄龙病虽然是一种老的病害，但一直没有解决。20世纪80年代时，国内还有两个研究组在研究，后来没有经费就断了档。此后，国家一直没有组织过人力研究。结果到2009年时，南方果园大面积暴发黄龙病。

体系的专家经过调研，找出了问题的症结，进一步确定了哪些方面需要研究。邓秀新等以体系的名义给农业部建议，由国家再找一批做基础研究的科研人员进行攻关，比如微生物专业的，重点研究黄龙病的发病机理。

“以前我们一直没有搞清楚致病的是什么东西，后来弄明白是一种细菌，但这种菌很难培养。所以我们希望将来全国搞微生物的人能够突破。”邓秀新是一个优秀的老师，面对我这样的外行都能解释清楚：“因为只有培养出来才能去做相关的农药，这就像人的流感一样，必须有病毒毒株才能研制疫苗。”

“问题真正来自实际的生产了，非常好。”我说。

“这跟以前真是有很大不同了。过去这个项目有没有用，谁也不知道。就是为了项目而做项目。现在体系的专家，开始从做项目、完成几个指标变成在产业的某个领域扮演‘国家队’的角色了。”他说。

现在，包括柑橘体系在内的每个产业技术体系，纷纷开始编写本体系的技术简报。科学家们把生产中的问题以及理论问题写成几百字的摘要，定期在工作汇报中上传，相互沟通交流。

“一个岗位不可能月月有成果，但一年、两年或一个周期不可能一件事也做不成。”邓秀新说，“从这些报告里，每位科学家感到了一种无形的工作压力。”

加入体系的岗位科学家每年固定有70万元的研究经费，这在一定程度上让科学家的时间分配变得灵活多了，而且这笔钱基本上能够让科学家安安心心地做研究，每年交账时也简单多了。这种设计，让科学家们感到得到了充分的信任。但光靠对科学家的信任来做事，从管理方面来讲是不是有些理想主义了？

邓秀新说，体系也有一套管理制度，涉及方方面面。比如，加入体系的人要填报工作日志——这是他给体系的设计者们建议的。

“不需要天天填，但是隔一段时间就要填。管理者可以看出来，你这个专家这段时间在干什么。”他说，“过去的科学家是到处拿钱，拿了钱就去做别的，不做给你钱要求做的事。这个制度解决了这个问题，你在这个岗位就得干这个活。”

“光拿钱不干活，那不成了‘二道贩子’了吗？”我问。

“现在有些人不就是这样吗？”

“但他是科学家啊，那成什么了？”我有点不相信地说。

“你看，比如你是一个外地的专家，跟上头没关系，拿不到钱，我呢，是北京的专家，拿了给你做啊。我有50万，给你20万，我还赚30万呢。对不对？回头我把任务一交，完了。可是钱并不是越多越好，多了也不一定能解决问题。”

“有些科学家跟我说，现在很多实验室的仪器设备比国外还好，但是不出活儿。是什么原因？”我说。

“大家都在忙活去写项目、跑钱啊。你一打电话给科学家，经常是在北京。不是答辩就是审核，不是审核就是汇报。你说他们哪有心思出诺贝尔奖？人家得诺贝尔奖根本不干这些，天天都在实验室、试验田，我们是天天请客吃饭、开会汇报。科学不是开会开出来的。”

坦率地说，填写工作日志的要求，并不是所有科学家都能理解。邓秀新也听到一些人对他表达过这方面的意见。

“工作日志建立了一个记录系统，出了什么问题能查到档案，不是靠这个来发工资。你哪怕三个月填一次也可以，我半年才填了一次，因为我在党校学习，就不填了。只要求你真实记录为这个体系干活就行了，但不能作假、天天填满。”他说，“日志起到了一种监督作用，无形当中让大家都动起来。我不是说像周扒皮，半夜就让你们起来，但我让你记录是可以的。”

邓秀新曾经把体系里所有专家的日志在网上公开出来让大家看，有的日志一看就知道是假的。

“你的记录写的是，今天我找邓老师了，可我这一天的记录是，在北京开会。两个一对就对出来了。”他说，“国家给你的研究经费，钱花得好不好、该不该，从日志上也能看出来。例如，你差旅费花了20万，日志里才记录出了四次差，怎么花掉的？”

自从2007年底成立以来，包括柑橘体系在内的10个产业技术体系已经运转了一年多时间。制度设计再好也不可能没有问题、一帆风顺。这就像是一辆新买的车，总得有个几千公里的磨合期。

邓秀新感到，大量人员虽然上岗了，但不是每个人都已经领会到自己这个岗位和过去做项目的差别了。有的人还是老的思维方式，要求体系给他定个指标，把分配给他的事做完就行了。

“能分配吗？当然也可以。过去那种科技管理模式，你知道指标怎么定？不都是自己定的嘛。可这个指标不是农民定的、不是技术用户定的。所以这个体系是要求你真得知道自己要干什么、方向是什么。我们的考核指标里是要看你对生产中发现的问题，今年解决到什么程度了。”

他说：“比如赣南柑橘大面积缺硼和镁两种元素，到了秋天叶脉暴裂。这个问题就需要几个岗位科学家一起解决。体系给他们定的是争取在三年内把这个问题解决，这个指标就很具体。”

“在最初定任务时有专家提出，自己的指标是发表若干篇论文、带若干名学生，这种指标对于柑橘没什么意义——只要产业运行好，老百姓的问题解决了就可以。”邓秀新说，“还有专家质疑，那些培训、推广之类的事怎么成了自己的了？这应当是政府的事啊。应该说，技术问题我们就要负责。病害大量流行的话，那么多科学家在干嘛？”

看来，要让每个科学家都转变思想需要有个过程。柑橘体系每年开两次会，交流经验体会，是个不错的法子。邓秀新说，体系是一个新的事物，取得成效也不是一天两天，应该像培养婴儿那样，有一个成长过程。

这个婴儿的底子不错，几千位农业各领域、各专业的精英就像是他的优良基因；他又生活在一个很有家教的家庭，立了很多做人做事的规矩；更幸运的是，他还有一个非常爱他的家人，允许犯错误、耐心的教育。这个可爱的婴儿，应当能健康地长大。

这是我采访完邓秀新的一点感受。

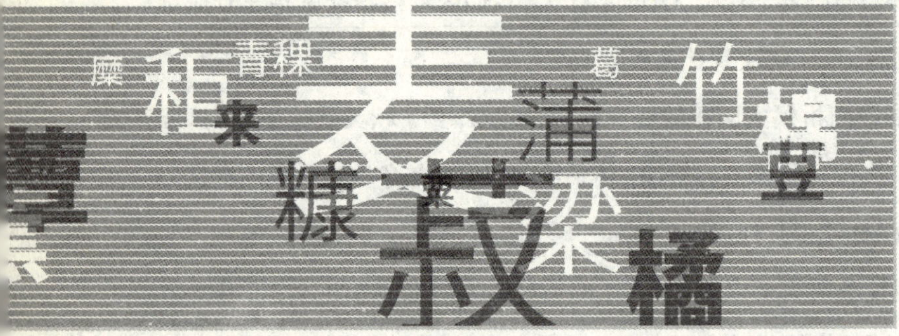

第六章
124-150

课题“七宗罪”

课题制的“顽症”，逼得科研人员“跑部前进”，培养出一批批“科技老板”。

“国内首创”、“国际领先”的研究层出不穷，大量专利、成果躺在资料库里睡大觉，农民、企业却用不着。

科研活动到底是为了创造更强大的生产力，还是仅仅是一种谋生手段？

2002年1月4日，国务院办公厅转发了科技部、财政部、原国家计委和原国家经贸委四部门《关于国家科研计划实施课题制管理的规定》。

这份文件的出台，标志着政府对科研机构的经费支持从经常性的拨款全面转为以项目招标为主的方式。

根据管理规定的界定，课题制是指：

“按照公平竞争、择优支持的原则，确立科学研究课题，并以课题（或项目）为中心、以课题组为基本活动单位进行课题组织、管理和研究活动的一种科研管理制度。”

这份管理规定明确提出，国家科研计划实行归口管理。在经费使用方面，支出预算包括了计划管理费和课题研究费两块。计划管理费是指由归口部门使用、为管理科研计划及其经费而支出的费用。一般包括课题遴选、评审、预算评估、招标、课题监理、跟踪检查以及后评估等支付的费用。

文件出台的三年前，《中共中央、国务院关于加强技术创新，发展高科技，实现产业化的决定》已经明确指出，“国家科研计划实行课题制，大力推行项目招投标和中介评估制度。”

四部门的这个管理规定就是贯彻上述《决定》的产物。

事实上，自从20世纪80年代中期以后，国家对研究机构的科技经费支持方式就引入了竞争机制，这是国际上的普遍做法。

但在中国，竞争性的项目越来越多、所占比重越来越大，中央和省两级新增科技投入大部分演变为项目经费，经常性投入却明显不足，提高科技资金使用效益的改革初衷也并没有完全实现。

第一宗：疲于奔命

辽宁省农科院院长陶承光，自称是一个“奋斗20多年一直在争取资金”的人。

“80%左右的时间都是在跑项目，没有时间搞什么创新。”陶承光在接受采访时，最大的感受就是“把大量的时间用来要钱、跑关系”了。

作为一院之长，他认为自己只有两成的精力用来管理，八成的时间和精力不得不去“研究社会问题”。

不是只有院长单枪匹马去跑项目。每年，辽宁省农科院都有一批人分头到各个部门去跑、去要。

“省里的相关厅局，国家的相关部委，都要思考怎么和这些管项目的职能部门打交道，怎么能让我们的经费增加，顺利完成科研项目。”陶承光说，“如果忽视了这个，哪一大笔资金没进来，我这个院就黄了。我要是有一天不去考虑跑项目，那这钱就被别人争取走了。所以总处于极端的不稳定状态。”

不是只有这家科研机构这样做。全国的科研机构大抵如此。

2006年7月，在农业部举行的全国农业科技创新工作会议上，山东省农业科学院院长王金宝说，目前省级农科院普遍是“一边挎篮，一边伸手”，四处要政策、要项目、要资金，科研攻关很难开展。

其实比起有些省，辽宁省还算相当重视本省的农业科研投入，起码能够保证省农科院基本的科研经费和人头经费，这在全国已经是做得相当不错了。但如果想进行创新性研究、想引进高级人才，只有另外争取。

“比如我通过考察国内外、其他省，结合我们省的实际情况，有了一个非常好的想法，希望进行创新性研究项目，但没钱实施不了，就得跑，花大量时间整一大堆论证报告。你得慢慢跟他们讲，一加二等于三，三加二等于五。最后他听明白了，才开始考虑研究研究。”他说，“有的时候还得配合点其他手段，否则哪个钱能要来？”

再以国家级的农业科研“龙头”——中国农业科学院为例，全院2005年国家财政拨款资金总量约7亿元，其中只有2.2亿元为固定的基本支出拨款（全部用于离退休人员还有0.8亿元的缺口），其余约4.8亿元均为竞争性科研计划专项拨款。

竞争竞争，搞得大家不得不疲于奔命。许多科研机构甚至在基本支出拨款“零增长”的同时，财政拨款的增长全部为竞争性的短期科研计划专项经费。

中国科学技术协会这个“全国科技工作者之家”的一份调查则更准确地显示了科研人员这一困境。

在2008年的全国“两会”上，中国科协副主席、书记处书记齐让在全国政协科协组小组讨论会上公布了一个令人吃惊的数据：

“我们的调查显示，绝大部分的科研人员只能保证30%以上的时间用于从事直接科研活动。而且职称越高，直接科研时间越少。”

中国科协组织的这次调查涉及全国33所重点大学和中国科学院7个分院、50余个研究所、2个省级科学院的1300多位科研人员，他们的年龄集中在30岁至50岁之间，正是一名科研人员一生中最有精力进行创新的黄金时期。

调查结果发现，根据职称的高低，中级职称的科研人员有61%时间用于科研，相应的数字，副高级有53%、正高级仅有38%的时间。

这表明，越是水平高、影响力大的科研人员，越成为争取项目的主力。

更多的时间花在哪里了？是用于“间接科研”和“非科研活动”——“间接科研”就是指申请项目、购置设备、学术交流、评估考核、申报评奖等；“非科研活动”是指行政、社会活动等与科研毫无关系的事务。

尽管这次调查不是专门针对农业科研人员的，但这些数字没法不让人担忧，这是科技界面临的一个普遍问题。

“如果科研人员没有足够的精力来直接从事研究工作，投入的科研设备再好、科研经费再多，也难以产生实际效果。”齐让表示。

1978年3月18日，邓小平在全国科学大会开幕式上发表讲话时，针对“文化大革命”结束之前各种政治运动不断导致科研人员业务时间受到严重干扰而说：“科学技术人员应当把最大的精力放到科学技术工作上去。我们说至少必须保证5/6的时间搞业务，也就是说这是最低的限度。能有更多的时间更好。”

30多年后，科研人员还是无法保证“5/6的时间搞业务”。政治干扰变成了经济干扰，科研人员为了研究经费而奔波忙碌。

让科研人员感到更为难的是，许多部门都掌管一部分科研经费，而从做研究的角度来说单纯依靠一个部门的经费往往不够，因此需要多方支持才能完成一项研究。但每个部门对项目的管理办法、资金使用办法都有所不同，科研人员做一项研究就得向好几个部门交账。大量的中期评估、年终总结、检查报告等工作，以及繁琐的经费计算耗掉了他们的精力和体力。

有一位研究某种作物育种的中国工程院院士，对过度竞争的课题制科研组织方式打了一个很形象的比方：“就像是在钓鱼。管理部门一个指南下来，鱼儿们就往上冲。可许多鱼儿抢到累死也尝不到。科研人员静不下来搞研究，因为他没有经费，只有不断地写本子、跑项目。”

“为什么中国在奥运会上能够拿几十块金牌，可诺贝尔奖连边都挨不到？体育是中国的专业队打人家的业余队。科研上有很多却是中国的业余队打人家的专业队。”

这位院士说：“比如美国是固定的科研经费和竞争性科研经费各占70%和

30%左右，而中国的竞争性经费可能占80%至90%。钱不固定投，大家都得东讨西要，今年找点、明年找点，找得来就搞点，找不来就歇菜或转行。那不是业余队吗？”

由于国家对科研经费的投入长期以来并不宽裕，“鱼多饵少”，抢不上食吃的大有人在。在我的采访中，许多科研人员都希望，不要让他们再当“社会活动家”了，科研经费能够用法律或制度的形式固定下来，减少竞争性项目在财政经费中的比重。

但是，目前几乎所有农业科研经费都来自于竞争性的科技计划项目。这种貌似民主和公平的“海选”、“择优录取”，一年又一年地发项目指南、申报、答辩、评审，其实显示出科研管理部门并不是那么太清楚，在相关的领域里究竟哪个或哪些机构、哪些人员具有相应的研发实力。

这也不难理解，每个科技计划少则几十个项目、多则成百上千个项目，而且涉及方方面面、各种各类的专业领域，但监督检查却都要靠行政部门有限的几个人来管理，这些人年复一年地评审、监督和检查，可以料到实际效果如何了。

“大量时间用于应付形式上的东西，真正从事科研的时间不断被挤压。改革开放都30年了，我们难道还没培养出自己的主体研发优势吗？我们还不知道自己的主体研发人才在哪里吗？还要做许多无谓的竞争吗？”

中国农科院蔬菜研究所所长杜永臣质疑：“在政府职能转变的今天，行政部门应该考虑只制定规则和程序，退出具体琐碎的项目管理，充分发挥学术团体和社会力量进行专业水准的、民主化、透明化的管理，降低管理成本，减少权力交易机会。”

第二宗：贫富不均

"北京的一些大单位，有的专家几乎就是'科技老板'。"

说这句话的，是山东农业大学副校长董树亭。在他看来，大的项目总是由这些"科技老板"来主持，科研经费大都流向这些"大腕"。但当老板的自己却不用干活——他甚至都没有试验田，而是组织同行来做研究。

随着国家把"三农"工作定位成各项工作的"重中之重"，以及国家财力的增加，科研人员多年来经费短缺的切肤之痛大大减轻。尤其在一些国家级的农业研究院所和农业大学，各种仪器设备应有尽有，硬件水平并不亚于国外农业科研的先进国家。一些在政府部门有影响力的大牌专家，甚至能得到花不完的钱。

"给你10万块钱，你就给我干我要求的事。这种'科技老板'比煤老板还要富。"董树亭说，"这是科技领域这么些年存在的老问题。大家都喊经费少，其实最主要的不是钱的问题。"

他曾经参与评估一个超大规模的重大专项研究。几个老头老太太一边评项目一边心疼：国家拿这么多钱，这不是浪费吗？这得多少农民干一辈子？到底能搞出什么东西来？……

"客观地说，确实是能力强的人拿的项目多，能力差的拿的项目少。但往往是这个人有了名气，有时候项目就自动找来了，钱也特别多。"董树亭说，"有的人掌握的钱花不了，按规定花不了就要收回去，所以他们愁这钱怎么花。"

董树亭"科技老板"的说法，还算是委婉的。有科研人员用了另一个更"刻薄"的词："项目贩子"，意思和"科技老板"差不多。"项目贩子"的特点是"转包"、"分包"，许多所谓的联合申报、协作研究项目就是如此。

中国农科院作物科学研究所的佟屏亚研究员，在一次参与评审某单位两项国家重点课题时发现，每个课题都拼凑了同样的8位专家，只不过甲报告以赵姓专家主持，王姓专家殿后；乙报告是以王姓专家主持，赵姓专家殿后。

“这样凭借‘专家’、‘权威’群体优势可以较容易地拿到许多课题，实际上大多是挂个虚名，甚至当个‘二道贩子’转手又承包给了其他单位。”佟屏亚说。

国家对农业的管理是多部门、多渠道的分段管理，各个部门对农业科研都多多少少有投入，导致农业科研经常在一些领域出现重复投资。特别是面临一些热点问题时，项目就更显得集中了。一家省级农科院仅是以玉米、大豆、水稻三个作物研究为核心的各类研发中心、实验室等就有33个，分别来自于国家和省级不同部门。

由于立项一般都要求科研人员有前期的研究基础，这些钱有许多就集中在某一个或几个人手里。有的专家一个人一年的科研经费，甚至相当于西部一个县的全年财政收入。

在科技界（而非仅仅是农业科技界）流传这样的说法：评价一个科研人员的成绩大小，不是看他研究成果的大小，而是看他手头的项目经费多少。

山东省农业厅科技处调研员（公务员的一种非领导职务，级别相当于处长）于永德，长期以来的工作就是管项目，对此也痛感问题很多：

“说白了，项目给谁都没有原则性的差别。项目指南定的框框都很宽泛，符合要求的肯定有很多，所以管理者手里的自由裁量权很大。实际上，项目管理是什么？某种意义上就是分钱。各个部门都有，各个层次都有，‘天女散花’一样。”

他接着说：“所以，专家写材料的时候能那么深入吗？今天这个材料交给你，明天再拿同样的材料争取别的项目。头脑机灵的要项目容易，有关系的要项目也容易。如果这个专家虽然很能干，却不会写、不会说、不会跑，那就完了。”

“项目管理异化成了摆弄人，有时候让人很无奈。这种管理方式培养了一批科技界能说会道的人，材料很花哨，但实际工作什么都没有。我跟你喝一晚上酒，20万、30万的经费就来了，但我若整天泡到试验田里，能得到什么？”

他还说道：“要是真有大本事，在试验田里连续干上几十年，培养出几个好品种，一定会被社会认可。但真正有那种毅力、能耐得住寂寞而且能出东西的专家实在太少了，而那种真正不想干事儿的人其实也不多，大多数还是跟政府，跟风向，先把日子混下去。”

中国科学院院士、生物学部主任邹承鲁2006年在《科学时报》撰文指出：“现行的科技体制在对科学发展至关重要的经费分配问题上，存在着严重的错位。”

“在同行评议中从同行的‘选择’开始，一些懂行而不听话的专家常常被推到不参与评审，并且没有发言权的位置。这些都不可避免地引入个人因素，科技界的专业标准就会被人际政治所替代。”邹承鲁的文章指出。

中国科技界这种贫富不均的现象，甚至引起了国外专业媒体的关注。

2006年，颇受中国科技人员青睐的《科学》杂志发表了一篇题为《丑闻动摇中国科学（Scandals Shake Chinese Science）》的评论。文中指出：“科学在中国太容易受到权力交易的影响。经费申请是否能成功，更多地取决于研究者与有经费批准权的管理人员和政客培养的关系，而不是其课题的质量。”

这篇文章还披露：“教授们的收入往往与他们能够获得多少项目资金挂钩，从几家大学的资助经费管理文件看，有些大学教授从资金中的提成高达40%。”

这真令人汗颜。

为了改变少数专家占有大量科研资源的局面，“十一五”期间中央财政对农业科技投入结构进行了较大调整，增设了“中央院所基本科研业务费”，也就是给每个中央级公益性研究所一笔研究经费，由各研究所自主安排项目，多则上千万，少则几百万。

这个研究经费的支持方向只针对40岁以下的中青年科研人员，以及承担国家科技计划项目排名第四以后的科研人员。个人创造力的黄金时期是三四十岁，但以现在的论资派辈，这些人基本不能作为第一主持人主持项目。说白了，这笔钱就是扶持各中央院所有苗头性的研究领域、又不能在国家科技计划中立项的研究。

应当说，这是对常年很少得到“阳光雨露”的科研人员一件非常大的好事。可没想到的是，不少研究所一对照这两个硬性条件，发现能承担项目的人太少，钱还花不出去。为什么？

原来，长期以来科研机构只注重本单位有竞争力拿到项目的个别领域和个别人，研究机构的科技资源、人才队伍配备都是按这个设置的，而其他的基本不作考虑。在这种情况下，没有项目支撑的科技人员很难生存。

等到研究机构得到这笔能够自主安排项目的钱时，他们发现：一是没有新的研究内容，因为已经不知道生产上需要研究什么内容了，所以这笔钱设置的内容只能是变换了名称的重复研究；二是没有40岁以下的人，因为科研单位进新人，只能是有项目的人才进，所以基本上40岁以下的人很少了。

最后的结果，就是钱花不出去。

以中国农科院的作物科学研究所为例。这个所拿到的中央院所基本科研业务费在农业部所属的29个研究所中最多，大约1300多万元。在操作过程中，负责人发现这钱花不了，因为40岁以下符合条件的科研人员没几个，并希望项目主管部门能放宽年龄条件，但被顶了回去。

不能不说，项目管理办法是合理的，不合理的是研究机构学科、梯队设置。

作物所的人员基本上是以小麦、玉米育种为主，以及一些种质资源研究，因为就这些学科拿的项目多，因此所里进人也以这方面为主。但一些公益性的、生产上最需要指导的研究，比如作物栽培、种植制度等却日益萎缩，人员非常老化，很难替农业部起到指导全国农业生产的作用。

研究机构总是喊科研经费不足，当投入增加后却又花不出去。这个问题揭示出我们多年沿用的研究套路到了非要调整不可的时候了。

第三宗：各自为战

山东农业大学科研处处长米庆华讲了一个故事：当年他申报农业部的一个项目，从技术上来讲比南京某研究所要强，但由于人家是农业部的直属单位，这个项目最终还是花落旁家，与他擦肩而过了。

"我们是地方院校，过去这些条条管理的钱我们进不去。有些事明知道争取不来，可既然发指南了，为什么不去争一下呢？"米庆华说，"农业部还真接受了我们的申请，可惜评完了就差零点五分。参加评审的专家对我说，你们做的比他们强，但是人家是亲儿子啊！"

在中国，任何一个机构都有自己的"婆婆"，农业科研机构自不例外。

中国有世界上规模最大的农业科研机构和科研队伍——有根据行政区划设置的国家级、省级、地市级农业科研机构，农业部管中国农科院，各省管自己的农科院，还有分别属于教育部和地方管的农业高校和综合性大学的农业研究领域。这是继承当年苏联"衣钵"、从20世纪60年代就形成的农业科研设置结构。

在目前农业高校和农科院谁也取代不了谁的情况下，这两大系统本该有所分工侧重，比如大学除了教书育人，研究方面要更偏向基础性的科学问题，而农科院系统要更偏向应用性的技术问题。就像是有的树主要是用来保护生态环境、有的树主要是用来结果子的。

遗憾的是，这两棵树一直以来不分彼此。由于缺乏系统设计，家家户户各过各的日子。两者职能定位和分工不明确，经常互争资源、不相往来，造成了体制性的资源浪费。

各级各类农业科研机构条块分割，交叉重复，难以组织跨部门、跨地区的合作，研究内容趋同，甚至是低水平重复。中国农科院原科技局局长信乃诠对这种“上下一般粗”的现象深有体会：“国家级的干什么、省级的干什么、地市级的干什么，应该有明确分工，可现在大家都围着项目争，谁争到了谁做。”

“搞育种的、土壤肥料的、植物保护的，几乎每个省都有。当然农业是有区域性的，但不能都在一个水平上围绕一个项目搞重复研究。这个情况‘十五’以来更严重。”他说，“科技资源怎样合理分配和使用，根本没有人管。”

针对各个相关部门之间的课题交叉重复的问题，信乃诠曾多次向上反映。

“科技、农业等部门，甚至一个部门内部，重复的计划就有很多。各个计划之间都在互相抢地盘。”他说，“这几年比较时髦搞生物技术，实际上新领域有大量的重复。咱们自己的基因没有几个，好多都是从国外拿过来的，真正创新性的工作太少。农业科研现在基本上都是跟着国外走。国外有什么，我们就如法炮制。”

近几年，科研机构的“婆婆”们也开始打破部门界限，尽量做到“一碗水端平”。但由于“婆婆”们本身就很多，从管理者的层面就没有实现整合，导致农业科研重复、分散、琐碎，不可避免地造成资金使用效率和整体运行效率低下。

有个例子就很能说明问题：2005年南京农业大学承担了239个项目，总计经费7673万元，这些项目来自中央部门9个部委的38个计划，来自本省16个厅局的29个计划，来自其他省市、国际合作、校内自选、横向课题等10个计划。都是一个一个的“计划”，可整个来看却毫无计划。

973、863、985、211、948之类的用数字代码，如果不是圈里人根本搞不懂其实代表的是一个个不同的计划。有些偏重基础研究，有些强调应用技术。但事实上这种人为划分科研的方式，使得研究与应用之间互不衔接、互不沟通，各自强调各个环节和个体的作用。

这种“撒胡椒面”式的多头立项方式，还造成了农业科技的研究计划、转化计划、推广计划、产业化计划互不衔接，科研、推广、教学队伍与产业队伍和企业队伍互不沟通，庞大的农业科研体系脱离了庞大的农业产业体系。

“从中央到地方各部门的各类科技计划中，从基础研究到应用技术，从产地到餐桌的各个环节，究竟设立了多少个项目正在进行研究，究竟有哪些人在从事哪方面的研究，究竟有哪些技术已经研发出来，哪些技术正在推广，哪些问题没有研究，没人能说得清楚。”

农业部副部长危朝安在一次与科研人员的座谈会上说：“几乎我们的每一个农作物、每一个农业产业恐怕都说不清楚这些最基本的东西。”

其实这也是当年科技体制改革的一个动因。政策的制定者和推动者们试图通过类似国企改革“壮士断腕”式的大动作，精简压缩出一支或几支高素质的、干练的农业科技队伍。

2001年，科技部一位负责人在一次座谈会上说，中国拥有世界上规模最庞大的农业科研机构和队伍，但人均农业科研人员投入不足发展中国家平均水平的一半。青岛一地集中了大大小小的海洋类科研机构近20家，专业设置大同小异；有一个城市研究小麦育种的单位多达14家以上，同一单位又有若干课题小组，任务基本相同。类似这样的现象还很多(1)。

“科研机构在分布上条块分割，归部门、地方所有，难以做到跨部门、跨地区的竞争择优。”这位负责人说，“研究院所之间、研究院所内部各实验室之间相互封闭，缺乏科技创新所必需的学科交叉与人才流动，专业陈旧、设备老化问题比较普遍，成果产出率低；同时，由于工作、生活条件差，一些年轻有为的科技人员纷纷出走。”

但是，用市场化的指挥棒作为改革催化剂的良好愿望并没有完全如愿，课题制的竞争套路却延续了下来，造成了科研管理上大大小小的课题林立。

一些上年纪的科研人员至今仍对早年间（课题制推行前）参加全国性的联合

(1) 徐冠华：《创社会公益类科研机构改革工作的新局面——在社会公益类科研机构改革工作座谈会上的讲话》2001年8月30日

育种大攻关念念不忘，那是一个靠激情做事的年代。还有科研人员无奈地说，现在搞科研是：有目标无方向、有同行无同志、有组织无依靠、有支持无支撑。

显然，课题要靠竞争获得，科研人员彼此就成了竞争对手。科研单位一旦项目拿到手，恨不得从研究到产业化到市场营销都是自己来，所有环节的好处都不给别人，各种技术创新功能“集于一身”，结果出现“大而全”、“小而全”的封闭技术创新结构，有限的科研力量高度分散，技术创新成果根本用不到生产中。

有意思的是，在现实中往往这种“各自为战”以一种隐蔽的方式存在着。在参与项目竞标时，经常有若干专家采取“合纵连横”的策略组成一个课题组，成功后再根据实力大小来分账。回头到了该交成果的时候，大家再第二次联合起来。

这是争钱的联合，或者干脆叫凑合。

在吉林省农科院院长岳德荣看来，农业科研领域的最大问题并不是经费不足，而是不能合作，形成合力攻关的局面。

“你是主持人，其他人跟你干，我只能排在你之后。但考核评职称时只看前面的。评院士的话一般只看第一位是谁，评教授什么的只看前两位。那我凭什么给你干？当‘凤尾’没什么意思，还不如当‘鸡头’。”他说，“结果就是项目越分越小，课题越做越散。实际上国家总体上投的钱并不少，但是浪费严重。”

岳德荣举了一个例子：育种一般分四个步骤：研究资源、自交系、配制组合，以及品种测试，每个步骤里面又有很多环节。国外商业性的育种公司怎么做？每个环节一个专家，专门研究这个环节，分工非常专业，每一个人都不是完成整个全过程，而是就像工厂的流水线一样，有了结果后就进入下一个环节。其实所有的现代工业都是如此，育种实际上也是一个系统工程。

“国内的情况呢？我是主持人，你给我钱了，我就从头做到尾。这种作坊式的研究，怎么能和人家国外公司竞争？而且大家还互相封锁，我做了一套，另外一个大专家要来一笔钱，就又做一套。”岳德荣说，“从中央这个层面开始就没有形成统一的计划。一会儿这个题目，一会儿那个题目，各个部门都是搞自己的，这怎么能行？任何一个国家没有这样花钱的。”

第四宗：厚此薄彼

几年前，一场“大菱鲆风波”差点毁灭了一个产业。

在上海的一次水产品市场检测中，来自山东的大菱鲆，也就是老百姓俗称的“多宝鱼”，被检测出了违禁药品“孔雀石绿”。

这是一种杀真菌剂，又是染料，具有高毒素、高残留和致癌、致畸、致突变等副作用。

谁添加的“孔雀石绿”？为什么要添加？

媒体的调查发现，在从鱼塘到当地水产品批发市场、再到外地水产品批发市场的过程中，大菱鲆要经过多次装卸和碰撞，鱼鳞容易脱落，这会引起鱼体霉烂，鱼也很快因此而死亡。

为了延长存活的时间，许多贩运商在运输前用“孔雀石绿”溶液对车厢进行消毒，而且不少储放活鱼的鱼池也采用这种消毒方式，甚至一些酒店为了延长鱼的存活时间，也用这种工业原料进行消毒。

那场风波导致大菱鲆这个不到10年功夫迅速发展到产值超过40亿元的大产业几乎“全军覆没”，沿海的六七百家养殖场纷纷倒闭。

再进一步探究可以看出，尽管事件的直接原因是使用了违禁药品，但其深层根源在于产后运输和销售中的防腐问题一直没有人去研究。

进入新世纪以来，农业生产的任务已经不单单是为社会提供充足和丰富的农产品了。在满足数量的同时，食品安全问题越来越受到关注。老百姓从“吃得饱”到“吃得好”，再到“吃得放心”，跨越了一个时代，也对农业科研人员的工作提出了更高的要求。

但是，长期以来形成的产量意识仍盘踞在一些主管农业科研项目的政府官员头脑里，他们的眼睛总是盯着栽培、植保、土壤营养、养殖等产中技术。

有重复肯定就有缺位。

比如，农产品的多用途利用、贮藏加工运输等产后技术方面，虽然对整个产业的影响越来越深远，但其科研却严重滞后。

再以小麦产业为例。

根据农业部的一项统计，全国从事小麦产业研究的557位科研人员中，与育种及相关栽培技术研究即产中研究的为536人，占96%左右。这显示出，尽管这些年开始重视产前产后研究，但科技资源配置上仍没有大的变化。

即使都是产中技术，因品种有所不同，得到的待遇也大不相同。

在作物领域，长期以来粮食占大头，特别是水稻、玉米和小麦这三大粮食作物，一直是农业研究和推广的主体——其研究人员、研究课题和研究经费约占全国农业研发的60%以上，其他果树、蔬菜、经济作物、畜禽、水产等众多品种分享剩下的不到40%的研究资源。

再进一步说，粮食的研究中又以新品种培育为核心，其研究人员、课题和经费约占粮食研究的60%以上。

一些出口创汇与农民增收密切相关的产业、传统优势产业，其研究设施手段、研究人员和课题都明显偏少。

比如，绿豆、红小豆和芸豆这“三豆”，虽然在国内的种植面积相对不大，却占中国原粮出口的40%，其中芸豆占国际市场芸豆贸易量的80%以上，而且一直很稳定。

但是，研究这“三豆”的科研人员很少，更无专门的研究机构，研究内容也主要局限在品种筛选上。有的产区绿豆蟓甲等病虫害呈上升趋势，却基本上没有人研究。

何止是这三种小豆子，甚至就连大豆这样从北到南广泛种植的重要作物也关照不够。

南京农业大学植物保护学院的植物病理学专家王源超说："美国搞大豆病虫害相关工作的有上百人，可中国零零星星加在一起搞的不过几十人。而且大都是有了钱就拿来捎带做一点。可是中国大豆分布广，生态条件复杂，要做的事情实在太多了。"

在他看来，对大豆病害的研究水平，中国至少落后美国20年。

课题设置"厚此薄彼"的不光是产后科研，许多作物、畜禽产业，育种前的一些基础性研究也没有得到充分重视。

仍以大豆为例，差不多20年前美国对大豆病原菌、抗病基因等"前育种研究"就非常到位，在这个基础上通过抗病材料的应用基本上就能解决生产问题。

而国内这一领域，至今还缺乏专人对育种材料进行不同病原的抗性特点分析，对育种资源的缺乏系统了解，这也导致许多品种难以长期保持抗病性。

"没有基础研究的费用，没有稳定的队伍，大家只能'头疼搞点药膏来抹一抹'。"王源超说。

一直以来，王源超仅靠国家自然科学基金每年给他的二三十万元来支撑自己的研究。

"这钱能干点什么？养两三个学生，在实验室里做点工作，还不敢做多了。再发表三四篇文章。就是这样。到田里去，路费都不够。"

农业科研是一种生命科学，研究的是复杂的生命现象，而课题制却人为地切成了条、切成了块甚至切成了丝，农业科研成了一个一个相互缺乏关联的技术。

如今，每一种农产品都是"从农田到餐桌"的产业，每一个产业都有不同的链条，每一个链条都需要相关的研究。这些研究应该是环环相扣、紧密衔接的，一个不能少。所以，农业科技更需要将各个点的技术有机联结起来，形成系统性、综合性技术。

许多科研人员反映，目前课题的设置缺乏系统性，单项技术占了大头。

在各类科技计划中，90%以上是单个品种、单项技术、单个工艺的研发，研究虽然越来越深入、越来越细化，但系统性的技术少之又少。

由于单项技术大多是“硬技术”——即有形技术，这些研究成果看得见、摸得着，容易评价，因此也容易得到课题支持。

一个有意思的现象是，公共财政支持最多的农业科技领域，往往也是赚钱最多的领域，有形技术特别是以产品形式为载体的技术如作物杂交品种、肥料、农药、疫苗等，目前都已经相对成熟并进入市场化阶段。

而那些无形的、带有公共服务性质的“软技术”特别是制度性技术获得支持的机会却很少。

比如实行能量多级转换达到节能减排的农作制度、以肥水量化和生物物理防治为核心的果园综合生产制度、以养殖业关键危害点控制为核心的HACCP制度等。

山东省农业厅科技处调研员于永德说：“一个项目动不动50万、100万，都是上面来定，他知道什么啊？既不了解项目单位的情况，又不了解技术的科技含量，更不了解适用性，我真是不理解。你知道科研人员为争取一个项目得跑多少趟、送多少钱吗？”

于永德有些激动：“科技管理变成具体的项目管理，实在是太庸俗了。中国农业科技真正要做什么？科研人员需要什么？管理部门应该为他们提供什么样的支持？政策性的问题没有人去研究，大家都去管着一批又一批的项目，这是最大的失误。”

第五宗：你好我好

“立项前有条子，论证时有票子，中评时有路子，验收时有法子。”这是我采访过程中听到的一个非常形象的顺口溜。

科研领域实施课题制以来，立项实行由专家评议和政府决策相结合的审批机制，以确保课题立项的科学性。但中国是个人情社会，在某个领域里往往参与评议的专家就那么几个人，大家又都是既当“裁判员”又当“运动员”，今天我报的课题你来评，明天说不定你报的课题就是我打分。加上不少申请者辅之以一些“非常手段”，评议专家心知肚明，皆大欢喜。

中国农科院作物科学研究所的张世煌研究员曾经就参加过一些这样的评议。慢慢地看多了，他感到这种少数专家参与评议的立项过程根本不科学，因此就再也不参加这种活动了。

“专家坐在一起开会，其实是我说我想做的、你说你想做的、他说他想做的，项目指南就是这样做出来的。”张世煌说，“整个立项过程不是通过系统地调查研究来的，很多时候是看这个处长怎么说、那个处长怎么说，揣摩他们的意思，还要把自己的利益写进去。都是这么干。”他承认，以前自己也曾经干过这样的事。

到了课题结题、需要交差的时候，一般都得开验收会、鉴定会。程序大体上都是由承担单位提供材料、主持人作报告、专家们询问，然后给出验收或者鉴定意见。不少验收或者鉴定意见都是被验收或被鉴定的单位事先起草好的。

这种方式，用专家自己的话是“没有通不过的验收、没有完不成的任务”，很多成果鉴定都是“国内首创”、“填补国内空白”甚至“国际领先”。而即使考核指标有具体的硬杠杠，专家们也能应付。

“专家要想在哪个试验田里给弄得漂漂亮亮的，增产10%甚至更多些，他都能做到，专家们对付管理部门很容易。”张世煌说。因此，对科研人员来说，最重要的工作是申请。经费到手，成果不是问题。

中国工程院院士、中国水产科学研究院黄海水产研究所研究员雷霁霖说：“项目争取到了以后，交差就很简单了。下来一个人，我们自己找几个专家来评估评估，一般都会说好。最后要的，就是我们交出来的一个大厚本子就可以了。”

2005年，由全国政协教科文卫体委员会办公室、科技部发展计划司和国家科技评估中心等组织了一项调查。在151位给出问卷答案的全国政协委员中，高达57%的委员认为“科技评价中存在重形式走过场、重数量轻质量的倾向”。这些全国政协委员有近九成参加过各种项目以及科技成果的评价。

从写项目指南、组建队伍、申报、评审一直到验收的过程，基本上都是在一个学术圈子里转悠，有的科研人员把这种现象叫做“专家卡拉OK”。

董树亭过去就经常唱这种“卡拉OK”。一次，他在北京参加评议一个项目，被评议者是他的朋友，也是同行。满分40分，他给对方打了37分，认为这已经很高了。可是几个月后在另外一次见面时，这位同行一见他就骂：你干嘛给我扣3分？

“科学家忙应付、忙请客，互相验收，互相鉴定。有时候你打分打低了，人家都还不高兴。同事之间、同行之间、朋友之间，不好办呀！”董树亭感慨地说。

“大家都是朋友，你也不好意思不让人家通过。”董树亭说，“如果对对方负责任的话，就批评上几句，当然该给他通过还是要通过。不负责任的话呢，就一片掌声通过，这个事就结束了。过去的科研体制基本都是这样。”

全国人大常委会副委员长韩启德2001年在参加一个论坛时，痛感具有原始创新的研究成果太少，认为最重要的原因是学风上存在问题，学术环境和学术土壤出现了问题。表现之一，就是缺乏真正的学术批评。

"奖励评定、学术成果鉴定，论文审阅中不符合实际的'国际先进水平'、'国内领先'等评语、结论比比皆是。实质性的批评意见很少有人敢提。权威的意见不能碰，'大菩萨'拉来当门面。"韩启德说(1)。

第六宗：高高在上

科技界有一句人人皆知的口号："促进科研成果转化。"这句话时常出现在各级、各类政府部门的文件和领导讲话里。

也许我们可以换个角度看这句话——为什么科研成果要"转化"？难道不能从研究开始就瞄准现实需要吗？

这自然与科研目标有直接关系。

由于科研人员大部分的科研任务最终目标都是"出成果"，鉴定完了或者拿了奖，任务就算完成了。从个人动机来看，没有需要"转化"的内在需求——除非是育种者培育出新品种，并且能和所在单位达成利益上的一致。

清华大学一位教授说过："发达国家不存在没有商业目的的研究工作，也就没有科技成果转化的提法 。"

据统计，中国每年大约产生6000~7000项农业科技成果，但转化率仅为30%~40%。大部分成果被束之高阁，大量专利、成果躺在资料库里睡大觉，农民、企业却用不着。个中原因，虽然包括生产方式、机制体制、推广体系、农民素质等科研人员无力解决的问题，但这些问题那些能够转化的成果也同样会面对，为什么人家就能够转化？

山东省农科院曾经作过一个调查，结果表明：

---

(1) 李京华、江涛：《韩启德院士批评急功近利与浮躁学风》，新华网2001年12月27日

目前的农业科技成果中受农户欢迎并积极应用的“热型成果”仅占成果总数的10%左右，加上一定配套服务才能接受的“温型成果”约占40%~60%，另外约30%~40%的成果属于农户不感兴趣、不愿意接受甚至拒绝接受的“冷型成果”。

这意味着什么？很多科研项目从立项开始就无法转化，从选题立项开始就脱离生产实际。这是管理者很难承认和接受的事实。

当然，一些基础性的、位于产业链条中上端的科研项目可能将对学科发展和农业的未来具有重要意义，但中国农业当下的很多现实问题得不到解决、农民在生产中的技术需求得不到满足，这个问题的存在本身就说明那些孤芳自赏的科技项目难有作为。

西北农林科技大学教授、苹果专家韩明玉，作为国内这个领域非常有名的专家，就经常被一些项目主管部门请去参加项目指南的确定。

“经常是主办方先把大的原则说一下，然后几个专家议一议、提一提，很随意。”他说，“往往都没有通过生产上的充分调研，专家们之前也没认真的考虑，那些指南都是请专家在办公室写的东西。发了以后大家就一拥而上。”

象牙塔里的许多农业科研人员，喜欢追求“高精尖”的前端技术，无论他们位居塔尖、塔中还是塔底座上。

这几年转基因研究风靡一时，就是这种学术风气的最集中体现。从国家级的研究院所到各省、地市级各类农科所、农业大学，专家们开口必谈转基因，仿佛是一剂救世的灵丹妙药。

“资金投入的价值取向有问题，过于追求高新技术。”中国工程院院士、沈阳农业大学水稻研究所所长陈温福，在2010年全国“两会”的小组讨论上发言时说，“研发转基因等高新技术没错，但是我们要看到，在未来10年内支撑我国粮食安全的主要还是常规育种技术。而国家现在过多地把资金投向转基因等高科技。”

新的农业科技成果层出不穷，可农业上的新问题也层出不穷。

有些“经验丰富”的专家“嗅觉灵敏”，一看到生产上出现了问题或灾情，马上向各类项目主管部门打报告要求立项研究。问题一出再出，课题一轮又一轮地设立，却似乎永远也找不到有效的解决之道，甚至连储备性的研究都积累不下来。

另一方面，科研中诞生的很多成果并没有在国家大的科研计划中立项。

比如，南方冬季马铃薯稻草覆盖免耕栽培技术、西北压砂西瓜种植技术等，这些成果不生拉硬套所谓的先进理论、没有令内行也很难看得懂的图表、模型，但由于紧贴生产实际问题，技术操作简便、投入不多、效益不错，所以得到很多农民的欢迎。

这样的成果甚至都不用农技推广部门花太多力气就能很快推广开来。

那些居庙堂之高却不忧其民的科研人员，那些高高在上不食人间烟火的项目管理者，难道不应该有所反思吗？

“说到底还是我们的考评体系出了问题。”中国农科院油料所所长王汉中评价说，“现行的大学、科研院所都是SCI导向，而不是看产品、技术的市场覆盖率，强调发表高水平学术论文、申请专利、申报各级各类成果奖等，并由此直接决定广大教学科研人员的职称评定、职务晋升、福利待遇等切身利益。”

1978年5月11日，《光明日报》发表了一篇著名的文章：《实践是检验真理的唯一标准》，引发了政治界、学术界的一场大讨论，并成为改革开放以来最具哲学意味的一句口号，也为农村家庭联产承包责任制改革及其推动的城市改革等提供了思想理论支持。

30年过去了，仍有许多科研人员并不把实践作为检验他们成果的标准，更没有作为唯一标准——尽管在论文或成果报告中都要提及创造了多少“经济效益”、“社会效益”以及“应用前景广阔”。这些所谓的“经济效益”多数是估算、预测出来的。

有谁会较这个劲去检验一下真伪呢?

第七宗:急功近利

猪饲料的营养需求、营养需要、营养参数,这三种表述方式有什么区别?

答案是:没有区别。

但是,这是广东省农科院院长蒋宗勇当年陆续申报过的三个课题的三种说法。

为什么?

“每一次科技项目的五年计划,同样一个研究领域就得不断换新名词。不换的话上面就不支持了。”蒋宗勇说,“他会觉得怎么老是‘长青树’?老是这个题目,怎么支持你?”

当年他跟着导师一起做动物营养研究,在国内算是最早的了,主要就是研究牲畜每天应该吃多少蛋白质、多少赖氨酸、多少能量。

应当说,这是一项基础性、长期性的研究,确切地说是一个研究领域,而不是一个研究项目。比如,随着育种的变化、养殖方式的变化、养殖环境的变化、人们对肉质需求的变化等等,都需要做出相应的营养方面的调整。

“也不是说非要一下子给多少钱,但是不要让大家今天折腾这个、明天折腾那个。很多时候就是这样——其实做的是同一件事情,但就是得想各种办法把这个项目弄来、那个项目弄来才撑得下去,只好做些‘挂羊头卖狗肉’的事情。”他无奈地说。

所以，如果单看蒋宗勇的研究名目，或许以为他这些年来都是在为课题而搞“万金油”，可事实上，他工作20多年一直都是执著地研究猪的营养问题。标新立异搞新词，纯粹是为了申请课题不得已而为之的事。

“农业科技最需要体制解决的，就是长期、稳定的支持，这一点非常重要。”蒋宗勇说，“比如美国的柑橘育种做得很细，他们农业部就那几个人，几十年一直在做，国家一直给这项研究稳定的经费，其实也不算很多，就那么一个项目长期支持搞。所以你看，他们育出来的柑橘品质很好。这是科技界都比较羡慕的一种体制。”

另一个发生在植保领域的事更典型：

近几年南方的水稻田连续多年暴发稻飞虱。在高温湿热的夏季，随着水稻的渐次成熟，这种小小的迁飞性害虫从东南亚一路向北，经两广、两湖再到江浙一带，几乎席卷整个南中国，给水稻生产带来毁灭性的打击。

防治稻飞虱传统上用的是一种叫做吡虫啉的农药，但由于多年来单纯依赖吡虫啉，稻飞虱的抗药性大大增强，这种曾经很高效的农药不管用了。过去一亩地只需1克药就能杀死95%以上的稻飞虱，但现在用几倍的农药也只能杀死60%的虫子，而且药效持续时间由原来的一个月骤降至一周。

南京农业大学植保学院的农药专家沈晋良，是研究稻飞虱等病虫害防治方面的权威。稻飞虱一暴发，当地政府部门就找他支招，要多少钱给多少钱。可是沈晋良说，给的钱再多也无济于事。

虽然他过去的法子挺管用，研究也有个很好的基础，但防治稻飞虱需要长期跟踪研究抗药性的变化等情况，他过去曾经向一些项目主管部门申请过研究经费，每年只需二三十万元，却一直没有得到支持，无奈只好作罢。等到新问题出现的时候，亡羊补牢为时已晚。

这样的窘境，不是只有蒋宗勇、沈晋良遇到过。

事实上，研究课题缺乏长期性、系统性，是很多科技人员普遍反映的一个大问题。

农业科研的对象是各种各样的生命——动物、植物、微生物，科研活动不能不遵循生物的生长发育规律。比如，粮食、棉花、油菜等农作物的育种周期为8到10年，而茶、桑、果、畜、禽、水产等的育种周期更是长达20~30年。

但是，现在科研管理上充斥着急功近利的思想，从制定指南时就喜欢追逐热点，很多项目又只支持三五年甚至一两年就要求结题，许多课题在申报时就要求科研人员未卜先知，必须写明技术路线、实施步骤、经费使用、推广效益。

这种浓厚的计划经济式的苛求，除了逼得科研人员胡编乱造、学术造假，还能有什么好办法？

小麦专家许为钢谈了他申报项目的一个“经验”——滚动。

“经费来自于项目，你得不停地申报项目。三年、最多五年。有些事研究得差不多了，你再把它申请个项目，这个钱才能把半成品继续研究下去。你可能就把一半的经费用到下一个半成品的研究上。”他说。

“创新”是这个时代的流行词。

“创新型国家”、“原始创新”、“科技创新”、“创新主体”……遗憾的是，科技界的原始创新极少、具有自主知识产权的重大发现极少。过分强调科技功利价值的管理思想难脱其咎。

要求科研人员“只许成功，不许失败”，缺乏宽松和宽容，不理解、不信任他们，给科研人员在自由王国中的探索加上了一条又一条沉重的枷锁。

比如育种研究，虽然各类农作物（尤其是大宗作物）新品种数量很多，但是许多品种相互没有太大差别，因为育种者们用的材料都是司空见惯的——为了保证快出成果。

大家都不愿意冒太大的风险，如果研究跨度太大，出不来成果的风险大、耗的时间也长，自然不划算。两三年要是出不来成果的话，你就被淘汰出局了。

也许，我们需要换一种看问题的方式了，“失败是成功之母”的古老格言在科研领域永远也不过时。

北京市农林科学院的桃专家姜全说：“相比之下，桃树的育种算是各类水果中比较短的了，这也需要至少10年。可是三五年一个课题，项目合同能第一年末签订就不错了，等经费下来就更晚了。干个一两年，中间还要搞个中期检查。后一年的上半年就要开始准备总结。三年白手起家你能育出品种？这不跟蒙人差不多吗？大家要是不浮躁才怪！”

姜全认为，国家的体制是五年制订一次计划，财政预算是一年编制一次，今年的钱今年花、明年的钱明年花。可是，今年不能预算出今后10年的钱来，这种体制跟科研需求不相吻合。

事实上，蒋宗勇、沈晋良、许为钢、姜全，是能够坚持自己研究方向的科学家们。还有一些科学家无力或者不想去坚持的，就不断转换研究方向以拿到各类项目。这一方面使科研积累丧失殆尽，另一方面导致很多专家不专、八面玲珑。

“结合实际的育种应当没有年头限制。作物不同，育种周期也不尽相同。不能规定是三年还是五年完成任务。”姜全说，“你把育种方案确定好、我组织专家审批，经费要有限度，要根据实际需要和国家的财力，不能你要多少就给多少，因为国家没那么多钱给你。然后，我会有阶段性的检查，你阶段性地给我汇报出了什么成果，我来决定要不要你再继续做下去。”

采访中，有一名科研人员曾调侃地把现在某些科学家比作妓女——谁给钱跟谁干。

科学研究竟然真的沦落到如此地步了？！

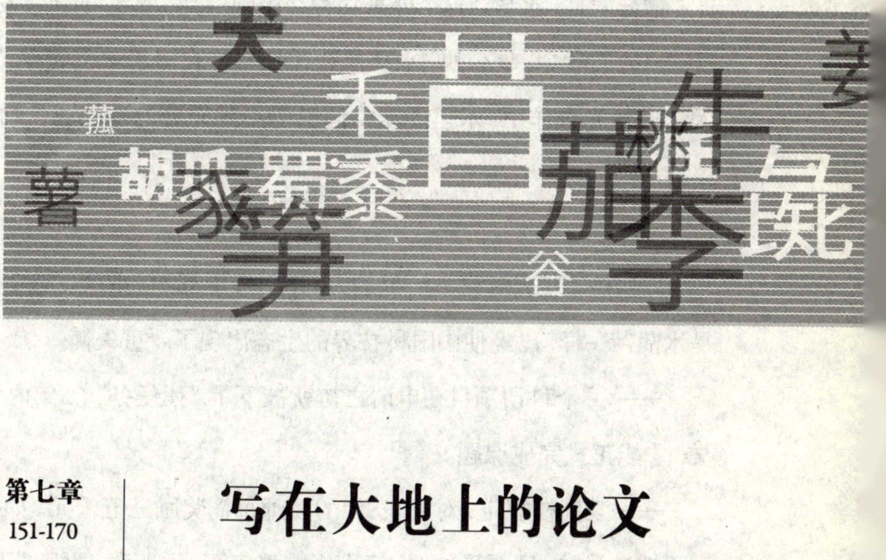

第七章
151-170

写在大地上的论文

搞科研的人都对“SCI”耳熟能详，这本来是个聪明的论文检索工具，可是如今，却成为评职称、发奖金的重要依据，被国际科技界调侃为Stupid Chinese Idea（中国人的愚蠢想法）。

科研人员希望摆脱这个枷锁，尽管很难，但一些人的确做到了……

留心一下你家的鱼缸，可能会发现一种叶片肥硕、须根发达的水生植物。它有个好听的名字叫凤眼莲，也叫水浮莲。因为它的根和叶之间有个像葫芦状的大气泡，所以南方许多地方又把它叫做水葫芦。

养在鱼缸里是因为它可以开艳丽的淡紫色花，而在南方它又曾是一种用来喂猪的饲草——这种来自巴西的植物，实在繁殖太快了，当初把它引入中国正是看上了这个优势。

糟糕的是，水葫芦这个外来物种在中国得到了畸形的超常发展。

因为天敌少、繁殖快，水葫芦往往把整个自然水域都覆盖了，其他水生植物无法进行光合作用，水里的动物们也得不到充分的空气和食物，从而导致生态灾难。

任何一个搞自然科学研究的人对SCI肯定都不会陌生，这个外来的东西就像是水葫芦一样，已经使中国科技界的生态出现了严重失衡。

——一个科研项目在申请之初就被下了“死任务”：5年内发表150篇SCI论文，才能正式完成课题。

——某高校规定，对发表SCI的教师每篇奖励三五千元。如果在规定时间里发不够数量的，还要受处罚，轻则影响涨工资、评职称，重则“下岗”。

——某大学规定，对申请教授（研究员）职务者有论文数量的要求，其中至少必须有一篇为SCI收录。而多数重点大学，都要求博士生必须发表SCI或者EI（工程索引）论文才能毕业。

……

“科学被SCI‘绑票’了。”这是采访中我听到的有关科研评价话题最精彩的说法，出自华南农业大学农学院副院长、大豆育种专家年海之口。

“大家的工作都是在天上飞呀飞，落不了地。真正生产实际需要解决的应用问题没人去解决——写论文有钱，解决问题没钱。”年海说。

SCI是美国科学信息研究所1961年创办出版的引文数据库，中文名称叫做“科学引文索引”，被认为是世界上最著名的科技文献检索系统。

客观地说，从SCI严格的选刊原则及严格的专家评审制度来看，它具有一定的客观性，较真实地反映了论文的水平和质量。根据SCI收录及被引证情况，可以从一个侧面反映学术水平的发展情况。

因此，许多国家都以被SCI收录及引证的论文情况来作为评价学术水平的一个重要指标。

但在中国，自从20世纪80年代末由南京大学最先将SCI引入科研评价体系以来，只几年的功夫，SCI就被祭上了神坛，成为一名科技人员考博、评奖、分房、加薪、评职等的主要指标甚至唯一指标。

各式各样对大学和各类研究机构的排名，也为SCI挥舞手中利剑提供了更大的场合。在这一大的“气场”中，被神话了的SCI论文得到了突飞猛进的发展。根据科技部《2010全国科技进步统计监测报告》统计，SCI数据库世界科技论文总数为144.2万篇，收录中国科技论文为12.8万篇，占世界份额的8.8%，排名世界第二。

“把所有搞高精尖的人和搞应用研究的人按同样的标准来评价，现在大学都是这样子，真是个严重的问题。”南京农业大学经济管理学院院长周应恒说，“应用研究就是为农民解决多少实际问题。但现在全国都是一个调门，一家说要培养研究生，全国都要。中国真要那么多研究生吗？现在我们的博士比美国的还多，但是质量不行。评价有问题。”

小麦研究是中国农业科研实力非常强的一个领域。根据国家小麦产业技术体系的一项调查，2008年全世界的科学家发表在SCI核心和外围期刊上、主题词有小麦的论文共有748篇，其中中国发表论文最多，共93篇，占总数的12.43%。其次是澳大利亚(68篇)、美国(51篇)。

但如果用在影响因子大于或等于3的期刊上发表论文数占发表论文总数的比例排序，则依次为美国、法国、意大利、德国、英国、澳大利亚、加拿大、中国。这说明，中国尽管发表有关小麦研究的SCI论文总数较多，但优秀论文比例较低。

当初大家纷纷看好SCI的初衷，其实是想以数字化的议价标准来改变人情社会的学术不正之风。但是由于在中国的滥用，SCI已经被调侃为Stupid Chinese Idea(中国人的愚蠢想法)。

其实，SCI本来是个很聪明的想法，是为了更好地让科技人员检索学问的工具，现在却成了"身外之物"的价值判别标准。如今中国的科技人员、尤其是在高校的科技人员，身体里已经有了SCI的基因。

在我采访的数十位科学家中，几乎所有人都认为，SCI本是个好经，但在中国念歪了。

"不管是基础科学还是应用科学，现在都误用了这个指标。"中国工程院院士、原南京农业大学校长盖钧镒说，"这是一个错误的导向，造成研究失调。投入那么多的经费，但是没有得到结果，特别是在推动产业升级上。"

盖钧镒认为，科学技术应当分为三个层次：一是发现新的理论、新的现象；二是发明新的技术；三是创造新的品种、新的材料。而SCI主要是强调第一个层次，但现在大家都把这个当作衡量标准，"万般皆下品，唯有SCI高"。

教育部副部长赵沁平曾在2006年的一次新闻发布会上说，国家每年花费巨额资金投入科学研究，换来的却是大量的"垃圾"论文，真正的科技创新却严重不足(1)。

---

(1) 刘宏鹏、李志勇：《新闻观察：高校为何那么能宽容造假？》，《新华每日电讯》2006年4月7日

在农业科技领域，这种倾向也许会造成更糟的后果，因为SCI离中国的农民太远了。

“我们评任何成果、任何项目，应用性强的文章也好，出的书也罢，评成果的专家都不看其他的，你到国外发的论文才算数，其他都没用。中国的研究论文都想办法到国外发表，中国人却看不见，发了以后对中国农业能产生什么样的影响？”广东省农科院院长蒋宗勇说，“可那也没办法啊，农民看得懂的、对农业有作用的，人家不当你那是文章，是个垃圾。如果这样的导向持续下去，问题会很大。”

有一次，蒋宗勇在科技部一个交流会上发表他的观点：从科技为经济服务这个角度来看，评成果比评论文强点。

“我只能这么说，评成果起码还考虑你对行业的贡献，还看实际的东西。如果只看论文，那咱们国家完蛋了。大家都上国外发文去了，发给老外看，中国的事谁办？”蒋宗勇说。

甚至，连老外都开始担心中国科技界的这种SCI综合征了。

2010年1月12日，英国《自然》杂志网站在线版头条刊文《中国科研，发表还是灭亡》，认为中国最近发生的一系列重大学术造假事件凸显，中国的学术评价系统过于强调发表论文。

“有太多人的生活和工作目的就是为了发表论文。管理层也是就图一个虚数，一说就是中国人在世界上发表了多少多少论文，比例占了多少。”北京市农林科学院研究员姜全对此颇不以为然：

“搞研究花的钱都是谁的钱？老百姓的，血汗钱也好，辛苦钱也好。把老百姓的血汗钱给花了，还不给老百姓干事，在外国杂志上登个文章，弄几篇中国人看不懂，外国人也看不懂的东西，为什么啊？这不是‘败家子’吗！ 我怎么也想不通。论文非得写成洋文，水平才算高？那中国的杂志干脆都关张得了。”

是因为中国的刊物发表文章更容易吗?

姜全说,有些外国杂志照样好发。有一次,一个澳大利亚学术刊物的编辑对他说,我们这很容易,外语写不好也没事,只要你写出来,我给你改外语。

“这样下去,要不了10年,中国所有的中文科研刊物全部完蛋。”姜全说,“我现在懒得看一些刊物了,因为有点出息的文章几乎不登。大家以后学中文都快没用了。”

是外语的刊物水平更高吗?也不见得。

姜全拿出一份别人送来的即将发表的英文学术论文对我说道:“这是一个博士写的。这点东西还够写一篇博士论文?写成中文的话,连个本科生的毕业论文要求都达不到,但写成英文就会被认为水平高。”

而且他认为,中国人关心的东西,跟外国人关心的可能不一样。比如某种病害,在中国可能不是个很重要的问题,但在有些国家可能就很重要,所以人家在这方面登的文章就会很多。

统计数字显示,从1999~2009年(截至8月),中国的科技人员共发表了64.97万篇论文,位列世界第5。但是,平均每篇论文只被引用了5.2次,仅为世界平均值10.06的一半。不少学者为了有更多论文被SCI收录,采取一些“伎俩”,比如将一篇论文拆分成几篇发表,或者将同一篇论文改头换面同时向几家期刊投稿。

媒体对这种现象曾经报道过许多事例:武汉某学院的一位教授,2003年共发表65篇SCI论文,平均不到一周就发表一篇。更有甚者,东北某大学的一对教授夫妻,平均一天就发表一篇SCI收录论文。

在采访中有位科学家开玩笑:评一个人够不够格当教授,就连小学生都能当评委——只要看看谁的论文数量多就可以了。

这种完全量化的评价方式,看似客观公平,但却被简单化了。以SCI为标志的“论文至上”主义,既然无法全面地评价复杂的科研行为,那有什么更好的评价办法吗？

真的很难。

山东省农业厅科教处的调研员于永德说："对人的评价办法，到现在也没有找到一个很好的办法。科研是人的思想智能结晶，跟对人的评价一样，你也很难对思想上的东西进行评价。看SCI也好，看成果也好，看推广效果也好，都只是对某个方面的评价。科学吗？肯定不科学，但要是说完全不科学，也还有科学的地方。"

尽信书不如无书，尽看论文不如无论文。如果有一天，一名科技人员突然被告知：你干得好干得坏，我们不看你的论文了，会不会感到无所适从？甚至，还知道自己做学问的目的是什么吗？

在现代农业产业技术体系所网罗的2000多名科学家中，很多人已经开始了这种转型。

2007年底，农业部和财政部联合启动了这个体系，先是选择了水稻、玉米、小麦、大豆、油菜、棉花、柑橘、苹果、生猪、奶牛10个农产品进行试点。在此基础上，2008年底全面启动了50个农产品的现代农业产业技术体系建设。当年，中央财政共投入9.675亿元专项资金。

这个体系一个非常鲜明的特点，就是不再把论文当作考核工作的依据了。

那，不看论文看什么？其实这个问题的实质是，不写论文干什么。

作为中央财政支持的现代农业产业技术体系，公益性、基础性工作是核心。每个产业技术体系都承担了重点研发、基础性工作、前瞻性研究和应急性任务四大类工作。成立这个体系就是要抓产业发展，目的性非常明确，一纸论文如果与产业无用，要他作甚？

"他们的考核是个全方位的评价，有点类似全民选总统，方方面面给专家打分。从目前来看成本比较低、效果也比较理想，是个好办法。”

于永德非常欣赏这一点：“你到银行办事，人家会让你按选择键，满意、基本满意、不满意，所以现在银行职工我感觉敬业多了。你不好好服务我就给你按个不满意，对不对？你服务的好坏由你的服务对象来评价，这是最客观的。”

“过去大家写论文写惯了，整个本子就找钱，找来钱了后写验收报告，然后就报成果、发论文，都习惯这样了。”于永德说，“进入这个体系不行了，没有一个很明确的标准，有的人就不知道该干什么了。因为原来都是给啥项目就干啥事，跟着政府的指挥棒跑，现在政府就给你一个平台让你自己干，反而找不到方向了，都不知道钱怎么花。”

生猪产业技术体系的首席科学家、中山大学生命科学学院副院长陈瑶生，就碰到过这样的情况。

“我们这个体系运行一年多后，大家基本上都逐渐找准自己的方向了。但是也有个别科学家还是很可爱，一根筋。”陈瑶生说，“有人就提出，是不是该给我定个合同？他习惯了被动式的工作安排，让他主动去做的时候反而找不到自己的位置。”

在推着科学家们走出去对农民、对企业搞培训的同时，陈瑶生也在对体系内的科学家进行培训，强化大家的产、学、研结合意识。

他说：“这个产业要求每个科学家都发挥自己的岗位特长，比如育种方面需要解决什么问题、防疫方面需要解决什么问题，需要在前期调研的基础上细化。这就不是我首席说了算的，我只能定个大方向。你是搞病的，就该知道怎么做了。你问我，我问谁啊？这个观念得转变过来。”

对于SCI，陈瑶生也有自己的看法：对待SCI的态度不能随波逐浪，一段时间把它捧上天，一段时间又“谈虎色变”。

“将SCI作为科研人员，特别是研究生培养的一个要求，其实并不过分，在如今科技全球化的时代，一个处于科技前沿的研究人员和未来的研究后备人员培养，不能把握现今专业领域的进展，不能将自己融入国际学术圈，不能不说是一个严重的缺陷。”

他接着说：“问题在于，SCI的选题也不要孤悬于产业问题而高高在上，在产业中发现问题，深入研究，也是可以出高水平的论文，能得到国际同行的认可，这没什么不好。”

作为日常考核的一个方面，体系管理办公室在互联网上建立了一个管理平台，日常文件往来、工作部署、信息共享等都通过这个平台来实现。

每个体系的科学家都有一个实名账号进入，其中一项重点工作是把自己做的相关事情填报在工作日志里，诸如培训了多少农民、近期的研究重点有哪些、开了个什么会，到哪个地方调查疫情了，等等。

这些信息每个科学家都可以看得到。虽然并没有要求每天都写，但时间长了谁做了什么，大家都一清二楚。

中国农业大学教授、奶牛专家李胜利对这种办法十分欣赏：“你知道，人都是有惰性的。以前专家们有谁写过日志啊？现在大家都写。到年底一看，你今年做了什么工作、他今年又做了什么工作，一目了然。这对自己也是个很好的总结。”

“这些东西假如你都没有，那你干什么事了呢？5年以后第一轮聘期结束，你就出去吧，别占着茅坑不拉屎。”他说。

体系的科学家每年要进行一次考核。日志作为平时的工作表现，是年底打分的一个参考依据。那由谁来打分呢？与以往对项目的评估不同的是，体系引入了“用户”的概念。

“过去我一个项目做完后，请上几个专家，那都是我的好哥们，大家喝点酒，这个鉴定就都通过了。现在考核我们的不是这些人了，是用户。”李胜利说。

他所说的用户，包括每个奶牛养殖大省的畜牧部门、科教部门、推广部门，以及三元、光明、伊利等这样的乳品企业。体系的组织者会对这些用户进行意见征求和对科学家打分。

“要是他们一问那些主管畜牧的领导或者企业，李胜利干得怎么样？人家都说不认识，那我工作就是失职，肯定干不长。”他说。

每个体系、体系中的每个人，都清楚自己该做什么吗？当然不是。所以，加入体系的每个科学家第一项工作就是搞调研。

“我们所有人的任务都来自于调研。养殖企业、养殖农户、行业协会、政府部门、出口协会，等等。我们先是摸清楚了奶业产业链每个环节最需要哪些方面的技术，然后进行充分的梳理，形成我们体系的研究任务，再分给各个方向的专家去做。”李胜利说。

不得不承认，这个体系设计得非常聪明——评价体系也许永远不够完善、不够客观、不够准确，但有一条是万变不离其宗，如果某个产业技术体系不能为本产业的健康发展提供支持，产业出了问题解决不了，那就说明这个体系做得不够好。

对加入体系的科学家来说，这一点非常重要，意味着从过去“喂食吃”得变为“找食吃”、从“要我干”变为“我要干”了。每个人的身上都顿感压力。

作为奶牛产业技术体系的首席科学家，李胜利甚至曾经差点自动请辞这个职位。这要从2008年河北三鹿集团往奶粉中添加三聚氰胺的事说起。

这种本来应当用在装饰面板、涂料等产品上的工业原料，被追求蛋白质含量的厂家用在了给婴幼儿喝的奶粉中。根据当年9月这一事件被暴光时卫生部的通报，各地因食用这一品牌的婴幼儿奶粉而住院治疗的婴幼儿有1.29万人左右。

三鹿的三聚氰胺事件，对快速发展的中国奶业无疑是一场史无前例的大地震。消费者对国产奶粉以及液态奶的信赖度低至冰点，市场一度谈“奶”色变。

在事件发生半年后的2009年4月初，奶源大省内蒙古的呼和浩特市每天仍有100吨左右的原奶因无人收购而被迫倒掉。而在全国最大的奶牛养殖县黑龙江双城，5000多头奶牛被杀或被卖。

2009年9月，三鹿事件一年后，我在河北石家庄的一个奶牛养殖小区采访时，一位中年汉子含泪告诉我：再也撑不下去了。

这个事件刚出来时，奶牛体系专家尽管很关注，但似乎感觉到这是管理部门的事情，与自己的研究关系不大，所以也没采取什么行动。但农业部一位部领导直接在电话里批评首席科学家李胜利，说产业出了这么大问题都不行动起来，帮助奶农和政府一起应对，那建这个体系有什么意义呢？

李胜利感到了前所未有的压力。

“实在不行我就只好请辞了。这件事对我打击非常大，两天没睡好觉。”回忆起当时的经历，李胜利唏嘘不已。

被批评当晚，心情极端郁闷的李胜利写下了他工作20多年来的头一份检查。如果在过去，你政府部门是行业管理者，我专家只是搞研究，行业里的问题关我屁事？但现在不能事不关己高高挂起了。

在整个事件还不明了的情况下，当时的三鹿集团负责人出于逃避责任的目的，把添加三聚氰胺的“屎盆子”往养殖户身上扣。李胜利组织了一个体系的调查组到现场进行调研，广泛走访养殖户，收集了大量资料。

他们发现，由于三聚氰胺不溶于水的特性，奶农很难掌握往原料奶里添加这一“高技术”。

同时，李胜利还迅速组织体系的专家进行研究，目的就是要搞清楚在奶牛饲料中添加三聚氰胺的转化率有多少。结果表明非常低，这也意味着奶农添加的可能性很小。这个研究结果对政府部门处理事件提供了很大帮助。

此后，奶牛产业技术体系的专家们开始全面监控奶业运行。综合试验站每个月都要把自己区域内的相关情况，如疫病等，按时汇报到首席科学家办公室进行分析总结。用李胜利的话说是，“就算没有异常，也要按时敲钟，道一声‘平安无事喽’。”

产业技术体系不断给专家们灌输“为产业服务”的意识，告诉他们为产业服务是自己的责任。渐渐地，专家们在看待一些问题的时候，不再像过去那样是一种随便动口说说，做点批评、提点建议的角色了，用句俗套的话说是有了“主人翁意识”。

蒋宗勇对这一点体会很深：“我们的农业经济研究所过去做的研究都比较宏观。我经常跟他们开玩笑说，你们做的事比哪个领导水平都高，天天写文章叫领导这么做、那么做，政府应该这样、应该那样，我说你当当领导试试看？”

他说：“省里召集专家们开会也是这样。好多专家提意见，这不对那不对。省长就说，我比你们还清楚啊，那你得告诉我有什么招数？你要提供信息，这个产业有什么问题、应该怎么来做，拿出点可操作的东西来啊！”

不切实际的“批评者”的出现不难理解。对专家的评价指标长期以来就是写论文、争课题，大家并没什么动力非要琢磨产业的事，难怪大家都高高在上，说东道西，管不管用无所谓。他们的视角和官员们是不一样的。

科研和生产“两张皮”的情况怎么结合？“批评者”怎么变成“建设者”？作为农科院一院之长的蒋宗勇从现代农业产业技术体系得到了启发：

这个体系设立了产业经济研究室，开创性地把搞技术研发的和搞产业经济的人组合在了一起。蒋宗勇也把整个广东省农科院的各个产业技术研究领域都安排了经济专家，要求他们紧密跟踪产业，及时发现问题、研究未来发展方向。每年每个产业给院里提交一个产业发展报告，然后汇编成册，供政府相关部门参考。

蒋宗勇得意地说：“现在一直发到省政府、市政府、县政府，他们的科技部门、农业部门还有些其他的产业部门都非常欢迎，因为他们很少看过这种材料。可以干什么、怎么干，为什么这么干，都写得清楚又细致。过去他们都是看一些统计数据，零零散散的，没有这么系统的。因为这件事，科技厅的领导、农业厅的领导已经多次表扬我们了。”

技术体系为产业服务当然并不只对主管部门。这个体系还要求专家为农民搞培训——2000多人的专家团队，自然不可能取代全国70万的农技推广队伍，只是希望将体系的新技术及时传播出去，起一个示范引导的作用。科学家们经常去田间地头，对自己的研究也大有裨益。

蒋宗勇由此又得到一个启发：他要求每个产业研究队伍每年把研究成果出一个集子，叫《农科致富宝典》。比如，今年广东水稻方面有哪些是很好的主推品种，栽培方面有什么最新的技术，等等。

他要求专家们写得通俗易懂，图文并茂，农民看得明白。院里每年为此花几十万印刷成本，发到全省的每个乡镇。院里搞“科技下乡”之类的活动的时候，到哪里也都把这个集子分发给农民，大家都抢着要。

“过去我下乡的时候，很多农民都说，你专家要我们讲食品安全，不让我用这个药那个药，我也不知道什么农药该用、怎么用啊？虽然也有介绍新药的，那都是企业在王婆卖瓜，怎么能让人放心？你们是专家，说话我们相信，得告诉我们怎么做才好。”他说，“而且有的公益性强的技术，根本也没有企业去搞培训。比如栽培方面，如果有一套新东西给农民，就很受欢迎。”

蒋宗勇不仅要求全院的科研人员这样做，他自己也是这样做的。作为生猪产业技术体系的一名营养学家，蒋宗勇最想解决的一个眼前问题是关于“瘦肉精”的问题。

“瘦肉精”是一类叫做β-兴奋剂的药物，其中国内最常用的一种叫盐酸克伦特罗，这是一种曾经用于治疗支气管哮喘的药，但由于副作用太大而遭禁用。

顾名思义，饲料里添加了这种东西，猪们不但长得快，而且毛色红润光亮，屠宰后肉色鲜红、脂肪极少，甚至肉皮连着瘦肉，卖相非常好，更迎合了人们既要吃肉又怕脂肪的需求，所以颇受养殖户青睐。

但是，吃多了盐酸克伦特罗的猪容易产生四肢震颤无力、心肌肥大、心力衰竭等毒副作用。人吃了也往往会出现类似猪的症状，严重影响身体健康。近些年，国内不时发生这样的集体中毒事件，引起了公众对猪肉质量安全的担忧。一些媒体的矛头因此也对准了饲料行业。

"'瘦肉精'的出现是一个技术管理上的死角。国家对饲料行业的管理重点是饲料企业，对这些饲料企业的抽查基本上还没什么问题。出问题的往往是小规模的养殖户，用的是自配料，这个就没有人监管了，因为他这个饲料是给自己家养的三五头猪吃，也不向外卖。"他说。

蒋宗勇承认，生产上出现的这个问题，少数企业和养殖户唯利是图是其中一个原因，另一个原因是新技术没有很好地推广开——在他看来，从技术上解决"瘦肉精"问题并不是一件难事。换句话说，新技术如果得到有效推广，生产者追求瘦肉率的要求是能够实现的。

"一方面改善品种，另一方面营养技术再跟上去，就可以做到了。"他说，"我们一个是给农业部汇报了有关情况，第二是拿出了解决措施，接下来就是研究在下一步工作中怎么从技术上进行指导。"

以前，蒋宗勇跟饲料企业打交道很多，但很少去养猪场。在参加体系的调研过程中，他发现猪的营养问题相当严重，但是并没有引起养猪企业的重视，企业经营者们更多的还是担心猪病的问题。

"这是最主要的一个问题，但是他没考虑到为什么猪病会这么多？很多时候就是营养没搞好。就像人一样，你没抵抗力了，那不老生病吗？"他说。

蒋宗勇有一次去一个猪场考察时，看到许多母猪有蹄子开裂的现象，于是告诉猪场老板：你的猪营养问题很严重，饲料里缺一种维生素。

老板不以为然地说，蹄子开裂能有多大点事？

实际上，问题相当严重。蒋宗勇说，如果开裂，这头猪就没多大用了，只好当作肉猪卖掉，而且价钱还不如育肥猪。

"为什么呢？你想，母猪配种的时候，那公猪一趴上去，几百斤压在身上。蹄子裂了，母猪能不痛吗？所以受不了，站不起来，配不了种。那母猪就淘汰了，经济损失不得了啊。那个现象很严重。"他解释说，"原因是饲料里的钙、磷比例不合适，维生素A不合适，稍微调整一下其实就解决了大问题。"

"其实这些并不是很复杂的技术问题，现有的知识就能解决。可是过去我没想到。"他说。

这套体系对科学家的管理政策很宽松，一般不做什么具体的指令性安排，这让绝大多数科学家找到了自主研究的乐趣。

但另一方面，尽管体系没有发表论文的要求，可是由于这些科学家们都是来自不同大学和研究院所的各路诸侯，在大的环境对论文的刚性要求还没有彻底改变之前，他们仍需琢磨论文的问题。

有意思的是，在对这一问题的看法上，体系的科学家们产生了明显分歧，有了明显的两种不同看法。

一种看法是，由于科学家的付出不好量化成指标、或者固化为成果，而以"推动产业发展"的这个体系目标没有可操作性、无法用来衡量付出价值的大小，加上科学家们所在的科研机构，尤其对高校来说，基本上还是固有的一套考核标准，时间一长写论文的功底可能会弱化。而论文在很多方面又不可或缺，就算是科学家本人不想写也别无选择——很少有高校负责人不在意每年对各大学发表论文数量的排名。

简单地说，就是科学家身兼“体系的科学家”和“高校教师”或者“研究所的研究员”二任，不同环境考核的坐标系不同。人的精力有限，可能会厚此薄彼。甚至，有时候还会顾此失彼，发生冲突。

玉米产业技术体系就有这样一个事例：2008年山东一些地方发生了严重的玉米病害，首席科学家张世煌接到当地试验站的报告后，立即要求一名在河北的岗位科学家赶往现场，研究和提出解决方案。

不巧的是，这名专家当时正好学校给安排的课程非常满、加上还要参加研究生的论文答辩等工作，两天后还没有出发。张世煌得知后，一下子着急了，对那名专家提出批评。当晚，那名专家连夜赶往山东。

这件事虽然不大，但很有代表性——我是学校的人，当然得听学校的安排。我又参加了这个体系，当然也得听体系的指挥。真是两难。

有的学校领导很快就对这些参加了体系的专家给予了充分理解和支持，但现代农业产业技术体系毕竟是个新生事物，还缺乏方方面面对它的理解和认同。

有位高校的负责人就表示，他们那些参加体系的老师，都快成“特区”了，总是“搞特殊”。

“你可以不要论文、不要成果，体系考核你就行，那我学校里面考核体制就打乱了，教学方面也增加了学校的麻烦。虽然从道理上来说，都是国家的事业，但是从学校的办学指导思想这一套来说，光干你那个不成啊。”这位高校负责人对我说，“何况每个岗位科学家背后都有一个团队，人数太多的话就完全没办法了。教课和奖金、津贴都挂钩，你在外面做的那些我怎么衡量？”

这个问题不是不可以解决。体系的管理者，目前就正在与教育部门沟通协调。苹果产业技术体系的首席科学家、西北农林科技大学的韩明玉教授也提供了一种思路：对参加体系的科学家另外给予一定的津贴补助。

“如果体系的科学家在考核的基础上，也像‘长江学者’等人才计划那样，由体系管理部门直接给予一定的津贴补助，就可部分避免与学校考核的矛盾，同时也是对其及团队成员在体系工作的认可，而且还能引起社会各方面的关注和重视。”韩明玉说。

当然，另一种看法是，更多的专家认为写论文、授课和以产业发展为目标搞科研并不冲突，而且相得益彰。对虾产业技术体系的首席科学家、中山大学海洋学院院长何建国就是其中之一。

“我的处理方式很简单——上课是可以有人替代的。只要按正常手续办，别违反教学纪律就行。但如果有地方的鱼发病了，你知道，这对搞病害的人来讲可以说是千载难逢的机会。如果发现是新情况，你很可能就有论文可发了。所以我经常跟养殖企业和农民说，如果发现问题，一定要告诉我，保证马上赶到。如果我去不了也会派其他人去。”

“花时间去了解生产不是浪费时间。”何建国说，“这个病为什么会发生？即使是相同的病，但为什么面积这么大？病情为什么发展这么快？这里肯定有道理，科学家是干嘛的？就是要研究背后的问题根源、加以解决啊！想想吧，你该有多高兴，是不是？”

他明确表示，体系的重点任务中，既包括应用性任务、应急性任务，也包括基础性研究和前瞻性研究，如果不去进行后两项任务，不可能解决长期的重大问题。

“前瞻性研究是什么？基础性研究又是什么？那就是论文。体系是没有要求交论文，可是要想在这个岗位上做下去，真正‘上战场’后能解决实际问题的话，将来知识背景跟不上也是不行的。”

何建国认为，应用性研究和基础性研究两者很难完全分开。在技术发展的很多阶段，都是科学问题在基础研究中取得突破，才最终解决了技术问题。

“有人问我，你解决的是科学问题还是技术问题？可能在数学领域、天体物理领域可以这样划分，但农业不能这样分，医学、生物都没必要这样分。越是碰到了巨大的技术问题的时候，越要把基础研究做好。”

“我搞的一项研究就是这样子搞得，结果越搞越大，发现这是国际上的新东西。”何建国用他能想到的最通俗的语言给我讲了这项研究：

在鳜鱼、鲈鱼、石斑鱼、大黄鱼等经济价值比较高的养殖鱼类中，频繁流行一种名称为虹彩病毒的可怕病毒。受到这种病毒感染的鳜鱼，致死率几乎是100%，石斑鱼、美国红鱼等鱼类的致死率也极高。某片养殖水域一旦出现这种病毒，大批大批的鱼儿就会死亡，已经成为危害中国养殖业最严重的病毒病之一。

更糟糕的是，这种病目前还没有有效的药物或疫苗来防治。由于中国水产养殖量占全世界的70%左右，是绝对的水产养殖第一大国，病害导致的水产养殖直接经济损失每年达上百亿元。

而且，防治病害带来的药物滥用现象，导致水产品药物残留超标等食品安全问题，又成了一些国家对来自中国的水产品设置障碍的最佳理由。

何建国率领的一个课题组，目前已经完成了3个脊椎动物虹彩病毒全基因组序列的测定和分析。在此基础上，他们提出了虹彩病毒的一个新属，并找到该病毒里3个与鱼类免疫信号传导系统相互作用的基因。

“我们重点要解决的问题是虹彩病毒致病的分子基础，研究哪个功能基因导致发病，搞清楚病毒的致病基因与宿主的免疫系统之间的相互作用是怎样的。这样才能从源头上解决问题。”

何建国说，在完成3个脊椎动物虹彩病毒全基因组序列的测定和分析后，课题组接着进行了传染性脾肾坏死病毒（ISKNV）分类和控制。而这个传染性脾肾坏死病毒后来被确定为虹彩病毒的一个新属，并在该病毒分类修订中成为新增的细胞肿大病毒属的代表种。ISKNV正是鳜鱼暴发性流行病的病原。

据他介绍，目前最有效地防治虹彩病毒病的方法是用针剂的形式给鱼体内植入抗原，类似人类打疫苗。这显然是一种很难完全实行的方式。

找出这种病毒的致病基因后，就可以通过基因敲除的方法制造弱毒疫苗——即让鱼类感染失去致病基因的病毒，模仿自然感染，刺激机体产生免疫应答。

如此一来，既不会对鱼致病，又使其体内产生了抗体。对养殖者来说，只要把鱼浸泡在有弱活疫苗的水里就行了。

“什么是致病的呢？我们要搞清楚，然后把它的致病基因‘敲掉’。要繁殖病毒，就得先解决细胞的问题，然后找到致病基因，这些都可以发高水平的论文——我们发的都是《病毒学》这类的杂志。”

“大家过去是怎么搞研究呢？我想搞疫苗，好，先写个申请书把钱弄到。然后呢？要么是水平不行，要么是对生产不了解，反正我看到的一些情况是大家天天拿课题、每次都做不出什么关键性的东西来。”

“结果？我们国家现在农业科技方面鉴定的成果很多很多、专利很多很多，可怎么就没有起到相应的生产效益呢？问题出在哪儿？大家都说基层推广体系有问题，可是好的东西其实并不缺推广，是那些东西本身就不值钱。”

“依我看，大部分专利没有用，大多数鉴定的什么国际领先水平的成果也是没有用的。真正的鉴定是生产和实践的检验——你赚到钱了，说明你的专利就有用。现在我们国家的市场机制很健全，好的东西怎么会没有人给你投资呢？”

何建国就是一个从基础研究到应用研究再到实用技术研究“一条龙”做下来的专家——基本上，他只有1/3的时间在办公室，去现场找问题的时间要远远多于此。

2002年，何建国和企业合作，在湛江建成了一个投资1.2亿元、占地600多亩的花园式的实验基地，拥有当时世界上最大的水产动物实验系统，极大改善了他们的科研条件。

发现问题了，何建国就现场办公，跟几个助手沟通，设计好实验内容后助手们就展开研究。一年做不完就做两年，直到有结果。到目前为止，以这个基地为基础在国外杂志发表的论文，已经有60多篇。

常年在鱼塘虾塘跑，何建国却并没怎么显得黑。但他带的几十名博士、硕士们显然没有他这么"幸运"。南方太阳毒，这些博士、硕士们常年被何建国安排在基地做事，晒得跟养虾的农民一样黑。他的一个博士有次回学校，大门口的保安觉得他像民工，死活不让进，只好打电话让何老师接了进去。

还有一次，学校校长到基地调研，好些"民工"见到他后纷纷打招呼，弄得校长不明就里——怎么这么多民工认识我？

何建国说："我们从20世纪60年代到80年代储备的那些技术基本上已经用完了，现在碰到的问题都要进行系统、深入的研究才能解决。但是问题要从生产中来，而不是为了研究技术而研究，必须产、学、研结合，真正知道产业中企业也解决不了的那些难点。这就不可能是只在下面转一转、看一看就能结合得了，必须深入。"

"产业技术体系至少确保产、学、研的结合能够持续下去，也把专家们拉到了田间地头。"何建国说，"说白了，体系给了你一笔钱、给了你任务，这个任务当中可是孕育着金矿啊，孕育着论文和专利啊，孕育着将来运用这个体系做出成果提职称啊。至于挖不挖得出来，那是你自己的事情。你连自己都没有找到从哪里下锄头那就是另外一回事。"

现在，对虾产业技术体系的很多科学家都已经发现了"寻找问题"的乐趣。有个教授过去经常发表很高水平的论文，但属于"足不出户"类型。

现在？他买了一辆越野车，自己驾车天南海北地跑。

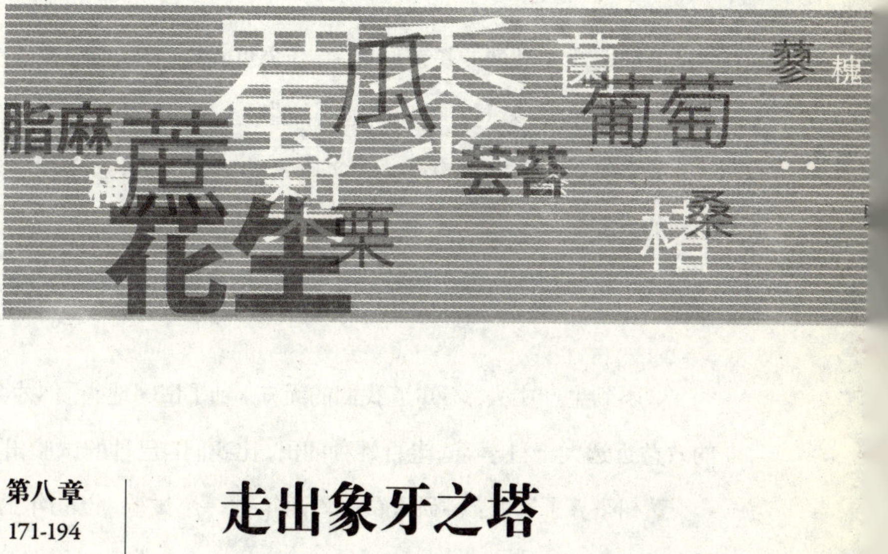

第八章

171-194

走出象牙之塔

“为什么好多品种不是科学家培育的，而是农民培育的？为什么好多技术不是科学家研究出来的，而是农民发明的？”

山东农业大学副校长董树亭说：“因为农民天天在做试验、在思考，今年不行，明年怎么改。”……

农业大学是一支培养农业人才、进行基础研究和新技术推广的重要力量。全国设有农学专业的大学目前大约有150所左右。

这些在象牙塔里的农业高校科研人员，他们是如何看待中国的农业科技发展现状和未来的呢？他们有什么满足和不满？有什么希望和担忧？

董树亭

山东农业大学副校长董树亭，一年有200多天不在家，出差大多是下基层，不是在田间地头，就是在去田间地头的路上。

很多科学家喜欢把自己关在实验室搞研究，为什么董树亭对下乡却有这么强烈的兴趣？

这是我见到他后提出的第一个问题，也是他最有兴趣回答的问题。

“不到生产中去，不知道我们的无知。到了田间地头，你才会知道农民创造的效益远远大于科学家。老百姓种的田，比我们自己种的试验田要好得多。”

董树亭算了笔账：科研人员平均两年做一个试验，以60年的研究生涯计，也就30个试验。

“可农民呢，你种这个品种，他种那个品种，今天你种这个，明天他又种那个了。家家户户千差万别，没有一样的。所以到地里转一转，你就知道哪个品种好了，比自己做试验还准确。每家就是一块试验田，100户农民就有100块试验田，够我吃一辈子的。”

董树亭1953年生，山东诸城人，主要从事作物栽培学的教学和科研工作。

与学校里的许多老师“课堂——实验室”两点一线生活有所不同的是，董树亭酷爱下基层，甚至干脆还身兼临朐、淄川、滕州等地的科技副县（市、区）长。

他讲课的光盘，经常在每个村里连续放几十天。有人开玩笑说，董树亭在农村是“穿着玻璃鞋上街——名角（脚）”。

他的经验很简单，就是去发现问题，然后再研究“为什么”。

有一次，董树亭在寿光市出差时看到，有个农民种的茄子已经长了两三年，都快长成树了。董树亭回到学校后跟一位搞蔬菜研究的老师说了这个情况，这位老师对他说，那个农民骗人，茄科植物都是一年生，书本上面写得清清楚楚，怎么会成了多年生的？

后来董树亭再次去寿光调查核实，发现农民确实没有说谎。

“原因很简单，过去为什么说茄科一年生？春天长茄子，到冬天冻死了，所以一年生。第二年春天再种茄子，冬天冻死，就又是一年生，第三年再去种……”董树亭说，“现在不到冬天的时候，农民就用大棚围起来，冬天和夏天的温度差不多，茄子在那一直生长，三年生，五年生，十年生都有可能。”

“四川的农民种棉花怎么种？冬前离地面10公分将植株切断，第二年春天下面长出四棵芽拔两根留两根，这两根长起来就像棉花树一样，产量很高。”

“寿光农民种菜怎么种？有个农民在大棚里种丝瓜，一亩地的大棚他种2000棵，丝瓜藤不高的时候他把头打掉，丝瓜藤伸长能绕着拉绳转圈生长。丝瓜卖八块钱一斤，一亩地就能挣三万块。”

……

“农民的方法多得很。那些创造力只有农民才有，科学家想不出这些来，”董树亭说，“为什么好多品种不是科学家培育的，而是农民培育的？为什么好多技术不是科学家研究出来的，而是农民发明的？因为农民天天在做试验、在思考，今年不行，明年怎么改。这些都对科学家有启发。”

“就说寿光那些蔬菜基地吧，你一年什么都不干，把寿光农民的家家户户每一个大棚都跑遍，就能写一本《中国蔬菜栽培学》了，而且这本书还能写得非常好。”

“可是，现在人们不愿意去蹲那个点、不去下那个力气。为什么？考核他不是以这个为标准，是以发表论文为标准。实际上，真正有真才实学的就一条路子——下乡。”

董树亭不爱坐在办公室里看材料，而是十分迷恋下乡，迷到什么程度？要是有一个星期不下乡，他就觉得和社会隔离了半个世纪一样，总想着该到下面转一转了。社会在持续地发展，农村在不停地变化，待在学校久了不出门，董树亭就感觉迷失了方向。

“第一个启发，来自于农民种的田。县与县、乡与乡、户与户之间都有差异。只要你多花时间去考虑，可能就能明白什么原因了。那个县为什么好，这个县为什么孬？那一户为什么好，这一户为什么孬？带着问题再回来做试验，保证有价值，错不了。”

“第二个启发，来自于和基层领导打交道。过去我经常误解人家基层干部，‘乡镇长七八两，村村都有丈母娘’，那是诬陷人家了。乡干部有时候也干错事，但想为当地老百姓干点实在事的大有人在。他们水平不差，相互沟通后，确实从他们那学到不少东西。”

董树亭有一句话老挂在嘴边，叫“做顶天立地的学子”。他觉得，上顶天、下立地才能成为一个好专家——既能发表高水平的论文，也能下田解决实际问题。

有人担心他整天下乡会影响科研，结果他得了国家科技进步二等奖；有人说他下乡可能耽误了给学生教课，结果他得了国家教学名师奖、国家教学成果一等奖。甚至，在国内科技界还没有流行用SCI来评价一个科研人员水平高低的时候，董树亭就已经发表过SCI论文了。

“不是下了乡就耽误了科研，也不是搞了科研就耽误了教学。下乡下多了，做的课题就深入了，科研水平也高了，还能提高教学水平，”他说，“我给学生讲课，基本不看课本，就讲农业生产。有一节是讲种植密度，我是这么讲：同学们，我昨天去河南刚回来，知道为什么去吗？上百个学生在那鸦雀无声地听，我就不说了，顿一下再说，河南960万亩玉米发生倒伏，所有的玉米都趴在地上了，非常惨烈。你就能感到，学生们那个时候就精神起来了。”

他接着讲故事：“我说怎么解决啊？是扶还是不扶？学生有的说扶，有的说不扶。大家发完言了我再总结，不扶比扶产量更高，这种情况下不能扶。这句话，他们会记一辈子。我再问，为什么会倒这么多？三个因素：品种不抗倒伏、密度太大、先下雨后刮风。所以要注意选择抗倒伏的品种，确定适宜的密度，务必注意这两条。学生们鸦雀无声，非常愿意听。要是没有这些例子，他们就不想听。”

“所以，你要多下乡，故事就很多。再比如我讲适用性、讲资源的有效利用，当地适合种菜就种菜，适合种果就种果，适合种玉米就种玉米，不能盲目攀比，给学生们讲了这个故事：黄河三角洲出冬枣，又脆又甜40块钱一斤，全省开始大面积推广，其中有个县想搞，我对他们的县领导说，你这个地方是高产田，不适合推广。他说为什么？我说盐碱地上长的冬枣才好。结果这个领导说，那好办，我一个枣坑里倒上一罐盐不就行了？学生们哈哈大笑——不能盲目乱发展、要搞因地制宜的概念一下子就记住了。”

酷爱下乡的董树亭，甚至对一个科研人员是不是有水平都用“是不是敢下乡”来判断。

他认为，只有不害怕面对农民、不害怕面对田间地头了，这个科研人员才真正成熟了。现在的年轻科学家基础都很好，一步步地从硕士、博士学出来，缺的是和生产实践的结合，他们不怕进实验室，但是怕下田。

“你往地头上一站，老百姓把你围在一起问这问那，我这个种子怎么了？我这个苗子为什么矮了，我这个玉米死了什么原因？……你能不能答上来？这些问题没有一定的经验还真不敢判别，见少了就解释不了这些，”董树亭说，“当然，农业是个大体系，涉及面太广了。比如他们说，我们想建沼气池，怎么办？我就推荐他找谁去建。关注的问题宽了，就容易深入，但是窄了就不容易宽起来。”

2007年末，董树亭加入了国家现代农业产业技术体系，成为其中玉米体系的一位岗位专家。这个酷爱下乡的人更有动力了，因为体系本身也要求专家们多下乡。结果，加入体系的第二年，董树亭总共给农民讲了40多堂课，几乎比以前还多一倍。

常年下乡，董树亭充分体会得到农民对科技致富的渴望之情。

“前几天我在临朐县给2000多农民讲课，有个老头站了两个小时。他耳朵聋，就用一只手搭在耳朵上听。非常感人啊！”

讲完课，董树亭还被农民团团围住不让走，问他的问题五花八门：玉米种什么品种好、玉米“君子兰病”怎么治、养螃蟹还是养鸭子哪个赚钱、好苗子到哪儿买、种的东西往哪儿卖？……这种场面，几乎他每次搞讲座时都会遇到。

有一次，董树亭安排学生回家时搞个调查，了解一下自己家里种的什么粮食、是根据什么做的决策。结果出来后让人吃惊：70%的学生回答，家里种什么、养什么是根据上一年亲戚、邻居种了什么赚到钱后决定自己种什么的。这意味着，农业生产是农民自发的相互沟通，而不是来自媒体、来自政府，也不是来自专家。

“农民不怕流汗，不怕吃苦，就怕种出来的东西没有人要。他们满眼找不到一个市场，盲目地一哄而上、一哄而下。山楂卖两块钱一斤的时候家家户户开始种山楂，结果长起来以后变成一毛五一斤，家家户户又含泪卖山楂。后来听说红富士苹果好，家家户户又种红富士，结果一毛钱一斤，苹果还没有萝卜卖得贵。再后来把苹果树又砍掉种红提、黑提葡萄，种大樱桃、种冬枣，都是这样的情况。”

他接着说：“养殖也是，这些年小到蝎子，大到牛羊都是无序竞争。没人去指导他们啊！技术人员不和农民结合。农民需要这个解决不了，农民需要那个解决不了。能为农民提供得了服务才是真正的农业科研、真正的农业推广。”

“农民是‘晚上想着千条路，白天还得卖豆腐’，种粮食不赚钱，他琢磨明天不种了，可到了明天还得种。晚上又躺在那儿想，白天人家说卖豆腐太辛苦，咱不卖豆腐了，可第二天还是得卖豆腐。这些是农民自己说的笑话，是他们的误区，实际上是科研的误区，是科技创新的误区、推广体系的误区。”

董树亭说得有些动情：“农民是生产的主力军，可是他们这个脊梁缺乏技术支撑。看到他们赚了两块钱就说农民富了，可你不知道他多辛苦。和农民握握手你就知道了，他的手跟木锉一样，锉得你手都疼。没有哪个国家像我们的农民那么苦。”

谈到兴头上，董树亭拿出一穗玉米，指着中间的穗轴说：“以前判断玉米什么时候收获，是掐这里。要是上面掐不动了就可以收了。后来我研究后，要求农民这下面也掐不动了再收，对农民说你听见叶子沙沙响、棒子上下都掐不动、出现黑颜色的时候产量最高。以前山东9月20号收玉米，我们现在提出10月1号收玉米。晚收10天，产量就能提高150斤左右。”

根据他的研究，玉米一般在9月25日至10月1日收获、同时在10月10日前播种小麦，玉米既能增产，又不影响冬小麦的正常播种，是一举两得的好事。

“过去农民不知道这个道理，加上行政催收，早早地就把玉米砍了种小麦。现在玉米晚收、小麦晚种，玉米增产150斤，小麦还能增产50斤到100斤。这个技术很简单，就是充分利用光照资源，秋天阳光普照，秋高气爽，最容易上产量，”董树亭说，“我跟农民说，这10天里你就喝茶打麻将，啥都不用做就能增产。结果这个新技术一年就推广了3000万亩，效益很好，农民都接受了，他们要的就是这种‘傻瓜技术’。”

董树亭还提出了与这项技术配套的另一项技术，也简单得很：过去农民6月份收小麦之前习惯在麦田里套种玉米。他提出不要套种，在麦收之后、6月5日至15日期间再种玉米。区别在哪儿呢？这样既能增加种植密度从而提高产量，又能有效避开灰飞虱的高发期。

最近几年，由于全球气候变化等原因，水稻、玉米等作物的病虫害特别多，成为粮食作物减产的一个重要原因。每年的5月下旬，灰飞虱从南方稻田飞至黄淮夏玉米、冬小麦产区。在仅仅一周左右的停留期间，这种虫子能够把携带的粗缩病毒传染给套种在小麦田里的玉米苗，然后继续北迁。受感染的玉米即使没有死亡也将大幅减产，因此被称为“玉米癌症”。

虽然教科书上也有一些病虫害的介绍和防治办法，但在实际运用方面却难见其效。于是，董树亭又到农村转悠去了。他发现，有些玉米地虫害严重，可也有些玉米地却没什么问题。地是一样的地、水是一样的水、种也是一样的种，怎么会“有人欢喜有人愁”呢？

再一了解，原来各家的播种时间不一样，有迟有早。再找几块地看看，董树亭总结出来了：播得早正好赶上灰飞虱传播，但这种迁飞性的害虫一个星期后就又飞走了，所以播得越晚越不容易得病。

于是，董树亭告诉农民，不用打药，以后播得晚一点就行了——把套种推迟成直播，多简单的事，连农药钱都省了。

“解决问题的办法往往很简单，甚至简单得你都觉得不可思议，就是来自于生产一线。”董树亭深有体会地说。

和董树亭同在玉米产业技术体系的农机专家张东兴，从机械化的角度解释了这一变化：

以前机械化水平没有满足农业生产的时候，收小麦要十天半个月，如果到小麦全收完后再种玉米的话的确就晚了。而现在，农民雇收割机手收小麦，一天工夫就完事，再用一天播种机又把玉米种子播下去了，整个也就两天。

简单地说，就是玉米播种时间往后推迟点，由于用上了播种机，既不会误农时，又比过去人工点种苗齐苗密。而收获前让它多长会儿，产量就增加了。

“最关键的是，套种的时候要在小麦垄里去套，造成行距不一，而直播的话就可以按照标准的60公分行距来种植。这对玉米的机械化收割有决定性作用。”张东兴补充道。

2003年，某部门的一位负责人曾经在一次公开场合表示，我国的科技体制改革取得实质性进展，科技与经济脱节的“两张皮”问题基本解决。但事实上，我在采访中感到，起码在农业科技领域，科技与经济相脱节的问题还远没有解决。

对这一点，董树亭深有同感：“许多人总是抱怨成果转化率低，抱怨农民不懂技术，我倒想问一句，有多少成果是可以转化的？有多少论文是可以用到生产上的？有多少科学家是跟农民尽心尽力贴在一起做实验的？”

他说：“现在在农业科研管理体制方面，最需要改变的就是政府部门怎么真正为科学家服务，科学家怎么真正为农民服务这个核心问题。现在刚好全反过来，农民追着专家，专家追着政府官员。”

董树亭描述了他理想中的农业科研状态：

“以农民为主体，科学家的科研为农民着想，解决农业生产当中的难点热点，从而实现粮食增产、确保国家粮食安全。这个目标，农民和科学家是一致的。如此，科技人员和广大农民就能融为一体。把生产中的难点变为科研的切入点，出了成果以后再返还给农民，带着农民一块发展，那才是真正的农业的振兴。”

王源超

与玉米专家董树亭常年都在“走村串户”不同的是，南京农业大学的王源超以前很少到农村去。事实上，许多年来王源超一直是在实验室里搞基础研究的那种科研人员，而且他基本上只研究一种导致植物发病的细菌。

2008年这一年，王源超却史无前例地跑了10多个省份的田间地头。这是怎么回事?

对于搞科研的人来说，1968年出生的王源超算是“年轻有为”的。他不仅早已是教授、博士生导师，还担任了学校植保学院的植物病理系主任。

无论是国家“863”计划、“973”计划还是国家自然科学基金、国家公益性行业科研专项等重大科研项目他都主持过，已发表80多篇论文，包括31篇SCI论文。

他的研究领域涉及疫霉菌的分子遗传学、疫霉菌与植物互作的功能基因组学、外来检疫性植物病原真菌的快速分子检测、植物病原真菌无毒基因的分子标记，等等。主要研究内容则包括：

——植物对疫霉菌非寄主抗病性的研究，纯化并定性了一种新的蛋白激发子PB90，证明了该蛋白的性质和细胞学定位，并澄清了H_2O_2等信号分子在PB90诱导植物细胞凋亡中的作用。

——采用功能基因组的方法研究了大豆疫霉菌侵染寄主早期，接受寄主信号后启动侵染过程的分子基础。

——建立了8种重要危险植物病原真菌快速分子检测的方法。

——证明同宗配合的恶疫霉菌株间可以发生有性生殖杂交并导致病菌的变异。

——采用SSR/RAPD等分子标记方法标记了稻瘟病菌的3个重要的无毒基因。

……

好了好了，原谅我吧，上面这些都是我在专业资料里查到的关于王源超的信息，相信绝大多数人会一眼扫过或者直接跳过。这的确太专业了。反正我一直没搞懂这些研究是怎么回事。

现在，王源超就坐在我面前。他跟我想象中的样子差不多，皮肤白皙，温文尔雅，说话慢条斯理而富有逻辑。

"我的研究对象就是疫霉菌，这是一种病原菌，"他不紧不慢地说，"就像人一样，从婴儿期怎么发育、怎么样侵染植物、怎么样使植物发病。"

因为国内研究这个的很少，竞争不激烈，发表文章也相对容易些，所以王源超虽然一直没有多少经费支持，但也勉强维持了下来。

起初我的感觉是，他搞的研究是个冷门、偏门，是属于那种研究出来成果以备后用的。但随后他继续娓娓道来，我发现这个病原菌实在是太应该大力支持、好好研究了。因为它是一类非常非常有影响力的病菌。

影响力大到什么程度？毫不夸张地说，它曾经改变过人类历史的进程。这要从马铃薯说起。

16世纪中期，马铃薯从美洲引入欧洲的西班牙。这种植物易种易炊，产量很高，所以很快就被欧洲各国所接纳、广泛种植，成为人们尤其是贫苦人群的重要食物。

其后200多年里，马铃薯帮助欧洲人渡过了多次因食物匮乏导致的饥荒和战乱，造成了许多国家人口膨胀，平民阶层的成长尤其更快。

有资料显示，爱尔兰当时40%的人口唯一的食物就是马铃薯。在当时的爱尔兰有一句俗语："穷人的餐点——除了小马铃薯就是大马铃薯。"

英国农学家亚瑟·杨（Arthur Young, 1741~1820）在1776~1778年游历爱尔兰后出版的《爱尔兰旅行记》中写道："儿童整天都在吃马铃薯，甚至连一岁的小朋友也在烘烤。"

马铃薯晚疫病，就是由疫霉菌引起的一种毁灭性病害，它会导致马铃薯茎叶死亡和块茎腐烂。

"主要是从叶子上开始烂，发病厉害时也会往根部烂下去。主要是叶子烂了以后植株就不能进行光和作用了，地下的块茎，我们吃的那个部位，就无法膨大了，于是产量减少甚至没有产量。"王源超解释说。

19世纪40年代，欧洲曾经发生过多次马铃薯晚疫病大流行。在爱尔兰、德国等国家，马铃薯田大片大片绝收，上百万人饿死，200多万人找不到生计从而移居海外。美洲历史上第一次大规模移民潮，就是从那时开始的。

这是19世纪全世界最重要的人口流动之一。或者，与其说是移民，不如说是逃难。当时的一首歌中唱道："正当我雇用墨菲船长载我到纽约之时，爱尔兰正面临第一个灭亡的危机。马铃薯，都是黑色的。"

在貌似一连串的偶然中，疫霉菌就这样影响了人类历史。在此后的100多年里，晚疫病就像是马铃薯的癌症一样从未根绝。

这种毁灭性的疫病，多在阴雨潮湿气温偏低的地区与年份发生。1950年，在中国的西南、东北、华北、西北，都出现马铃薯晚疫病大流行，产量损失了30%~50%，此后的10年内又有5年是流行年。

20世纪60年代起，由于推广了一批抗病品种，危害大大减轻。但80年代后由于抗病品种相继丧失了抗病性，以及气候条件发生变化，晚疫病的发生程度和流行频率不断增加。

目前，晚疫病在我国马铃薯各产区均有发生，发病面积占种植面积的30%~75%，造成的产量损失20%~30%，重发生区高达50%以上。

为了控制马铃薯晚疫病，人们对疫霉菌的致病性和植物的抗病性进行了许多研究。但迄今为止对疫霉菌与植物相互作用分子机制的认识仍很缺乏。王源超主持的一个农业行业专项课题，就是对此展开研究的。

2008年8月初，他花了一星期时间到云南的马铃薯产地进行实地考察，从昆明、大理到丽江走了一圈。

“云南这个地方，马铃薯是非常重要的作物，特别是在高山地区。全省种植面积大概接近1000万亩。”王源超说，“这些地方有个特点，气候凉、雨水多、海拔高，特别适合马铃薯生长，其他作物大多长不好。所以很多地方的老百姓一天三顿都吃这个，他们叫山芋蛋。”

那里不光适合马铃薯生长，事实上品质也特别好，淀粉含量能达24%左右，而北方的马铃薯一般只有18%、19%。所以，用云南的马铃薯做成薯片特别好吃。

王源超说，因为云南雨水多，七、八月时经常是一天下两三次阵雨，所以每到这个时候晚疫病就经常大发生。那次，他站在一处山头，视野开阔，天高云淡，但马铃薯田里的景象让他惊呆了。

“一片发黑，就像大火烧过一样惨不忍睹。全是晚疫病。”他严肃地说。

王源超在田里看到，当地彝族、哈尼族的老百姓背着竹筐刨地，扒拉出来的马铃薯很多都被晚疫病感染了。

“拿回去也没用，两三天里就烂掉，只好丢在田里。可是收完这一茬马上又要种下一茬，这些地方一年可以种多季马铃薯。那个病原菌就在田里边，根本没办法控制。”

王源超在第一时间把这个情况反映给了农业部。

“当时我就觉得，学了这么多年植保，从来没想到植保有这么重要的作用。真是责任重大啊！如果带着学生到田里看一次，他们马上就会激起好好学习的想法，都根本不用搞学生的思想工作了。”他说。

回到学校后，上课时王源超就给学生们放他在田里拍的那些照片。他发现，以前上课经常打盹、做其他事的学生，全都睁大眼睛聚精会神地听他讲。

“讲出来的东西，自己心里非常有底气。学生们也听得和以前感觉完全不一样。结合实践，完全不一样。”

正如他自己所说，同样是在课堂上讲植物病害，过去他照搬书本上的基础理论，许多田间地头的具体情况、危害程度完全没有底。

现在，王源超在每个星期实验室的讨论课上给学生们放在田间地头开现场会时的光盘，让他们了解一下农田到底是个什么样子。

前面提到的王源超主持的这个项目，在云南设立了示范区，目的之一就是想推广晚疫病的预警技术。比如在某种气侯条件下，晚疫病可能会偏重发生，他们就建议当地植保站和农民喷打农药。但要想真正得到控制，还是得随着当地经济发展和老百姓重视起来才可能。

在那些特别穷的地方，当地农民根本就没有钱买农药，而且由于病原菌非常容易变异，用药时间一长抗药性又增强了，再打什么药都没用。所以，监测抗药性也是他们的一项工作。

“所有的植物病害都不是三年两年或者十年八年就能解决的。马铃薯晚疫病，人类和它斗争了都快200年了，还是这么厉害。你只能把它限制到一定范围和程度，就像人感冒一样，很难消灭得了它。它是生态环境中的一部分，生物链中的一个环节了。你能限制它的危害就不错了。”他说。

2008年是王源超的研究生涯转变很大的一年。在此之前，他的工作和生活非常规律——除了每学期确定好的课程外，每年只开两个本学术领域的年会。

“因为以前我的主要项目来源是国家自然科学基金。这个基金就是做基础研究的，只看你发表了什么论文，而发表论文最好的办法就是集中一点进行突破，”王源超说，“要是做到全世界也没人做到的工作，特别创新的那种就是最好的了。所以我大量的时间都是用在实验室，希望自己的工作能有所突破。”

这一年，王源超加入了国家大豆产业技术体系。有意思的是，按他自己的说法，加入这个体系纯粹是“糊里糊涂”就被推荐进来的，自己完全没想到。

“有一天晚上，中国农科院作物所研究员韩天富（后来成为大豆体系的首席科学家）给我发了一个短信，让我发个简历和相关研究经历给他，说是植保学会推荐我参加这个东西。我说怎么回事啊？在这之前我一点都不知道。”

王源超现在说起这个事都觉得很好笑：

“后来他说，在部里讨论的时候，有人知道我一直在做大豆疫病的工作。可能他们正好没有相关的植保方面的专家吧，育种单位搞植保的专家通常只是关心植物的抗病性，对病虫害的发生规律和其他基础生物学问题不是做得特别的多。”

就这样，王源超成了大豆体系的病虫害防控研究室主任。

在体系的组织下，那一年他走了11个省份，很多地方以前从来没去过。培训、讲座、讨论、考察……跑完一圈下来，大豆基本上到底有一些什么问题，他心里慢慢清楚了。

“刚加入进来的时候，大家的认识都差不多，感觉就是一个新的项目，没想到要负责其他那么多、那么复杂的问题，”他说，“生产上有什么问题，你都要想办法解决，不能胡说啊。你瞎提意见，人家一看就知道了。所以对我们的压力非常大。”

继在云南发现马铃薯的大面积晚疫病后，王源超又在安徽看到有数千亩、成片成片的大豆在不到一个星期的时间里全部枯萎。他拍了很多照片，回来后放给学生们看，学生们也感到自己学的这个专业很有用，能解决生产的许多问题。

“以前，很多做基础研究的博士生，甚至一些年轻教师到了田里，有许多病害、虫害根本就认不出来，大家心里发毛，不敢到田里去。对我们来说，真是硬着头皮去的，"王源超说，"我对病原菌这一块比较熟悉，其他的也不熟悉，特别是虫害。所以后来到了地里时，很多时候都是翻着书，一边到田间看，一边学习。"

如果是到现场也不能解决的问题呢？作为体系的病虫害防控研究室主任，他还可以在整个体系内找其他专家共同商讨研究。

如果还是解决不了呢？这种问题一般来说就已经涉及一些基础理论性或者很重大的研究了，他们这个体系可以向农业部等相关部门建议设立一些课题项目，通过调动全国的专家来解决。

"原来项目少、投入小，大家为了拿到项目往往把研究目标写得非常大。最后大家什么都做，可什么问题也解决不了，"王源超认为，这是一个非常大的问题，"年复一年，东搞点西搞点，很多东西都只研究了皮毛，真正问题还是得不到解决。"

"我以前研究这个病原菌，也做了很多东西，但就是为了发表文章。现在就开始琢磨怎么解决这类问题了，更多往生产上靠了，"他说，"以前这方面基础材料积累得少，研究背景差，如果能提出一些问题，国家能在再立些项目，慢慢地积累一些成果，将来可能会解决这些问题。"

现在，许多地方听过王源超培训课的农民以及植保站的技术员，经常给他打电话、发电子邮件求教。王源超越来越觉得，有许多问题自己只能提一个大概的指导意见，真正能提出非常明确的意见还得假以时日。

"中国实在太大了，每个地方的实际情况都千差万别。我们对病原微生物的取样是以省为单位的，可实际上精确到每块田地才行。"他说。

王源超去过两次加拿大，看到当地就做到了这一点，技术推广人员的各项记录都非常详细，经常可以细致到每块田。所以，他认为真正能给农民解决实际问题，而且非常科学的、有100%的信心去做的话，还需要有更多的相关项目来研究，还有很长一段路要走。

姜道宏

“现在，你吃得到菜籽油吗？”

初次见面的第一句话，姜道宏就问了我这个问题。

我一愣，想了想，还真是吃不到了。

但我知道，这种油在南方曾经是最主要的食用油。

阴冷潮湿的小镇，你孑孓独行，走在光滑如镜的青石板路上，不知何处传来一声悠长的叫卖声……

突然，你闻到一股饭菜的香味，强烈刺激着味蕾。竹甑蒸出的米饭混着烧好的菜的浓郁香味，是那种走到哪里都能一下子就闻出来的香味。

对，就是用菜籽油烧出来的菜才会有的独特香味。该回家了。那是一股乡愁的味道。

现在的南方，也许只有些许小镇上还能闻到这股乡愁吧。大城市，全是一样的汽车尾气和焦虑不安的味道。

跟王源超差不多情况，华中农业大学的姜道宏也是研究植物病理学的，但他现在的研究重点是油菜菌核病问题。也就是说，他是个油菜病害专家。

“菜籽油现在都拿来做调和油了，很少有纯的菜籽油。”姜道宏说，“我是农村长大的，家家户户种油菜，然后自己榨油。那种油的颜色不怎么好看，甚至有点黑黑的，可是烧菜非常香，有特殊的香味，一闻就是回到家的感觉。”

但姜道宏觉得油菜的发展空间很大：“我们江南一带有很多冬闲田，就是冬天割了水稻以后的那些田，如果接着来种油菜的话，可能就能吃到更多的菜籽油了。相对其他的植物油来说，菜籽油的品质更好，所以我们可以做的事情还有很多。”

他也有担心，油菜的发展面临两个压力，一是来自国际的压力，比如中国开始从加拿大进口油菜籽；二是农民生产积极性，究竟有多少农民对种油菜感兴趣还很难说。

油菜籽的市场价格并不高，农民外出打工可能一天赚的钱就相当于种一亩油菜赚的钱了。加上种油菜是个很辛苦的活儿，甚至在收获时还不能做到像小麦、水稻那样的机械化收割，劳动强度更大，农民种油菜的积极性会受到影响。

不提高生产率、降低生产成本，这个产业的确很难有大的发展。姜道宏看到了这一点。

“花更少的投入得到更多回报，农村需要这种技术。”他说，“机械化收获、轻简化栽培，这是农业的发展方向。只有这样提高效率才能吸引人去种地。所以要用科学技术为这种模式提供可能，加上对农民的技术培训。”

但是，这种全流程的技术并不是哪一个天才的科学家就可以研究出来的，需要团队性的高效协作。姜道宏于是从种油菜开始说起：

“你得先育苗，当它长到一定高的时候，得把苗一棵一棵移栽到大田。地还得整很平才行。然后是浇水、除草、施肥，到了出薹期再追施叶面肥，如果病虫害不严重就可以等着收获了。”

他接着说：“收割也很麻烦，割下来后先堆在一起，十多天后油菜籽跟角果才会分开。这时还得赶紧搬走，不搬走后面水稻就种不成了。耕地闲不下来啊。”

所以，种油菜是个很麻烦的活儿。一环扣一环，每个环节都要做到位，才能有个好收成。研究油菜也是这样，必须要很多人协作，一起来研究这个事。

“为什么要全国的专家一起做？不同地方的栽培模式是不一样的，品种的适用范围也是不一样的。我们在武汉研究出来的品种、技术，可能在湖南、江苏、安徽、江西这些地方可以用，但到陕西、河南可能就不行了。”姜道宏说，“为了使研究成果能有可靠的试验基地，还要有试验站，成果就到各地的试验站去试验。这个成果如果在试验站成功了，就可以起到辐射带动当地生产的作用。”

“而且，我刚才说的是收成，不是收入。要想让农民增产又增收，还需要有经济学家一起来研究这个产业的运行、走势。总之，科技从研究，到推广、到应用，如果有一套运行良好的系统的话，会缩短很多时间。”

来自不同地方和单位的油菜专家们，正在为所说的这套系统探索着。

2008年1月23日，国家油菜产业技术体系正式成立。

38岁的姜道宏教授，成为油菜体系病虫草害防治与监控室的岗位科学家。他的职责，就是检测和控制已知的油菜病害、监控新的病害，并进行预警，还有一个职责是对重要病害进行研究，并提出应对方案。

“这个应对方案有个前提，防治油菜病的同时要对环境和其他生物友好，也不能增加太多成本。如果成本增加很多，又危害到其他生物或者人的健康的话，那么这个方案就是不成功的。”姜道宏说。

对这一点，姜道宏坦承有压力。

“每次一想到曾经见过的那些得了病的油菜地，就觉得压力很大。也感到体系的这个岗位很重要，是一种责任。”他说，“‘食君之禄，替君分忧’。国家给我这个信任、一年70万元稳定的研究经费，不把这个事情做好怎么行？”

有一次，姜道宏到襄樊考察时看到，当地6000多亩麦田枯死。一个农民站在田埂上自言自语：“我的麦子怎么都死了……”声音越来越小，越来越低沉。姜道宏当时就流泪了。

“你没看到老百姓，是不会感觉的。看到了，谁都会很难受。”他说，“如果防治不好，明年可能就不是6000亩，可能就是60000亩了。植保是公益性的事业，单凭老百姓是没办法的，我们必须联手控制它。”

在南方，油菜是越冬作物，因为天冷，虫害少，但病害很多，其中菌核病是第一大病害。这是一种受到叫作核盘菌的真菌感染的油菜病害，每年的平均发病率是10%到30%，遇到雨水多的年份则高达70%到100%。

作物适应的环境，就是这种真菌适应的环境。换句话说，这种真菌是和作物一起共同进化的。国内外学者研究了百余年，但控制它的手段仍不甚理想。跟其他病害不同的是，目前还没有高抗菌核病的油菜品种。这意味着每年至少有十分之一的油菜产量损失是菌核病造成的。

更让姜道宏头疼的是，大多数农民对这种病害没什么概念，没有防控意识，做起工作来难度很大。

“这个病害跟虫害不一样。虫咬一口你看得到，比如一片地里有几个虫子你就会赶紧打药。但是有十个真菌造成的病斑你却看不到，当你能看到的时候油菜茎秆上的病变已经出现了，打农药效果就不显著了，甚至是浪费。”他说，“这种病总是在油菜籽快要成熟时杀死植株，产量也就没有了，即使还有点产量，质量也不好。”

核盘菌最厉害的是，它可以一年四季都存活在土壤中，没有寄主的时候它至少可以存活两年以上。当温湿条件适宜时，它萌发产生子囊盘，然后把成熟的孢子喷到空气中，这些孢子随风而行，开始它新的寄生生活。

核盘菌不仅危害油菜，萝卜、包菜、甘蓝等十字花科蔬菜以及豌豆、蚕豆、大豆、马铃薯、莴苣、胡萝卜、黄瓜和洋葱等都是它青睐的对象。

油菜受到菌核病的感染时，正是油菜花成片成片盛开的季节。几乎没有人知道，在耀眼的鹅黄色的大地上、绚烂至极的花潮中，那些只为吞噬生命而存在的核盘菌们就已经发动了侵蚀之战。

等到油菜花谢、开始结角果了，人们才会渐渐看出来，油菜地就像开始步入老年的人们的头发一样，东白一点、西白一点，直到全都一片惨白，从叶片到茎秆渐次死亡。这时，菌核病已经占领了整个油菜王国。

怎么办呢？姜道宏提出的解决之道是“以夷制夷”，用另一种叫做盾壳霉的真菌来对付核盘菌。这是因为，如同油菜是核盘菌的寄主一样，核盘菌也是盾壳霉的寄主，而且盾壳霉对它寄主的寄主——油菜则无害。老话怎么说的来着？对，一物降一物。

作为一种生物防治措施，用盾壳霉防治菌核病实际上已经研究快20年了。研究人员在油菜刚开花的时候，把这种生物制剂喷洒到田里，盾壳霉于是就潜伏起来，直到核盘菌出现，它才开始展开进攻。

在“星火计划”、“国家自然科学基金”、“公益性行业专项”等数个国家级的研究项目支持下，姜道宏等研究人员已经在实验中取得了很好的结果。

加入到油菜体系中后，姜道宏的一项重要工作是研究如何让这种生物制剂能够工业化生产，真正用到大田里去。

“今年的效果比去年好。去年人家反映我们的制剂容易把喷雾器堵塞。今年我们做成水溶性的，一搅拌就溶化成很均匀的溶液。在江西和湖北黄冈等地都做了实验，效果很好。”姜道宏对此还比较满意，但他对如何推广应用也有担心。

“油菜开花的时候打农药可以防治菌核病，但效益不高，这种病将来伤害的是茎秆，操作也很困难。跟水稻也不一样，黑龙江那一带飞机施药，一下子就搞过去了。但是这里几乎都是人工打药，非常辛苦，人力成本高，你劝不动农民。”

青壮年劳动力都打工去了，于是许多农村在政府的组织下成立了“植保稽防队”，从村里挑选几个男性来统一打药。这些人的身体素质还可以，但大部分也都50岁上下了。政府掏钱买了机动喷雾器发给他们，打一亩地农药他们有5块钱左右的收入。

这种方式在一定程度上解决了些问题，可由于防护意识和防护措施往往跟不上，许多人打药时甚至连口罩都不戴，经常有人农药中毒，而中毒后也没有什么保障，住院治疗的费用往往又大大高于挣的那点辛苦钱。

“他们亲口跟我说，有时候中毒了，300块治病钱都掏不出来。我每年70万元的经费里，有多少个300块钱啊！一想到这里，就觉得这笔钱不敢给糟蹋了。”姜道宏低沉地说。

中国的现实国情，决定了农业科研面临更复杂的问题。2007年，湖北省稻飞虱大暴发。省政府高度重视，有的乡镇领导急了，强制性要求农民必须去地里打农药。姜道宏觉得这有点不妥，可也实在是没办法的事。

由于每家每户种的品种不同、播期不同，所以苗情也不同，对打药的时机和需求也不完全一样，造成了联防联控的难度。有的农民就不乐意，说我的田里又没有虫子，为什么要打药？这种困境，其实在各地都有出现。

“如果整个这片田里有一块不打药，将来稻飞虱就都会跑到这里。这块地打了药，虫子会跑到另外一块地去避难，等药劲过了后可能又回来。所以这个问题挺麻烦的。”

他接着说：“但是说科技创新，就得在这种现实情况下创新啊。总是怨体制不好、或者怨农民的田种的规模太小了，难道要等大家把地都集中在一起后才搞科研吗？也许解决这个问题不光得技术方面，可能还得社会科学方面的研究。但我们总得做点什么不是？”

农民种地有句老话——“三分种七分管”，意思是在有了好种子和合适的播种天气之后，能不能有个好收成，田间管理非常重要。这跟孩子成长差不多，后天的教育比先天是不是聪明更重要。怎么施肥、怎么打药，什么时间施肥、什么时候打药是田间管理最主要的内容。

在这方面，农民甚至基层的农技推广人员对培训的需求非常强烈。农业部曾经对农民做过一个调查，问他们最需要的技术是哪方面的，结果显示大概三分之二的问题就集中在植保方面。

姜道宏现在的一个重要工作就是对种油菜的农民进行培训。他的培训方式好玩极了。

“要劝农民打药，告诉他们得有这个意识，还得教他们怎么打、打什么、什么时候打。我带了显微镜、标本去，教他们怎么看，这个油菜秆里有些什么东西。”他说，“刚开始时，一个课桌上我给放两瓶汽水。后来呢，我跟农民说，你们来听，我管饭，当然不管酒。”

结果他食言了。姜道宏后来上课的课桌上还真放上了酒。农民们喝得挺高兴，听得也认真。150多人规规矩矩地听了几个小时。

“上课的时候，他们不说话。你知道，一般农村的人比较随便，抽烟、说话，那很稀松平常。但是我们上课时他们不说话。他知道我们是花钱请大家来听课的，肯定不是说害他们的事。”他说。

姜道宏生在农村长在农村，知道打动农民打药的最有效办法是算账。他给农民这样算：

“如果你在关键的时候不打农药防治的话，一亩地损失大概65块钱左右。假如你有10亩地种了油菜的话，你就损失了650块钱。可你打农药呢，一亩地花五六块钱，10亩地50到60块钱的样子，也只花一天的工夫。你自己的劳动力不算钱，用沟里的水也不算钱。所以你不防治你就损失了将近600块钱。”

“你光说这个事重要，他们听不进去。但你一亩一亩地算这个钱，他们就听进去了。”姜道宏说，“如果我们的小小付出，比如花半天时间劝了多少农民打药，自己也可以算算这个效益有多大。所以，这还是值得去做的事情。”

让姜道宏感到担忧的是，能完全听明白培训内容的人越来越少了。有点文化水平的青壮年都进城打工了。包括他在农村的亲戚朋友，许多人都去了浙江、上海这样的沿海发达地区谋生计了。

“最糟糕的是，即使有了好技术，会用的农户也不多。这有点沉重，但农村的现状就是这样的。特别是南方一小块一小块的耕地，农户众多，好的技术推广非常不容易，这种耕种方式是不是还适应农村发展的需要？”

有的人认为，科学家不是农技员，不应当以技术推广和到处培训为重点，还是要回到课堂和实验室，这样才能出像样的研究论文。

但是，像许多加入到体系中的科学家那样，姜道宏不仅“把论文写在了大地上”，他的研究成果正在一点点地在生产中得到实现，而且这片大地确实是个非常好的实验室，给他带来了非常好的研究内容，出了非常好的成果。

“我们在一个水平很高的刊物上发表了一篇文章。从田里把病原分离出来，发现了一个病原菌感染了一种DNA病毒，这是世界上第一个报道的单链DNA真菌病毒。我们还会发现很多科学原理方面的问题。有的问题暂时解决不了，但有的问题已经可以看出目标和方向了。”姜道宏高兴地说。

“比如，把这个病毒应用到田里，从而感染核盘菌，那它就没有致病性了。当然这个病毒有没有用、对人畜有没有影响，还要经过科学评估，不是说发现了马上就可以用，没那么简单。”

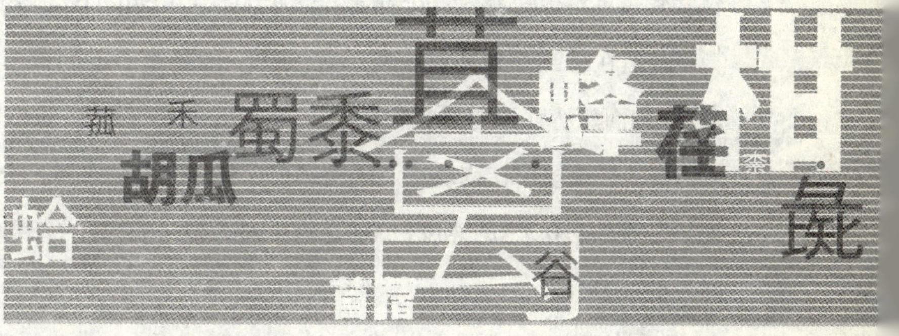

第九章
195-224

科学家们，联合起来

一种作物从种到收，涉及品种培育、栽培管理、病虫防治、机械作业等诸多环节，可想而知，如果每个环节各自为政是个什么状况。

即使同一研究领域，相互之间也多互不通气。

现在，有一批科学家坐在了一张桌子前探讨共同的话题。甚至，还包括了搞经济研究的！

柑橘缆车

楼顶上有一条近100米长的索道。洪添胜一扳电闸，索道就吱吱呀呀地转，一个吊篮随之慢悠悠地运行起来。

“一般的索道，比如说在一些风景区，还有矿上搞运输，都用的是钢丝绳来牵引，只能从这个点到那个点，直上直下，不能转弯的。”他说，“我们搞的这个链式索道就可以转弯，连90度的弯都可以转。上下坡的话，40多度都没问题。”

索道在楼顶四周环成一圈，高高低低，像是个小型的过山车。吊篮走着走着，在前面忽然就拧向另一个方向。

这套系统每个挂钩最重能承受25公斤到30公斤的东西。每5米一个挂钩，按照每秒钟行进0.3米的速度，也就是每小时大概一公里左右，那么每小时就可以运送6吨的东西。

10月的广州，太阳虽不大，但空气湿热，我们很快就浑身冒汗。

洪添胜擦擦头上的汗，继续饶有兴致地说：“我们搞成这种团团转的，有什么好处呢？你知道，山区地形是很复杂的，农民根据地形地貌把索道架起来，完全可以随意设置，能循环盘山转动，采下来的果可以随便在哪个地方挂上去。”

洪添胜是华南农业大学工程学院院长、国家柑橘产业技术体系机械研究室主任。这套索道就架在学院的教学办公楼顶，设计初衷是为了减少南方柑橘产区的果农劳动强度。

“我去过不少橘园。去得多了，就发现了一个普遍性的问题：我们广东的也好，湖北秭归和宜昌、江西赣州这些主产区也好，都是很陡的山，从山脚到山顶都那样。农村里的青壮年劳动力又都到外面打工去了，剩下来的都是妇女或是年纪比较大的人，所以运输真是个大问题。”他说，“我以前也在农村生活，所以知道，挑得稍微重一点，上山很累，而下山时脚都是发抖的。”

柑橘在南方一些山区算得上是支柱产业。许多柑橘产区的工业基础差，水田也很少，但山坡地多，适宜发展柑橘。老百姓对此也非常有积极性，因此种柑橘是一个能带动群众脱贫致富的产业。

热气在楼顶蒸腾着，洪添胜眯起眼睛说："现在果树产量很高，挑下山确实太辛苦。人工挑的话一天工钱是80块，采果的一天40块钱，就是因为挑要辛苦得多。甚至在贵州、湖北一些地方，挑都挑不成，山太陡了，得靠背篓背，手脚并用地爬山。目前的现状是挑果、背果的劳动强度大，成本高，而且还不容易请到劳动力来做这些工作。"

2007年末，洪添胜加入国家柑橘产业技术体系。作为长期从事地面车辆系统力学、机电一体化技术、信息技术在农业中应用和喷雾喷灌技术等研究的专家，他选择了山地果园机械化运输作为自己的研究内容。

"我有个观点，我们这个机械研究室最重要的任务就是要消灭肩挑，手提一提还可以，不要再让农民用肩挑了，不要去背背篓。"他说，"城里人过得越来越舒适，但你到农村看看，农民收入多是多了些，可跟城里的差别还是很大。如果劳动强度降不下来的话，农民也没有幸福感，还是太累。他们应该过得舒服点。"

洪添胜是广东梅州客家人氏，说话慢条斯理："你看到了，这套实验索道装的是吊篮，但其实我们还没确定最后实际的索道就用这个：农民把果子一箱一箱放上去呢，还是把采好的果子挂上去就行？反正我们这个用不着专门的装卸装置，也不需要专门的装卸地方。"

水果主产区现在纷纷提倡搞无公害农业、追求绿色环保产品，许多农民已经不用或少用化肥而转用有机肥了，但有机肥体积更大、重量更重，往山上挑也很累人。所以，有了这套运输设备，一方面采好的果子能运下山了，另一方面肥料、农药也能从山下运上去。

事实上，在洪添胜的设想里，就包括了综合利用的内容："索道挂钩上可以挂个小型汽油机，连接一个小的能产生气压的储气罐，再连接上气动剪，可以用来修剪树枝。”洪添胜比画着说，“再比如，为了降低造价可以用水泥做柱子，这个水泥柱子就可以挂杀虫灯、杀虫板，引害虫过来，进行物理杀虫。这种索道在香蕉园、苹果园也同样用得上。”

2009年12月，洪添胜在惠州市龙门县土湖村的柑橘园建起一个示范性的索道系统，总长250米，依山而建，每5至10米的间隔立起水泥杆或钢管龙门架，每小时可输送6.48吨柑橘或肥料等物品。

“农民用得起这套设备吗？”我问。

“因为我们这个还是实验示范，如果直接让农民买还不成，造价高，但通过做实验示范，把这个定型后，由工厂量化生产，造价是可以降低的。”洪添胜接着说：“国家这几年在农业机械化生产上投入了很多钱，2009年农民购买农机中央财政一共补贴了40亿元，2010年是130亿元。当然主要是补大田作物生产的，如插秧机、收割机、拖拉机等，还有滴喷灌等设施都开始有补贴。”

“我相信，这个如果定型生产的话，应当会被列入补贴目录的。现在最低的补贴都是30%，补贴是有导向性的，有些高的能补贴60%~70%。”他说，“通过工厂的工业化生产降低成本，然后再有几家厂家竞争，那成本就下来了，加上政府有补贴。如果农民有收益，而且以后劳动力更紧缺的话，我估计将来是有市场的。”

洪添胜的研究里还有一项是机械喷雾设备的改进。同样是因为山区坡陡费力的缘故，农民打药也很花工夫。自走式的喷雾机虽然马力大、作业时间长，但很难开上山，即使开上去也走不动。背负式的喷雾机呢，装不了多少药，打一阵子就又得下山再灌。

所以，在一些稍有规模的果园里现在都建有农药池，用小型的汽油机或小型电动机带动药泵，再铺好喷雾管道，农民喷雾时拿着喷枪，另一头连着管道，再开动水泵喷药。喷得够不着了，就把开关再关掉，把喷枪再拧下来，又到另外一个地方接上再喷。

他要做的，就是对这种喷药方式进行升级。一个改造是针对十亩八亩那种小果园的，搞个遥控器挂在脖子上，可以远程控制药泵电动机的开关，省工省力。另一个改造是对几十亩上百亩的大果园的，这种果园在打药时一般都是三五个人、七八个人同时打药，打药的人过多就可能压力不够，洪添胜于是研究出了一个变频的恒压系统，可以根据压力的变化自动改变供电频率从而改变电机转速，达到稳定的喷雾压力。

除此之外，洪添胜还在研究改进滴灌的控制系统。

"我调查过好多橘园，有滴灌和没有滴灌的差别挺大。用了滴灌设施的，可实现水肥一体化滴灌，增产20%没有问题。现在好多地方是山上挖个水池子，蓄上水，然后从水池子里往外铺管道。每根管道都有个开关，要灌的时候打开、不灌了再关上，很麻烦。"

于是，他做了个巴掌大的滴灌控制器，其独特之处是不像普通的电磁阀门那样老得保持充电状态，耗电太大。这个控制器就用普通的干电池，阀门里有个微处理器进行控制，到了时间会自动通一下电，大概几十个毫秒，一个正脉冲就可以把阀门打开，然后就不再通电了，阀门一直能保持开的状态，到了预定时间再给一个负脉冲，阀门就又关了。

我看到，盒子外面是一个很简单的旋钮，每格可以设置成15分钟或20分钟，像电风扇的时间旋钮那样容易计时。这个实验品每天开一次关一次的话，电池起码可以用一年以上。

"我们现在做的所有研究，都是围绕山地橘园省力化的田间管理这样一个应用目的开展的。"洪添胜总结说。

他感到，自己这个搞农机的从来没有像现在这样，跟搞栽培、植保等农艺方面的专家如此紧密地结合在一起。其实，农机和农艺相结合，很早就成为农业科研领域一直呼吁的话题，但却一直没有很好地结合。农作物的生产，需要育种、植保、栽培管理、机械化等一系列环节，而大家的研究多少年来往往是各行其是，很少相互照应、相互配合。

洪添胜说："过去大家都是能申请上什么项目就做什么项目，搞不下来就没什么干的了，没有连续性，更不去考虑跟农艺怎么结合。而且你做什么就做什么，跟其他领域没有关系。加入体系后，跟其他方面的专家有很多可以讨论的问题。"

"比如我现在做的这个系统，就跟搞栽培的、搞植保的经常沟通，这是个非常好的结合点，我弄出来的东西能够适应农艺方面的需求。但也有些机械方面的情况，要求农艺方面相应地改一改。"

洪添胜曾经在法国留学多年，他的农业工程硕士和博士学位就是在法国国立蒙彼利埃高等农业学院获得的。对发达国家农业生产的机械化应用，他的感受颇深："国外种柑橘的话，行距都很宽，地也平，机器开过去修剪、喷雾和运输都很简单。可我们国内的柑橘种植的立地条件太差，90%是丘陵山地，没有这个条件，适用的机械得自己设计，跟农艺更得相互适应了。"

不仅搞农机的和搞农艺的结合起来了，他们自己这个农机领域的科学家们也相互有了配合和协作。除了洪添胜这套索道设备外，体系里的机械研究室还有一位华中农业大学的老师也做了一套轨道运输系统，一个12匹马力的柴油机带动车箱，上山可以运500公斤、下山可以运1000公斤，这就是他们分工的结果。设计过程中，双方经常交流沟通。

现在，洪添胜下乡搞实验时感到挺方便：体系在不同的柑橘产区设置了综合试验站，洪添胜再也不用像过去那样做田间试验得东找人西找人去做了。试验站顾名思义，最重要的功能就是做试验示范。而且经过试验和改进后的东西，很快就会被推广出去。

他很满意这一点。

大豆兴衰

一直以来，大豆都是北方地区、尤其是东北黑土地的传统作物。

而华南农业大学的年海教授这些年却一直忙活着一件事：发展南方的大豆生产。

“大豆是热带、亚热带地区最有潜力的作物。在南方地区，大豆一直有和甘蔗、木薯、玉米、幼龄果树等间种的习惯。”年海说，“一般都认为南方发展大豆不行，一说大豆就都是黑龙江的。但实际上南方大豆产量也不低，而且巴西的大豆都是在热带，产量非常高。”

在他看来，南方数千万亩的甘蔗、木薯、玉米地都可以和大豆间作，但因大豆品种和种植技术等原因，这种模式过去没有引起足够的重视。

1999年起，年海主持了一项“热带大豆、玉米品种资源新品种及高产优质栽培技术引进项目”，利用巴西大豆资源为材料，与国内品种杂交，先后选育出10个大豆新品种，这些品种产量达到国内先进水平，同时还有很强的耐酸铝、低磷土壤的能力。

课题组还研究出与品种配套的栽培技术，并在广东湛江等地大面积开展大豆与甘蔗、大豆与玉米、大豆与木薯间套种综合推广试验示范，取得了成功。

菜用大豆平均亩产鲜荚约400公斤，普通大豆平均亩产为120公斤左右，最高可以达到160公斤以上。这种种植模式不但能大幅提高土地的利用率，还有利于控制杂草、培肥土壤。但如果把北方的大豆种子拿到南方来种，很可能就达不到这种效果，这种情况年海还真碰上过。

有一次他在湖南新田县考察时，一位县委副书记说，县农业局从外地引进了一个新品种，亩产能达900斤。

年海解释说，大豆平均产量能达到300斤就不错了，实验田才产400来斤，900斤绝对不可能。

副书记不相信。

年海又说，你这个地方水稻一亩产900多斤，一斤稻谷九毛钱。大豆如果也产900多斤，一斤能卖两块多，那农民谁还种水稻？袁隆平还不得回家待着去了？

副书记这才算过账来，说是啊，如果这个品种这么厉害，袁隆平就得回家待着去了。

但是，当地农业局还是引进了这样的品种给农民种，因为品种不适应，种下去后收成很差，有的农民还颗粒无收。

后来，年海根据当地实际情况，有针对性地引进了一些新品种。

经过几年推广，当地豆农平均每亩能收400斤豆子，比过去差不多翻了一番，在山坡地差不多也有340斤左右。

比起全国平均240斤的水平来，农民自然高兴得很。

如今，新田县已经成为南方地区一个重要的大豆生产区，种植面积持续增加。年海再去那里时，书记、县长、局长们的招待热情得不得了。

“以前南方也种大豆吗？”我问。

“也种，一直就有一定面积，但都是种农家品种，自生自灭，产量很低。新品种一推广后，产量就大幅度上去了。”

年海说，大豆不像水稻，原来科研上没有多少钱，也没有几个推广人员，栽培技术落后，所以产量低，面积也上不去。

水稻基础好，用新品种提高现有产量，顶多能增加三五个百分点，但大豆可能就是30%~50%。

其实更早些年，年海是过了几年富裕日子的。

1984年到1992年这8年，他在吉林省农科院工作时，东北大豆正是鼎盛时期，面积大，市场也好，农民种豆积极性很高。

吉林省农科院建立了全国第一家大豆研究所，一个三层小楼里，有来自不同领域的近百名科学家在做大豆研究，包括资源、育种、栽培、植保、加工都有专门的课题组，引领着当时国内的大豆科研。

“我们从日本进口了很多先进仪器，什么氨基酸分析仪、蛋白分析仪，还有专门的计算机室，1983年就有不少计算机。”

回忆起往事，年海颇为怀念：“他们加工研究室赚了很多钱，我们育种室有20个人，一年卖种子也能赚二三十万块钱。国家给的科研经费也比较多，那时候还叫‘攻关’。当时钱还比较经得起花，做科研不怎么会为钱的事犯愁。”

大豆所的衰落，是从20世纪90年代开始的。国家给的科研经费越来越少，而且因为强调竞争，钱也不好拿了，加上大豆产业越来越不景气，很多人于是改了行。

当时和年海一起读硕士的9名同学，后来多数离开了这个所，有搞玉米的，有出国的，有搞分子生物学的，还有下海的。

年海的硕士导师是张子金先生，国家“七五”大豆攻关计划的首席科学家，可他培养的弟子们，最后只剩下年海一个人还在搞大豆。

研究人员被冲得七零八落，自然形不成一个完整的研究体系。虽然南方也有很大面积的大豆，但研究力量基本上集中在北方。

即便是在这些研究人员里，也大多集中于育种方面，因为育种多少还有创收能力，能卖点原种维持生计，而栽培、植保、土肥这些领域基本算是公共服务类，很少得到科研经费的支持，研究人员就几乎没有，研究农业机械的就更没有了。

大豆的病虫害比较多，也长期没人去研究，以至于2007年国家大豆产业技术体系酝酿成立时，在国内竟然找不出几个专门做大豆病虫害的专家。

“整个研究体系断链子了，这样即使我们有新品种，产量也还是上不去。因为没有配套好的栽培技术、植保技术。”作为育种家的年海又说，“我们在育种的时候也不和下游搞食品加工的专家沟通情况，食品行业需要哪种大豆我们不太清楚，食品加工的专家也不知道我们在做什么、能做什么，大家都瞎忙活。实际上不同品种的大豆蛋白质、含油率差别非常大。”

像洪添胜一样，年海在加入到国家大豆产业技术体系、成为一名岗位科学家后，遇到的问题在一定程度上得到了解决。

加工领域的专家根据生产需要，对育种专家提出了非常明确和全面的需求，比如说做豆腐要求高蛋白，那么年海在育种时就充分考虑这一点。

大家相互沟通得多了，加上每人都有一笔固定的、宽裕的研究经费，相处起来非常融洽。

“过去我们要做一个实验，比如说做一个小病的，那时候跟植保联系不多，我们就做不起。现在，我想通过育种解决一些病害问题，但没有鉴定技术。我就向体系植保专家王源超教授求援，他就说那你送两个学生来吧，到我这里来给你培训，一切费用由他出。”

“搞农机的也是，他在那边做个农机样品出来，就给我托运来一个，让我先试试。资源共享了，原来所有那些科研平台现在大家又都利用起来了。”

“以前没钱时大家都很计较，你来了我哪有钱给你做实验？而且我还得防一手，你把我的手艺偷去了，将来我怎么办？现在大家都没有这个想法了，岗位固定了，大家都不想折腾了。”

当然，有的问题目前还没有解决，更需要各方力量共同参与。

大豆根腐病是一种多年来一直危害东北等大豆主产区的严重病害，致病原因比较复杂，大豆得了这种病后，容易早衰或死苗，结荚减少，产量大幅降低。

2008年，年海在江西发现了这种病，赶紧上报给体系的首席科学家。

“过去没有人知道，原来江西的大豆根腐病那么严重。我去看的时候感到太严重了，几乎减产40%。就是因为那里耕地的轮作方式不好，现在我们还没解决这个问题。”

他解释说，这是一种土传病害。一旦出现，植保方面就很难有有效办法，化学防治都比较难。他们现在考虑的是怎么筛选新的品种，然后跟防治结合，栽培专家也正在研究如何改进轮作方式。

年海接着说：“所以，我们不像原来的科学家那样，只在房间坐着，看看人家外国人研究什么，也要跟着研究。现在是到生产一线去发现问题，再立项研究，感觉非常好。”

不仅是大豆体系内部的联系加强了，各个相关体系的科学家之间的联系也加强了。

“甘蔗体系的陈如凯教授他们正在推广宽幅种植技术，这么宽的行距如果不把空地覆盖住就会杂草丛生，那么我们就和他一起做，套种大豆，效果挺好。不但不会和甘蔗争水争肥，甘蔗反而长得还好，因为种了大豆后对地表温度起了调控作用，大豆又能固氮。”

他补充说：“跟木薯体系也是，他们推广木薯的时候我们也说要接上大豆。还有香蕉、柑橘，都可以往里间套大豆。”

他想了想，又说：“我们还在跟玉米体系合作。在广西、湖南等地玉米收之前，我们把大豆套进去，等玉米收了以后，大豆才长高，然后把玉米秆往垄沟里一放就免耕了，有玉米的残肥，大豆不用施肥，还能抢15~20天，提前成熟，避秋旱。”

由于每个体系都有综合试验站，各个体系的试验站之间能够结合在一起来做示范，不同的作物成了一家，都有“卖点”。

就这样，大家从原来的竞争关系慢慢地变成了合作关系。

在病虫害防治方面，年海和南京农业大学的王源超等人沟通频繁。

“大豆病虫害很多年没有人研究，都转行了。我们在大豆育种的时候发现一种病，谁也不知道是啥病。王源超来了后，通过鉴定得到了答案，也知道怎么预防了。”年海说。

王源超也是大豆体系植保实验室的岗位科学家，过去并非专门研究大豆病虫害，但年海对同行的表现非常满意：

“那些搞病虫害的专家很卖力，成天到处走，我们一年得接待好几次，有了问题一打电话他们就马上派人，来了就是看病、抓虫。”

在南京农业大学采访王源超时，他对学科之间的合作加强也感触很深：

“要不是参加这个体系，真正对搞育种的、搞栽培的专家们在做些什么根本不关心。他们担心哪些问题，根本无从知道。我参加的是植物病理学会、植物保护学会，而育种家们则是作物学会或者其他什么，相互之间干什么完全是分离的，从来不知道。”

现在，体系的科学家们如果发现生产上有什么问题解决不了，涉及到植保的，会马上拍一些照片发给王源超等植保专家，征求意见。

如果王源超也解决不了的话，他再发给其他专家，也包括不是体系内的植保专家。

“体系是个新事物，加入到这个体系的人，大家热情都很高。我们体系每次开会的时候，包括院士在内的老专家们说起来都非常兴奋。”王源超说，“因为原来搞大豆的几乎就剩育种的了。加工几乎没人搞，农机也没有，植保也没有，栽培也没有。”

大豆体系设立了6个功能实验室，有育种，有栽培，有植保，有农经，有农机，有加工，还有产业经济，大家在一块儿会想很多可能的问题，思路会发散很多。各个方面的研究力量正在慢慢恢复起来，以后应该能解决很多实际问题。自己的任务该怎么做，大家已经越来越清楚了。

大豆种植区域广泛，北到黑龙江的漠河、黑河，其他作物都种不了的地方，大豆可以种。南到海南、西到新疆，几乎中国的所有地方都能种大豆。但不同的生态区，大豆病虫害不一样。

王源超对此认为，必须考虑得更广一点。

"病虫害控制不是单一的，你不能光控制这一个，其他的不管。"他说。

大多数科学家认为，解决病虫害问题最好的办法是抗病育种。要能育出抗病、抗虫的新品种来，那农药不就可以不使用了吗?

但同时，一个很大的问题是，病原菌的变化特别快，不断地出现新的致病类型。可育种家培育出一个新品种后，两三年里不发病大家就会觉得这是个很好的抗病品种。

事实上，在自然环境中，病原菌变化非常大，可能今天抗病只是因为有的病原菌没发作，或者这种致病类型正好这个品种可以抗。但实际上一经推广后，另外一种病原菌就不能抗了。

"在实验室做抗性测验的时候可能还不是个问题，但推广几年后，新的病原菌出来后很快就把你打倒了。"王源超说。

他现在正在做的大豆疫病项目，很大一项工作就是要了解全国主要大豆产区病原菌的种类有多少、致病的类型有多少。

这项工作完成后，育种家们就能知道，自己做的抗病育种需要重点解决哪些类型的问题、潜在的还可能有哪些威胁，培育出来的新品种将来用到生产上的时候，不论是持续时间还是稳定性都会好很多。

收老玉米

40年前，山东农民种小麦时开始采用套种玉米的栽培方式，一行玉米、一行小麦。当时，由于小麦产量低，小麦、玉米共生，相互之间不影响，效果明显。

如今，这种方式行不通了。由于小麦产量已经大幅上升，亩产一般都在800斤以上，两者套种的话，苗子不壮、病虫害严重。

山东农业大学副校长董树亭前两年提出了一个新招：把套种改成直播玉米，割了玉米后再种小麦。这一改直播，加上另一新招——晚收半个月，玉米产量大增，老百姓一看这法子管用，很快全省就推广开了。

董树亭于是思考，现在的农业发展，早已不是“一招鲜、吃遍天”的年代了。三年、五年后还能推广什么新技术？他把视线盯上了农业机械化问题。

提到农业机械，我的脑子里浮现出来的是一片片金黄的小麦、水稻被收割机铲进钢铁的肚子里，然后从屁股后面高高扬起一条粮食颗粒的抛物线，一台紧随其后的拖拉机上载满了丰收的喜悦……

这就是我对农业机械的全部理解。但在专家眼里看来，农业机械显然渗透在农业生产的方方面面、各个环节。

“机械化播种，机械化管理，机械化收获。育种、栽培等方方面面都要为机械化服务。过去是机械化服从于我们的种子，这难为人家了。”他说，“下一步，我想搞这个东西。以后我再下乡搞培训的时候，就不去培训农民了，去培训农机手。”

在山东，已经有半数的玉米在收获时用上收割机了，和全国平均17%的机械化收获率相比，无疑已经处于领先地位。

搞了一辈子栽培学的董树亭，怎么开始琢磨起机械化的问题了呢？他跟我娓娓道来：“我们玉米体系的专家一开会就讨论未来的种植业发展方向，这是个大话题。大家交流多了，彼此慢慢对各自领域就有所了解。比如，我和搞育种的过去很少接触，听了几次他们的报告，对这个行业就熟悉了，过去可一直心里没数。”

“再有，我们每年开一次玉米产业大会，听研究玉米产业的专家介绍，就能随时把握国际国内形势。植保、土肥、农机方面也是这样。知识面比以前广了，看问题的角度和视野就不一样，许多问题也理解人家了。过去老抱怨农业机械不过关，在小麦地里套种玉米，然后要求搞农机的研究出机器来。现在才知道，谁都做不出这样的机器，这不是难为人家吗？”

“美国的玉米为什么都是76公分一行？他那个机器的轮子就那么宽，人家农艺就是服从农业机械化的。现在大家都是研究一项技术首先想是否有利于机械化发展，这一点过去想得很少。”

他又说：“张东兴在我们山东省设了一个实验点，看什么样的行距对机械收获有利。我就跟他配合起来一起做，从栽培角度研究如何有利于收获。”

董树亭所说的张东兴，是推进玉米机械化收获进程的关键人物。作为国家玉米产业技术体系的一名岗位科学家，谈起农机和农艺的结合话题，张东兴的话匣子一下子打开了。

“耕地、整地，深松、旋耕，这些为播种做准备的作业都用得上农机。接下来是田间管理，比如施肥，你靠人工撒到地表，这样的利用效果肯定不好，肥料利用率低，那就不如用机械的方式开个沟，把肥料埋到土里，然后再浇水，而且可以把肥料精确地施在作物根系旁边，这样就提高了肥效、节省了资源、降低了成本。”

张东兴想了想，又说：“播种也有多种方式。你是免耕直播，还是翻整完地后再播种？这要根据不同的作物需要进行相应的播种机械研究。还有灌溉，灌溉机械也是田间管理的一大块，我们学校的水利工程系就是专门研究灌溉的。”

“未来的农业生产肯定是机械化，这是趋势。那么农学家们，包括搞植保的，研究出来的技术措施最终要靠机械来实施。所以，在设定研究目标的时候就要提前做好这种技术定位，跟农机结合起来，这样技术才能在未来的生产过程当中很好地应用。”

他说：“如果现在的技术即使能提高产量、防控有效，但问题是将来农村劳动力大量转移后没人下田干活时怎么办？那时候如果指望机械作业，但农机又很难实施这项技术的话，这种技术就很难推广开。”

“过去在农业生产中有这方面的教训吗？”我问。

“有啊。以前都是农机跟着农艺跑。”张东兴一口气讲了三个例子：

“水稻插秧机是我们国家最早进行的研究，也确实搞出来机器了。为了满足插秧的要求，插秧机要把30公分高的大秧子插到地里，就得插很深才能立住。可你想，插很深的话力度就得大，造成什么呢，秧子容易受伤。”

“后来日本人把插秧机技术引进回去，进行了改良。适合人工插的大秧改成了工厂化育的小苗，很矮，机器插秧的时候就不用那么大的劲了，而且小秧即使受了伤也容易恢复。思路一变，从农艺上解决了适应农机作业的问题。”

不仅是秧子大了不好插，效率也不见得能提高多少。见过当时机械插秧的人都知道，一台插秧机在田里忙活的时候，旁边有好几个人也得跟着忙活——有拔秧的，有喂秧的，有输送的，有抬机器的。算一算，用机械作业的成本没低下来，效率也比人工高不了多少。

“东北有个更典型的。他们搞栽培的提出一种模式，结果拖拉机的行距对不上，宽了。宽了就可能压倒玉米。怎么办呢，把大轴锯短，适应那个行距。这不就是农机农艺不配套吗？糟糕的是，后来又发现这种模式不是很好，可是大轴已经锯了，不可能再接上。”

“还有，秸秆还田是个很好的技术，庄稼收了直接把秸秆留在地里，能够增加土壤有机质。我最早接触这个技术的时候，他们搞栽培的人在机械收获后把秸秆人工抱出来，因为要播种嘛，不抱出来播不下去啊。抱到地头，然后把种子点下去，再把秸秆返回到田里。往后我们用上了机械，机器还田、机器播种，这才不需要人工过多地参与了。”

他还曾经做过一个用机械回收残留的农用地膜的项目，这源自于某次他在西北一些地方看到田间有大量破损的地膜，感到是一种极大的环境污染和资源浪费，对农作物的产量也有影响。

这项研究，用他的话说是“费劲极了”，研究了很多很多方法，虽然最后做出来的机器能用了，但收净率不是很高，只有80%左右，剩下收不回来的地膜时间一长，累积下来还是会造成不小的影响。

从这件事上，他感到要解决残膜回收的问题，不光是要造出一台好机器。

“地膜造得很薄，用几个月就碎了，机器怎么回收？国外要求厚度必须达到15微米，我们才8微米、甚至才6微米，成本低呀，从生产地膜这个环节就没考虑到回收问题。如果把地膜做得厚点，机器就很容易实现。”

张东兴继续说道：“再进一步说，如果按照系统管理的要求，从铺膜开始就应当跟农艺专家结合起来，能不能把地膜铺在两行之间，这样便于回收，否则的话根长出来把膜扎破，收的时候膜和茬子就分不开了。”

遗憾的是，这个问题目前还没有解决。

“就像地膜回收这个项目这样，大家过去搞研究都是在某个点上做文章，针对一个具体问题来思考解决方案，不会考虑前面的怎么样、后面的怎么样，就是这么一种思维方式。”

张东兴说，加入玉米体系后他对这个问题有了进一步的考虑：

“各行各业的专家形成一个体系，搞栽培的你去研究一下，我的膜铺在中间对产量有多大影响。搞产业经济的也可以研究一下，增加地膜厚度的成本和减少环境污染的社会效益、增产增收的效益，等等。所以，如果从系统的角度来考虑，思路就不一样。”

从播种到收获的全过程，中国目前使用机械化程度最高的是小麦。播种和收获环节，80%多的小麦都靠机械解决了。小麦成熟时，一亩地给收割机手三五十块钱，农民站在地头抄着手等着装粮食就行了，再难见到农民拿着镰刀割麦子的场景。

这和小麦本身作物特性有关，容易实现机械化，但玉米的机械化收获难度就要比小麦大。

为什么？张东兴用尽可能通俗的语言给我解释说，玉米是宽行作物，行距大。因为玉米占的空间大，所以行距也要有足够的空间才能够很好地生长。

同时，玉米的谷草比和小麦相比要大得多——谷草比指的是收获的籽粒和秸秆（草）的比例，玉米秸秆的量比小麦要大得多，收获的时候就不能跟小麦似的整棵从根部齐刷刷地割下来、混入滚筒，然后脱粒。

所以，玉米必须是对行收获——一行一行要对准，而且要把秸秆和玉米穗先分开再分别处理，而小麦则是把秸秆和穗头直接割下来之后全都进入滚筒里进行粉碎、脱粒、分选。

看过玉米收割机的人都有印象，机头前面的收割台有个分合器，能把玉米归成一行、一行的，再喂入对辊里把穗子摘下来。秸秆会从割台下边被送到机器后边粉碎，上面的穗子再进行剥皮什么的后期处理。

看我半晌无话，张东兴挠挠头，从电脑里找出一段视频资料放给我看。那是他们项目组研究的玉米收割机正在收获的场景：

收割机前面有一排像锥子似的尖状物——对辊，行进过程中，玉米自动被分成数行卷进机器。

我恍然大悟："收小麦就是全给搂进去，收玉米就是要分成几行、几行地收。是这样吧？"张东兴点点头。

"那为什么难呢？"

"我们的农民种的玉米品种多而杂。由于不一样的玉米品种生长期、结穗高度、最适宜的种植密度等都不同，而果穗的大小、形状、脱粒难易程度以及茎秆的粗细、高矮等都影响着机械作业。"

张东兴补充说："加上农民种玉米的时间也不统一，导致成熟期不一致，机械难以适应，效率低、损失高。"

有时，即使同一村子里相邻的两块玉米地都很可能要调整机具，甚至在一块地里都需要进行多次作业。还有的品种，培育的时候压根就没有考虑机械收割的问题，植株高大、晚熟，收获时籽粒含水量高，苞叶厚而紧，机收时剥不下叶子。

玉米机收难，还难在各地种玉米的方式多样化，不像国外都是一个规格。

美国是世界上重要的玉米生产大国之一，平均产量每公顷9.3吨，中国才5.3吨左右。美国的农场主种玉米时，多年都是习惯以76公分的行距为标准，这和他们几十年前就用机械收获有关。但中国农民不关注这个，因为一直是手工收获。

"黄淮海地区有小麦套种玉米的习惯，这就有大小行之分，不均行种植。比方说它可能是两个30公分的小行距，加上一个70公分的大行距。这是长期以来老乡形成的栽培习惯。"张东兴说，"为什么有两行窄的呢？小麦灌溉的时候不是有畦吗，畦背两侧种上两行玉米，就形成了两个窄行。"

张东兴去山东桓台搞培训就发现了个问题。桓台是北方第一个实现吨粮县的地方，当时推广的一个技术就是套种。这项技术确实达到了增产目的，但现在就碰到了机械收割的麻烦：套种造成收割机在收获时落穗率高，损失很大。加上这些年推广玉米秸秆还田，机器在粉碎秸秆的同时，其实地里还有许多玉米粒。

"如果不解决行距的问题，收获时的损失量可能比通过栽培新技术获得增产的量还要大，得不偿失。”他说。

“所以小麦怎么种都能收，只要在割幅之内的小麦都能收进来，密了稀了、宽了窄了都无所谓，它是全幅收割的，进入到割台内的都能割下来。收玉米的时候难度就很大，你必须对准一行一行地收。两个对辊收一行。”他说，“要是硬把两行归到一个对辊里头的话，玉米秆子就会交错往里头入，作业效率就会下降，也容易堵塞机器。”

张东兴接着说道：“再一个造成什么呢？现在的品种秸秆不够坚挺，容易倒伏，一碰就倒，造成穗子落不到割台里，掉到地上了。结果，本来这项技术是个增产技术，可因为不适应农机作业反而造成损失，把效率抵消了。”

隔行如隔山。不要说我这个门外汉不懂，即使是搞玉米研究的科学家，因为领域不同也相互并不清楚，需要一个相互沟通的过程。

玉米体系刚成立的时候，张东兴经常在开会时提农机和农艺的结合。一位栽培专家有一次对他说，张老师你这个搞农机的，机械性别那么强嘛，灵活一点行不行？怎么非得要求行距60啊，你把那个行距调一调不就行了吗？

张东兴解释了半天：如果农艺上确实是小行距增产，幅度还很高，那么农机上肯定要先根据这个要求来考虑农机设计。现在的问题是目前的收获技术不能满足随便种植的要求，收割机的结构特点决定了不能满足你的要求。可是这位专家怎么也理解不了为什么不能调。

直到一年多以后，这位专家在东北的一个农机博览会上看到玉米收获机的作业才明白是怎么回事。再一次开会时他就对张东兴说，我理解你说的割台为什么不能随意调了，这个工作结构限定了调不到40公分的行距。

2008年，玉米体系的科学家们针对各地玉米种植方式进行过一次调研，结果发现从北到南，农民种玉米时间隔的行距从30公分到80公分全都有。在东北，许多农民喜欢种高秆大穗的品种，植株之间的空隙大，人工掰起来方便省力，但一用上收割机就不适应了，稀疏加上易倒伏，作业效率很低。

于是，育种家们开始研究起如何增加密度的问题了，只有密植才能相应地提高单产。幸运的是，由于中国玉米生产的机械化系统还没有形成，许多问题大家可能商量着来——如果有一个有效的交流平台的话。

比如，农艺专家认为60公分的行距比较合理，那么农机专家就可以根据这个目标进行机械设计、制造和运用。

事实上，张东兴他们现在就正在做这方面的工作。

2009年，张东兴做了一个不同行距的玉米栽培、播种、收获实验——就是董树亭提到过的那个实验，目的是想知道45公分、50公分、60公分、70公分到80公分的行距对玉米产量差别有多大，以及对机械作业的影响有多大。

由于东北地区是垄作，大部分行距都是65公分，收割机只能按照这个模式生产，所以张东兴把实验地点选在了河北、山东。

“中国太大了，种植情况千差万别，一种机械适应不了全国的情况。小麦能从河南一直收到东北，玉米就实现不了。所以我们要考虑区域的标准化问题。”

他说：“我们实验的结果是这样的，如果种植密度基本一致的话，从理论产量上来讲差别不大，只有2%。既然差别很小，那在这三个行距中我就能选一个比较适合机械播种、收获和田间管理的。”

张东兴于是征求了董树亭等栽培专家的意见，大家认为60公分的行距从用光效率来看最合理，从机械上来看60公分的行距也容易实现。

但同时，大家也觉得一年时间太短，数据不能充分说明问题，所以，接下来土肥专家、植保专家们也都参与进来，结合在一起做这个实验。

“如果实验几年下来后，确实在50、60、70公分这些不同行距差别不大的话，我们就设定在黄淮海地区的标准行距是60公分，大家都朝着这个目标努力，机械上就不用老随着农艺跑了——以前同一个村里就有30、40、50的，一台机械根本施展不开。”

张东兴说：“今后如果种植标准都是一个规格的话，设定机械覆盖一个合理范围，在这个范围内机械作业就很痛快，对农民、机手双方都有好处。迟早有一天，农民有可能就雇不到人工去掰穗了，那时候会逼着他朝着适合机械作业的行距种植，但这需要一个过程。”

除了栽培方面需要考虑机械化的需求，育种方面也是一样。在美国等农业机械化水平比较高的国家，玉米的收获、脱粒是一条龙作业，像收获小麦一样，直接把黄澄澄的玉米粒拉到粮仓。

但在国内，目前即使用上收割机、即使用的是进口的大型收割机的地方，也基本上还是只能把穗子连皮一起摘下来，原因是皮难剥、粒难脱。

“人家的收割机一开过去，玉米棒子收进去后出来的全是果粒，我们的收割机过去后，有30%到40%，甚至更多的玉米都是叶子脱不掉。”

张东兴说：“糟糕的是，如果不赶紧把皮剥了，几天后就会发霉。所以农民收回去以后，都是赶紧坐在场院上手工剥皮。主要就是咱们的品种做不到。”

他解释说，玉米产区到了收获期的时候雨水多，在籽粒含水量较高的情况下，如果皮开了或者松散的话，可能会影响籽粒品质，所以包得很紧，剥皮就很困难。硬要剥的话破碎率就增加了，弄得玉米表面绿乎乎一层，看上去品质就不好。

由于许多地方种的玉米品种生长期过长，到了收获的时候还不太成熟，含水率高的达到30%以上，而国外一般都在23%以内。机械脱粒的话，穗子可能就打成浆了，这又增加了破碎率。所以，育种上如果生长期短点，把苞叶到后期松散点，秸秆到后期也不要倒、挺得住，问题就解决了。

如今，在轰隆隆的收割机面前，育种、栽培等领域的研究者正在齐心从育种、栽培到机械化作业全程示范，引导农民采用正确的技术进行合理化生产。他们计划用6年左右的时间，建立玉米标准化生产技术体系和制定行业标准。

软硬结合

未来的中国农业靠谁来经营？未来是什么样的农民种田？

在经济学家韩一军眼里，提升中国农业的水平远不只是机械化那么简单。在他看来，眼下科技人员大力推广的许多“懒汉技术”，从长远来看并不是一件好事，甚至是一件坏事，没有从根本上解决农业发展的制约问题。

农业部农业贸易促进中心政策研究所所长韩一军，十多年来一直研究农产品的市场贸易，涉及粮食、畜禽和蔬菜瓜果等产业，曾经作为中国加入WTO的代表团成员，多次参加入世谈判。

“工业化和城镇化，把农村的劳动力大量转移出去，尤其是优秀的劳动力。对国家整体发展是好事，也是战略需求，但对农业发展就不一定了。”

韩一军说：“任何一个工业化、城镇化进程中的国家，都面临优秀劳动力资源从农业产业流失的现象。很简单，根据经济学原理，产业竞争力的强弱决定了这一点。农业是竞争不过其他产业的，优质资源必然会流出去。但在短期来看，甚至在相当长的时间里，农业生产者的低素质对农业发展却成了一个严重挑战，直接关系到科技怎么应用的问题。”

“但正因如此，‘懒汉技术’不是才有更大的需求和推广价值吗？”我问。

可韩一军认为，工业化和城镇化的快速发展，使过去一家一户的小农经济生产模式受到巨大挑战，而这种零敲碎打的技术改良无法承担提升中国农业素质的重任，真正尖端的、集成的农业技术无法利用。许多新品种、栽培方式的改进等，以现有的劳动力素质根本达不到。

一直以来，我们总能听到这种抱怨声：科技和生产脱节的“两张皮”现象普遍，受农民、企业欢迎的技术少之又少，许多技术研究出来就束之高阁。这种观点在政府部门等一些管理层相当有市场，甚至不少科研人员自己也这么认为。但韩一军却认为问题不仅仅如此：

对新技术的使用者——农民来说，如果既没有传承传统的农耕经验，也缺乏吸收新知识的能力，科技推广人员怕也有“回天乏力”之心。如果再考虑到农民和市场打交道能力、经营管理能力低的因素，农业的产业发展如何能有竞争力？

问题还不止这个。

改革开放之初实行的家庭联产承包责任制把土地分到了家家户户，激发了农民的投入积极性。但政策中“统分结合”的“统”这一块始终是个短腿，目前中国户均耕地只有7亩，这种超小型农业经营方式制约着农业现代化需要的规模化经营。

举个简单例子：农技员给张家指导打农药，但李家如果不打，虫子就全跑到他家了。李家回过神来再打，虫子又跑回张家了。这种“马塞克”式的农业经营方式，就让韩一军感到头疼。

“我认为下一步要重点研究组织变革、体制机制变革的问题。”他说。

而市场化和贸易自由化的发展，则是从另一方面给中国农业带来了前所未有的压力。这是几个标志性的事件：

20世纪80年代中期，中国全面放开了鲜活农产品的市场。

1999年，棉花市场也放开了。

紧接着，中国加入世界贸易组织，农产品关税大幅度降低，来自国外的农产品进口门槛低到人家都不用怎么抬腿就进来了。

到2004年中国全面放开粮食市场为止，农产品市场走完了“放”的阶段。

此后，政府手头能用来调控市场价格的手段越来越少，再也不能像过去那样想定个什么价就定个什么价了。

“上个世纪八九十年代，国家的粮食收购价曾经一年内提高了70%~100%，市场经济有这种手段吗？没有。那你怎么刺激农民种粮食呢？那些年粮食持续丰收，新品种的利用、新技术的推广功不可没，但政策对农业生产的刺激作用更明显、更直接。”韩一军接着说：“而且当时的劳动力是个什么情况？基本没有人外出打工，优秀劳动力都在村里。可现在都是什么人在种地？”

尽管韩一军心里很清楚，如今中国许多大宗农产品，如粮、棉、油、糖，基本上已没有什么国际竞争力，而且国内价格已经高于国际价格了，但他还是力挺中央政府对这些农产品的提价政策。即使在2008年CPI指数很高的时候，他在一些研讨会、报告会、论坛上作报告时都是如此。

“这主要是从咱们自己的现在和过去比，有反哺农业的意思。但的确已经是咬着牙提价了，中央拿出了很大的魄力。”韩一军坦承。

资源的约束越来越强、极端气候越来越频繁，也让人忧心忡忡。经过30多年高速发展，中国已经全面出现资源紧张的窘境。

中国有世界超大规模的农业经营者——6亿多农村劳动力，有非常艰巨的农产品供应任务——得让13亿多人吃得饱、吃得好、吃得安全放心。但也有非常低的农业生产效率、非常高的生产风险。

为什么？人均耕地只有1. 38亩、不到世界平均水平的40%，每个中国人的食物来源需要从不到1000平方米的耕地上得到——这块巴掌大的土地只相当于一个标准足球场的1/7。

其他如水资源日益短缺、恶劣气候造成水旱灾害等压力也使人不能轻松。

“这些自然约束来得要比我们想象的更快。”韩一军说，“我希望那些搞技术的人再不要觉得‘我这个品种太好了，只要拿出去肯定就好使’，一个产业的发展需要政策的、市场的各方面推动。”

韩一军并不是否认科技的作用。事实上，在他看来要保证粮食安全、农业发展，科技是一支最重要的力量。只是目前的科技发展仅仅停留在增加投入上，而体制、机制的改革严重滞后。

支撑一个产业发展最短的短板不是别的，恰恰就是软科学，这导致了新技术的力量不能充分发挥。

2007年国庆节过后的一天，韩一军接到了中国农科院作物所研究员、小麦专家肖世和打来的电话，邀请他加入正在筹建的国家现代小麦产业技术体系。

尽管韩一军从来没有跟肖世和打过交道，但肖世和是知名的大专家，韩一军觉得跟他一起做事对自己的研究肯定有益，所以没怎么琢磨就答应下来了。

"我们做软科学的向来跟做技术这样硬科学的没什么接触。肖老师是打听了很多人后决定找我的。"韩一军说，"他说要找一个搞经济的，问我有没有兴趣。我当时的第一反应是，不过就是一个研究课题嘛，无非就是给多少钱的事。所以我就说，行啊，好事啊，毕竟自己一直做这一块。"

于是，研究小麦产业经济发展已近10年的韩一军，有了另一个身份——国家小麦产业技术体系的产业经济研究室主任。

事实上，起初他其实并不太清楚这个体系是怎么运作的、组成这个体系的目的是什么。

"肖老师跟我说，有70万块钱经费。我还以为整个项目是70万，所以刚开始没把这钱当回事，主要还是冲着能跟科学家们一起做事这样的目的。"韩一军回忆道，"结果后来通过其他渠道才知道，是每个岗位科学家每年有70万，原来这件事是个很大的动作。"

当年年底，北京的人民大会堂举行了包括小麦体系在内的10个产业技术体系成立大会。会后不久，来自各个体系的部分科学家在昆明召开了一次座谈会。直到此时，许多人还没搞清楚这个体系是干嘛的，认为是个长期的课题。

"我过去参加这样的会少，加入这个体系挺有意思。至少有了一个对话的平台，大家一起来讨论这个事情怎么做。”韩一军评价说。

在讨论经费问题的时候，人们对软科学和硬科学的不同认识显现了出来：一位科学家对加入体系的经济学家一年也能得到70万元经费就有看法。

这位科学家说，给他们那么多钱，其实他们的文章都是网上下载完，随便弄俩数字、算一算就写出来了，70万根本没地方花。

“他没意识到我在会上发言时说过的那些意思——科技的研发、新品种的应用，不能再刻舟求剑、按部就班地去做了。”韩一军说，“自然资源、人力资源、市场机制等外部环境都跟过去有很大变化，千万别再用过去的理念来套了，根本没办法适应外部环境提出来的各种挑战和要求。靠某个新品种来解决产业发展问题已经是不可能的事。”

对软科学支持产业发展作用的认识不足，是一些人对体系里有搞软科学的人心存疑虑的原因。当然，也有一些科学家对这个问题有类似韩一军的危机感。

大家在针对某种新技术进行讨论的时候，一位院士说，为什么一个品种研究出来了，这个好、那个好，推广起来又不行呢？原因是体制问题、政策问题、价格问题、市场问题，等等，反正不是我这个品种的问题。

那这些问题怎么解决？谁来研究呢？有人感到，在产业政策方面确实需要有人接手过来，不断调查、总结，进行系统的、长期的、贴近实际的研究，提出创新性的政策措施。

“在那个会上我举了个例子——前些年国家领导人在讲粮食安全问题的时候，提到库存时都先加上一句：如果准的话……后面才讲一大串，前提就是这个数字准不准。”韩一军说，“国家领导人如果都不知道，那我们就更不知道了。你说这个数重要不重要？所以技术肯定在这个体系里是最主要的，但是不能关公战秦琼，拿技术和数字来比较。”

由于大家长期以来各自为战、画地为牢，几乎没有过协作机制，小麦体系刚成立时，不单是韩一军这仅有的一个做软科学的不认识另外36个做硬科学的，就连这36个“硬”科学家里同样都是搞育种的、搞栽培的、搞植保的同行之间还有很多人互不认识，更不用说育种、栽培、植保等相关领域之间，不认识的更普遍。

慢慢地，大家在一起交流几回后开始找到各自所需的地方。

“过去我们确实多是案头的数据处理，调研也毕竟是偶尔的、零散的，对技术方面也不太了解，所以深层次的问题不敢说。”他说，“现在有了这个系统、一个很大的团队，就需要从各个环节、各个领域去考虑和研究。”

韩一军举了个节水的例子：节水灌溉是小麦体系将来的一个重点任务，涉及技术、设备等方面，但这还不够。国家要推行节水农业，鼓励和引导措施怎么定、宏观政策背景怎么考虑，就需要有这方面的专家。而软硬结合后出台的政策措施，显然是最符合实际、最有可操作性的。

“这个体系就像散文一样，形散神不散——因为大家原来的工作单位、工资待遇什么的都没变，但又围绕一个产业联系得非常紧密，不是简单地开开会，最关键的是能在一些重大问题面前形成合力。”

韩一军说：“如果我们考察了很多新技术、新模式后感到需要政策扶持，这方面就需要相应地跟上，研究怎么顺应形势不断地调整产业支持政策。所以，我这个研究室叫‘产业经济研究室’，但更核心的是要围绕产业发展政策来做文章。”

韩一军为体系做的定期研究报告，尤其受到大家的欢迎。

“一些专家拿着我们的报告高兴地说，把报告拿给省里的领导看过后，领导一个劲地表扬，说写得好。有根据，有数字，内容全面，可信度高……”韩一军很满意这一点，“以前我作为农业部的人，写的报告就是给部里的领导参考就算完事了，科技领域很少提供。”

2008年10月，韩一军在安徽搞调研时，一个叫刘振宏的种粮大户问他，刚收的玉米到底要不要卖掉？韩一军建议他赶紧出手。

半年后，韩一军再次见到这个种粮大户时，刘振宏兴奋地执意要请他喝酒——他听了建议，结果这期间玉米价格从每斤七毛五掉到六毛二，一斤少损失了大概一毛三分钱，这对刘振宏来说就是少损失了数万块钱。有了韩一军这个大智囊，刘振宏已经计划把种植面积从几百亩扩大到上千亩。

“我们的报告会及时提供给体系里的专家，对种粮大户、农村经纪人、合作社、粮食企业、地方农业局、农技中心等也都免费提供。”韩一军说，“这个体系最大的好处就是开放，前所未有的开放。”

“说实在的，这种报告都是有市场行价的，企业想要就得花钱。但我们拿了国家这么多钱，不收费，通过电子邮件发给他们。另一方面，把我们的研究报告公开出去，对检验我们的分析预测是不是准确也很有帮助。”他说。

做了一年多下来，韩一军感觉这方面的需求很旺盛。

“当然，市场方面的问题谁都不能说百分之百预测准确。但至少比他们看得准点。我们还在摸索，水平不断提高，”他说，“信息技术手段在这个体系里怎么充分运用，尤其是涉及产业各个环节，要好好思考思考。”

小麦体系运作后不久，韩一军越来越发现，产业经济研究室仅仅靠在对现有数字的判断、筛选、分析的基础上定期撰写研究报告还不够，需要更多的一手资料，尤其是来自小麦主产区的农村的资料作为政策建议和研究报告的支撑。

于是，他把大量精力和经费用在了在小麦主产省里的主产村设立监测点上，通过体系在各地的综合试验站建立了一个农户小麦经济信息固定监测网，选取了8小麦主产省20个主产县60个村的会计或能人作为信息监测员，每年给600块钱补贴。由于经费有限，韩一军并没有指望把这个信息采集系统做成国家统计局那样的规模。他只挑选小麦主产区的主产村。

“这些来自农户的第一手数据，过去是没有的。”韩一军说，“我选的都是农户最重要的小麦经济信息，他的播种意向、粮食收成、销售价格、库存变化、生产资料变化、受灾情况、疫病情况，等等。”

他们充分利用了手机短信平台这种先进的信息采集手段。这种手段最大优点就是快，能适应瞬息万变的形势要求。相当于建立了一个快速反应的麦农经济信息专线，过去从主产村的小麦经济信息传递从来没有这么快，可以随时向政府有关部门报告。

韩一军还准备以产业经济研究室的名义给监测员们发个聘书、订立个小小的合同，目的是一旦固定下来就长期监测变化情况。

他甚至还设想，将来研究制定一些具体的政策措施时，还可以请干得好的监测员到北京，让他们参与讨论，让政策制定者们也听听农民的意见。

“我的目的不光是价格、库存这些数字，还包括意向性的东西，比如每年农民播种前的种植计划，”他接着说，“下一步农民的合作社怎么发展等，所以这些观测点也是我的政策试验田，不是简单地弄几个数就完事的活。”

刚加入小麦体系的时候，韩一军曾经用四个“统筹”来概括这个虚拟而又务实的组织：

——统筹了一个研究领域里全国的各个知名科学家；

——统筹了研究一种产品的不同产业链问题的科学家；

——统筹了中央级科研单位和省级、地市级和县级科研单位；

——统筹了软科学和硬科学。

现在，他越来越喜欢用“融合”这个词来取代“统筹”。

“我的角色转换了。”韩一军说，“我当时还是作为一个政策的制订者来看待这个新生事物。现在，我成为其中一员，不是局外人的感觉。”

如果这个体系长远一点，会形成前所未有的合力，这是最大的生命力。当然，目前大家都还在摸索着往前走，并没有达到稳定的成熟阶段。这是他对这个体系的判断。

第十章
225-258

中国玉米博客

“科技体制改革失败的原因，就是利益驱动的力量太强大，诱使那场体制改革掉进陷阱……”

他一度就像堂吉诃德，对科技界的“双重利益集团”非常愤怒。

如今，他领衔一支玉米研究界最强、最有实力的人马，能否继续做到自己所说的“平民科学家”？

大概是2002年，有一次我去贵州毕节地区采访。几经颠簸，来到一个偏辟山村。

村子没几户人家，住得也分散。陪同的乡干部冲着山顶大声吆喝了几嗓子土话。

不一会儿，一个小黑点就云里雾里地若隐若现了。很快，小黑点从天而降，一个面色黝黑的矮个子中年男人出现在面前。

他是村支书。我记得，他穿了一件有点皱的西服。灰白色，双排扣，里面套了一件天蓝色秋衣。藏青色的裤子，挽了裤脚。黑皮鞋上布满了横七竖八的裂纹和泥点。

乡干部对我说："我告诉他，你是北京来的贵客。他把上县里开'三干会'（村干部、乡干部、县干部）时才舍得穿的衣服穿上了。"

可我总觉得哪儿有点不对劲。直到村支书用袖管擦汗时，我碰巧看见他穿的西服内侧隐约露了几个字，其中两个是"尿素"。

那是一件已经有10多年历史的西服，确实用的是尿素袋。

20世纪80年代初，中国从日本进口的尿素，包装袋是用尼龙做的，类似当年许多人穿过的"的确凉"，不像现在用的那种塑料编织袋子。

村支书说，就是这种尿素袋，那年月也不容易搞到，要托关系的。

当时在中国的大城市，小轿车开始走进富裕人家，一幢幢商品房从农田拔地而起，发达国家有人已经嚷嚷"中国威胁论"了。

但在这里，村支书告诉我，小伙子离家进城打工时，经常要借一身穿得出去的衣服才能出行——那仅仅意味着没有打补丁的衣服。

鼻子有点酸痒，我借故抬头打量四周，感觉真是个穷乡僻壤之地。"地无三尺平"，说的就是这种地方吧。喀斯特岩溶地貌，土少石多，又存不住水，种啥能长得好？难怪虽是南方，却少见水稻。

当地老百姓以玉米和土豆为主食，大米很少吃。但所幸跟过去比，村民们起码已经能吃饱了。支书说，村里搞了退耕还林，现在许多人都不种苞谷（玉米），响应国家号召种上了金银花，既能固土又比种粮食收入强，还是蛮划算的。

“喏，以前种苞谷都得一瓢一瓢舀来土倒到坑里再点种子，”他比划着说，“现在你看，满坡都长起金银花了。”

“哪儿呢？”我抬眼往山上望，只能看到一圈一圈的石坎儿，像黄土高原的梯田。于是，我们爬上了一座山头。

哦，怪不得。从上往下看是满眼绿意，虽然还很稚嫩。从下往上看却只能看到石头。这是村民们费了大气力、几年工夫才平出来的石头梯田。

没平整出来的田地又是什么样子？乡干部给我讲了个故事：

上面有人来村里调查耕地情况。村干部怎么也说不清到底全村有多少亩地，只能说得出有多少块地。好吧，那就数数有多少块地吧，来人说。

结果数来数去，就是比村干部报的要少一块。最后，村干部一拍大腿，说：“哎呀，忘了把这块地算上了。”说罢，他揭起搁在地上的草帽，下面还真盖了几棵细幼的苞谷苗。

贵州的地就是这么个种法。

如果你想看到华北平原和东北黑土地、新疆的沙漠绿洲那种沃野千里、一望无垠的大块颜色，这里绝对没有。如果你想看到农业机械穿梭在田间地头、透着工业化的时代气息，这里也没有。如果你想看到农民们热火朝天地都在地里锄草、插秧、施肥、喷药，这里还是没有。

贵州农民把地种得毫无秩序感，东一块、西一块，或大或小，或平或倾。同一个山坡，甚至也有的种苞谷，有的种油菜，有的种小麦，有的种“包包白”（卷心菜）……

但这最符合自然的规律，农业生产不露痕迹地融入多样化的生态环境中。

它不适应工业化的运作模式，但一直养活着贵州人。当然，它是小农经济的产物。

玉米的到来，为这种自然的农业生产方式提供了更大的可能性。换句话说，玉米比其他粮食作物更能适应贫瘠的土地和水旱条件。自从明代玉米从美洲辗转传入中国，400多年来这种谦卑的植物就一直作为穷人的食物而存在。

它总是在水稻和小麦这些占据肥沃河谷和平原的粮食作物的地盘外悄无声息地繁衍，沙土、壤土、黏土都能种，为同样是社会底层的人们提供可靠的食物来源——这和马铃薯的命运几乎同出一辙。

在许久以来人们的温饱问题得不到解决的情况下，高产的玉米总是最能指望的粮食。白面和大米属于"上等"人，玉米才是他们的生存伙伴。这个舶来物种不挑地还产量高，适合各种气候、土壤条件，贮藏也方便，这些特长使它很容易成为下层人们青睐的食物。

除了多产，农民们还有一个发现：玉米秆子能沤肥，也能喂牲口。猪呀、牛呀对玉米芯子也来者不拒。于是，稍嫌原始的"生态农业"在自给自足的小农经济中得到了发展。

很快，玉米就从南方渐次传递到北方农业文明的中心（当然，依旧还是山区和丘陵地带的小块旱地），然后再往北、往北、往北，直到东北大平原，并把高粱从农民的饭桌上挤跑了。甚至，20世纪80年代以前出生的人，有几个小时候没吃过玉米面窝窝头呢？

但玉米的勃兴，是随着市场经济推动下的工业化时代到来而出现的。

继水稻和小麦后，玉米现在已成为中国第二大主要粮食作物，产量约占谷物总量的35%，种植面积和产量排在美国之后位居世界第二位。从东北到西南、经过中间的华北，是玉米的主产区，种植面积约占全国90%。

玉米可以制造酒精、啤酒、醋酸、乙醛、丙酮、丁醇等重要的工业原料。用玉米淀粉制成的糖浆和甜味剂的甜度超过蔗糖，可用来制作糖果、糕点、面包、果酱、饮料。事实上，可能有数千种食品和其他日用品，从牙膏、化妆品、黏合剂到皮鞋鞋油都含有玉米成分。

而玉米最重要的用途是牲畜饲料。过去农民也用玉米喂牲畜，但一直是以人吃为主、边角料拿来喂牲畜。现在玉米自从种下去，目的就是为了“过腹转化”——这个形象的专用词语的意思是，通过动物的消化吸收，把玉米所含蛋白质和淀粉等营养成分转化为肉类供人食用。

现在，中国2/3左右的玉米用来做动物饲料。过去人们吃的基本上是植物蛋白，比如种植大豆，用来磨豆腐、打豆浆。现在则是靠吃各种肉类来满足身体所需。

要知道，如今的畜牧业早就不是老辈子的人们所熟悉的那样了——放牛娃赶牛上山、打猪草、剁鸡食……而是越来越和养殖小区、精深加工、市场营销、生产周期等这样的词语联系在一起。养个三五头猪、几十只鸡鸭的农村庭院经济逐渐淡出，规模化的养殖公司成为提供人们动物性蛋白的主要来源。

从这个意义上说，玉米已经为自己赢得了占据人类食物链上不可或缺的一个位置。

玉米是杂种优势非常明显的植物。

杂种优势是生物学界的一个基本理论，意思是杂合体在一个或多个性状上优于两个亲本的现象。由杂交而来的杂种一代往往比它的爹妈体型更大、产量更高，或者抗病虫害、抗逆性、成活率、生殖力等更强。这是生物界普遍存在的现象。2000年前，中国人用母马和公驴交配而获得了体力强大的杂种——骡子，可谓人们利用杂种优势的一个先例。

1865年，奥地利神甫孟德尔在种了8年的杂交豌豆后，揭示出遗传学的两个基本规律——分离规律和自由组合规律，解释了自然界中许多难解之谜。比如，世界上生物种类为何如此繁多、近亲为何不能结婚。

而被认为是现代遗传学开山理论的孟德尔遗传原理，最重要的应用就是农作物的杂交育种。育种家们把两个或多个品种的优良性状结合在一起，再经过自交，不断进行纯化和选择，从而得到满意的新品种。

玉米杂交种的应用最早，成绩也最显著。从1949年到1996年，中国玉米年产量增加了8.88倍，这期间播种面积增长了1.25倍，而单位面积产量提高了3.29倍，这与普遍使用杂交种有直接关系——至少40%的增产因素应归于品种改良。目前，90%左右的玉米是用杂交种子种出来的。

但大自然是公平的，具有杂种优势的杂交子代一般都表现出近交衰退的现象，玉米也是如此。这意味着，农民再也不能把上一年丰收后留下来的籽粒饱满的成果作为来年丰收的希望留下，年年种地就需要年年买种，大大小小的种子公司如雨后春笋般涌现出来。

当然，农民很会算账：自家留种虽说不用花钱，但购买杂交种的支出可以用更高产量所赚的钱来弥补，而且一般还有盈余，显然更划算。

问题也随之出现了——育种家进行新品种选育，需要从大量的不同品种中择优选壮，但现代农业的发展却表现出一种共同的规律：

一个新品种如果产量高、适应性强，会很快得到推广，取代大量生产表现虽然不佳但可能具有特殊遗传性状的老品种。过去千变万化、种类繁多的品种资源快速减少，可以让育种家选择的范围大大缩小（这种情况不仅仅表现在农作物上，也表现在家禽和牲畜上）。

在三大粮食作物中，玉米育种者可能是最尴尬的——水稻的多样性中心一半在中国，一半在南亚次大陆和东南亚，品种资源还算丰富。小麦的多样性中心在地中海沿岸的西亚和北非地区，但由于小麦传入中国较早，在不同地方漫长的种植进程中已经形成了许多特殊的种质类型，成为小麦的次生多样性中心。可玉米的多样性中心在中南美洲，直到15世纪才有一小部分玉米种质传入欧亚大陆。

巧妇难为无米之炊，没有广泛的遗传基础，任谁本事再大也不可能在实验室里制造出来一个好品种。事实上，现在玉米科研和生产技术较先进的国家普遍缺乏种质资源。

半个世纪前，中国从南到北、从东到西至少有12000个遗传基础复杂的地方农家品种。今天玉米面积增加了近2倍，却只剩下不到500个遗传基础狭窄的杂交种。这种由少数杂交种控制全国玉米生产的危险局面，从20世纪80年代中期就形成了，而且至今一直没有大的改变。

现代技术在提高产量潜力的同时，也把农业生产置于脆弱地位。数千万公顷玉米生产依赖狭窄的遗传基础对付遗传基础广泛的多种病虫害。中国农科院作物所玉米系主任张世煌对此忧心忡忡：

“品种单一化是使病原菌和害虫生理小种发生变异、累积、爆发和流行的诱导因素，这就必然发生遗传脆弱性的威胁。必须引进各种抗逆性基因来源，增加作物生产的遗传多样性，提高抵御自然灾害的能力。”

杂交种最吸引人的当然是产量。在玉米研究界，科学家们最喜欢谈论的就是高产、超高产的话题。这也难怪，跟全世界最大的玉米种植国家美国比，中国玉米平均单产要低得多。2007年，中国玉米平均亩产接近350公斤，而美国是624公斤。这一年中国玉米的单产仅排在世界第18位，但从种植面积来说则仅次于美国。

可实际上，中国的玉米科技研究者非常缺乏高产育种所必须依赖的种质基础，也很少有人对玉米的种质资源进行研究，比如把大量的遗传资源进行鉴定、选择、分类和改良，找出其间的规律。

“把种质资源变成育种者可以用的资源，有很多前期工作要做，美国人管这种工作叫种质扩增。我们也叫种质扩增，还要加上种质改良和创新，这是中国的实际情况决定的。但是联合国粮农组织叫前育种研究，就是在育种之前的前育种研究，”张世煌说，“这个前期工作在中国没有人做，为什么？没有效益，大家都赚钱去了。”

育种者们更喜欢培育新品种，这既能得到经费支持，也能给单位创造利润、自己还有经济回报。“一招鲜、吃遍天”，如果你培育出一个好品种，这辈子也许就功成名就、可以高枕无忧了——许多人就是这样，拿着国家的钱搞的却是商业性育种研究。

张世煌这位自称“吃皇粮”的育种学家，很早意识到这个问题，但用他自己的话说，是外界迫使他“义无反顾地走上一条艰难的创新之路”。

“我回国后受到来自内外的压制，被逼到墙犄角，没有回旋余地，几乎倒不过气来，于是只能追踪国际发展趋势，另外开辟道路，搞起了种质扩增、种质改良和种质创新项目。”他说。

幸运的是，在一笔数额不小的政府经费资助下，他带领的团队对种质资源展开了系统性地收集、整理、分析和改良利用。

当时，只有美国和中国在做玉米方面的种质扩增项目。张世煌的许多朋友认为，做这个项目不如从市场捞钱更有意义，于是不想做。

他回忆起那段日子唏嘘不已：“白手起家，从一点一滴干起，一直到今天，仍不断地有许多老朋友知难而退。但我不断地吸收新朋友加盟，把项目做大，而且在国际上有了一点影响。”

张世煌认为，抓住了种质就抓住了明天。所以他坚持在中国实行玉米的种质扩增、改良与创新计划。

“吃皇粮的人，就应该做这件事。我做这个项目取得了一些明显进展，在国内外都有一些影响，还得感谢当初压制我的那些人。要知道，当初他们开全国会议从来都把我排除在外。”他说。

几年下来，在一些大牌育种学家把玉米种质资源当作“葵花宝典”一样秘不示人的时候，张世煌却向国内从事育种研究、教学和生产的单位发放了许多玉米种质，甚至还多次公布了几百个玉米自交系的数值化系谱这样在内行人看来不可思议的举动。

有意思的是，他是通过在网上开博客的方式做这件事的。

2006年，张世煌在搜狐网上以“中国玉米”的博主身份办了这个博客，不仅往博客上贴自己的、同行的学术文章，也解答技术员、基层育种人员诸如玉米倒伏怎么办之类的专业问题，还直言不讳、针锋相对地批评育种界的种种流弊。

科学家在网上开博客的有很多，但像张世煌那样把博客办成学术窗口的，还真是极其少见。

那一年的夏天异常炎热，经常让人感到枯燥烦闷。张世煌偶然一个晚上看到电视里在举行青年歌手电视大奖赛，那些来自遥远大山的、土得掉渣的农民歌手，朴实无华而纯真质朴的演唱风格一次又一次地打动了他。清新之风似乎从遥远的地方徐徐而来。

于是，他那几个晚上放下了手头一切事务，专心致志地看完了比赛。当决赛落幕时，台上的选手怆然泪下，张世煌也热泪盈眶。

“在当今浮华奢靡的都市生活里早已见不到如此朴实无华的真挚感情的鼓舞与激励。我们也终于找到了中华优秀文化的传承人。”他在博客“发刊词”——《做一个平民科学家》一文中写道：

“由此我联想到玉米育种科技工作者要了解和满足农民的需求，而不要脱离他们，才能在技术创新、种质创新和产品创新领域有所建树……平民科学家需要较高的素质。因为老百姓需要的科学家面对的是市场需求，要在市场中挣扎，从市场中寻找出路和支持，所以必须解决实际问题，这就要求很高的业务素质、敏锐的判断能力和锲而不舍的实践精神。”

2007年2月，张世煌在玉米博客上贴了一篇9年前就写好但一直没有在国内发表的文章。在这篇文章里，他认为种质资源贫乏已经成为中国玉米育种研究继续发展的首要限制因素，并尖锐地指出：

“一方面，全国各地的农业科研部门上上下下一起开展育种研究，大量在低水平重复，而种子公司对育种科研缺少投资热情；另一方面，国家的科研单位又没有能力从事种质改良、创新和其他基础性研究。这种状况对于20年以后增加玉米生产和减少粮食进口是极为不利的。”

的确如此。

中国1983年启动了国家重点科技攻关项目，这在当时是农业科研最大的经费来源，每5年更新一次。从“六五”时期至“九五”时期，玉米育种一直列入攻关课题，科技人员陆续选育出一批高产品种。

这些新杂交种虽然有很高的产量潜力，但和20世纪70年代末期、80年代初期育成的品种相比，不但寿命短，而且推广面积也少得多。除了种质资源贫乏、研究经费短缺的问题，张世煌认为体制障碍也是一个重要原因。

那篇文章写成之时的1998年，正是科技体制改革搞得热热闹闹的时期。科学家们下海的下海、出国的出国，剩下的整天绞尽脑汁编项目申请书和“跑部前进”争课题。张世煌却看到：

“科研管理体制已不适应较高的技术发展水平和产业化发展的需要，我国玉米育种和生产应用技术已经达到国际上的较高水平，这时育种研究和种子生产、销售应尽快推向产业化，其特征是商品化、规模化和法制化。在这种体制下，大多数育种研究应纳入公司行为，而国家的经费只应资助基础性研究和代表未来发展方向的新领域。”

2009年春，在他的办公室里，我们就这个话题侃侃而谈。

“你发现没有，许多重大成果是在接受国家重大科技攻关任务以前创造出来的，一旦被‘招安’以后就再没有产生重大科技成果。还有一种现象，一些老专家在岗位的时候不怎么出成果，退休以后却产出耀眼的成果，甚至推出大成果。”张世煌说。

他怕我这个外行人听不懂，又解释说：“比如农大108和郑单958（两个推广面积非常广的好品种）都有这样的情形。黄早四、掖478和掖单13等有影响力的重要科技成果是被国家科技攻关（以及后来的支撑计划）或863计划‘招安’以前产生的。一些很有创新头脑的科技人员被‘招安’以后的技术路线和育种目标就开始犯晕，难出大成果。获得国家支持本不是坏事，但为什么1990年以来就不出大成果？不仅仅玉米，甚至不仅仅农业，其他学科也一样。”

体制问题。许多问题如果要追根溯源，最后都找到这里。或许，这就是他一直把文章存在电脑硬盘而迟迟不愿发表的原因？

几年后，随着互联网发展成为最重要的个人和群体表达意志的工具时，张世煌终于找到了最合适自己的平台。这位一头白发却依稀显出一张娃娃脸的小老头，在解释为什么要办玉米博客时，概括了一句话——“推动改革，绝不倒退”。

“建立‘中国玉米’博客的初衷是推动学术交流，不但要讨论玉米育种和产业技术的有关理论、概念、方法、思路，还可以讨论相关的历史、哲学、文化和经济。历史留给我们许多宝贵的文化遗产，但也留下一堆问题，无时无刻不在影响我们对周围事物的认知与态度。改革到了一定深度，这些问题就不能不引起我们的思考。”张世煌说。

在他的博客里一篇文章这样写道：

“我们身边经常弥漫着绝对的思维方式，降低了科研和投资效率。这种僵化、绝对和静止的思维模式不仅是哲学问题，也是历史文化的诟病。实事求是地认知周围世界，就能少走弯路，提高效率。在社会转型时期的浮躁烟尘的掩盖下，腐朽文化也会浮出水面，不利于社会发展的哲学思想也会以新面孔横在我们面前，并束缚科学、技术和学术发展。宗派、自私、守旧、封闭和自赏阻碍了交流，令人窒息；狭隘的利益导向会误导改革方向，甚至压抑不同观点，或侵害公众利益。”

在他看来，科技体制改革到底出了什么问题？2007年国庆节期间，张世煌在玉米博客上贴了一篇文章，文中写道：

“以往的改革虽然调动了部分科技人员的个人积极性，加强了学科建设，但伴随的负面效应也很明显：‘散’和‘偏’，一些科技人员甚至模糊了自己的行为边界，并驱使育种技术路线落后于理论的发展和偏离市场需求。而对于公益性科学研究体系的伤害则难以用直接‘效益’来衡量。这就形成一个不利于科技进步的怪局面。在这种情况下不出大成果是必然的，出成果反而是偶然的。”

他在另一篇文章里干脆说得更明白：

“问题表现在社会，根源却在体制。产业科技项目按照大学的方式进行管理，被切割成破碎的条块，面目全非。在这种环境下，人的思维方式发生偏转，不可能按照科学发展观和客观规律设计与管理科技项目。科技人员为了生存，年复一年地竞争少得可怜的零碎项目和赶写越来越没有用的报告材料。在某些方面，管理成本提高，浪费了大量人力和物力资源。这不是改革的目标。”

但张世煌显然是个执著却并不偏激的人，看重实际的付出而非高调的口号。他说：“科技体制改革遇到一些困难，但我们不能因此而放弃改革甚至倒退。倒退没有出路。体制改革是个长期过程，着急不得。但如果我们当中的什么人手里握有一点权力或有一点社会影响力，应该在自己影响范围内，帮助有关部门改革科技管理的运行机制，积累改革的社会需求和内在动力。”

玉米种植区域广、适应性强（专业词语表达的话叫做“抗逆性”强），但育种者们似乎忘记了玉米也需要增强抗逆性。毕竟，玉米这东西虽然几乎遍地可种，但产量高低还是相差甚远的。

为了迎合手中握有项目分配大权的政府管理者，许多育种者长期盲目和片面追求试验田里的高产，却对应用到生产上的抗逆性不关心。张世煌就看过许多这样的试验田。

“有的高产田，你要去看看的话，即使是个外行也会摇头的。一般一亩地也就种四五千株，可他就种七八千株，一株挨一株，简直是密不透风的墙，”他说，“这都是人为制造出来的，没有实际价值，更没有生产指导价值。所以，同一个品种，去年能丰收，今年就一塌糊涂，就是对环境太敏感，不抗逆。”

这种现象很好理解——项目验收也许会到实验田里看现场，而把一块实验田种得好看并不是件太难的事，那种“高秆大穗”、叶片肥大似君子兰的玉米，任哪个外行人看上去都显得茁壮和喜庆，生机勃勃，气势宣昂。尤其是道路周边的玉米更要下大功夫种好，水、肥、农药这些成本投入当然是不在考虑之内的，尽管这是农民非常在意的一个因素。

张世煌对此非常愤怒：“只有在我们国家能随处可见高秆、大穗、晚熟、倒伏和秃尖严重的高风险型玉米杂交种。这类品种在试验田里看上去尚好，在区域试验里产量也算可以，但是拿到生产上就出问题。原因是从自交系选育到杂交组合鉴评，有许多违反客观规律的现象当道。反正只看大穗子，于是植株越来越高大、生育期越来越晚熟。可你到里面一看，那穗子立刻就变小了，上边还秃尖一大截。都是投机取巧。”

高产、超高产几乎都需要“大肥大水”。为了提高产量，化肥无节制地往地里撒，不考虑有多少能有效利用，更不考虑对环境造成的污染。这些都是20世纪六七十年代全球“绿色革命”的后遗症。现在，必须得有人来给这场革命擦屁股了。

拿玉米来说，高秆大穗、稀植晚熟、叶片肥大的品种，有许多水肥是用在秸秆和叶片上了，资源利用率很低。现在我们仍然不能承受粮食短缺之痛，可也越来越无力再挥霍有限的资源了。

目前，美国玉米的平均产量约每公顷10吨，高产纪录为亩产1823.4公斤（2002年）。中国平均产量约每公顷5.56吨，高产纪录为亩产1326.4公斤（2008年）。这两组数字可以看出：高产纪录的差距要小于平均产量的差距，这意味着中国玉米有许多是生长在中低产田。

更令人不安的是，在产量存在巨大差距的同时，中国的化肥施用量却是美国的2.3倍以上！

而在水资源方面，中国玉米常年受旱面积约有40%、一般减产幅度约20%~30%。事实上，干旱是影响中国玉米生产的首要限制因素。所以，从某种意义上说，适应这些土地的品种才应当是育种研究的重点。这既是问题，也是潜力。

遗憾的是，长期以来在高产的指挥棒下，育种者培育的新品种适应性差，许多杂交种不耐高温干旱。

除了要耐旱性强，贫瘠土壤也是影响玉米生产的最重要环境因素之一。中国大约60%的玉米分布在丘陵山区或土壤较贫瘠地区，施肥率低，特别是氮、磷、钾平衡施肥技术尚未普遍应用。通过改良土壤和增施肥料而提高产量的潜力十分巨大。同时，培育耐低肥、耐酸性土壤和能够提高磷肥利用效率的品种都会改善玉米生产状况。

在过去的几十年里，中国玉米单位面积的收获穗数增长得极为缓慢，平均每年每亩只增加了11个玉米穗子。特别是20世纪90年代以来，杂交种的出籽率急剧下降。同时期，株高、穗位、生育期和秃尖长度都不正常地急剧增加。张世煌认为，这就是忽视抗逆性育种的直接后果，反映出育种者对育种目标和增产途径的理解出现失误。

“如果把育种目标确定在合理位置上，强调适应性，包括抗病虫、生育期、耐旱性、抗倒伏、自交系产量和制种技术要求等，那么育成的品种将会有较广的适应范围和综合抗逆能力，产量也更稳定。增产粮食的潜力可能会更大。”

他解释说，耐旱意味着节水，抗病虫能减少化学污染，适当的生育期和耐寒性就可以充分利用光热资源、减少对农机作业的压力和扩大品种的种植区域，在东北地区还可以减少能源投入和储藏损失等。此外，耐酸性、耐盐碱和耐贫瘠土壤的育种，能够扩大玉米的种植面积，改良中低产田。

张世煌举了个例子：生产上使用了几十年的中单2号、黄417和掖单13等都不是产量潜力最高的品种，但它们无一例外都有很好的适应性，包括耐贫瘠、耐干旱、耐高温、抗病虫，中早熟生育期和很高的制种产量等优点。

换句话说，它们的产量潜力和技术要求符合当时的国情需要，这正是它们成功的原因之一。而近10年来育成的几个较有代表性的玉米品种，在理想条件下产量潜力很高，但在干旱年份减产幅度也特别大。

他认为，一个重要的原因是育种攻关计划和品种审定没有充分考虑农业生产对品种抗逆性的需要——从技术上说，高产环境下育成的品种只在理想条件下才能获得较高产量，而在逆境胁迫中育成的品种则有比较广的适应性或环境稳定性。这就是所谓品种“交叉”现象。

张世煌在海南有一块实验田。虽然是比较贫瘠的沙土地，但他坚持不施肥，已经连续5年了，目的就是从逆境中挑选好品种。每年玉米收获后，他组织人力把秸秆砍掉、抱到其他地里，然后再用镢头把根茬儿刨出来扔掉。

他还有一块旱地，每生长季只浇三四次水，比起其他单位在海南育种基地的相同情况，要少浇六七次水，就是要让它旱得一塌糊涂，最后大部分玉米都死掉，让少部分活下来。

“若不抗逆的话，对环境都要求得舒舒服服，是育不出好品种的。”张世煌坚信这一点：“这跟养孩子一样。你看国外的孩子，大冷天大人都穿着厚厚的衣服，小孩光着小脚丫推车玩。人家从小对孩子就不娇生惯养，可我们不行，孩子捂得严严实实的。所以这品种也是，有点娇生惯养，不是放在逆境里进行筛选的。”

抗逆性对玉米生产如此重要，育种者们却集体失语了许多年。在张世煌来看，这是“绝对化思维方式”的一个表现。

“有人常说‘产量是永恒的主题’，这是某些人在育种技术决策方面一再失误的哲学原因。无论从科学角度、技术角度、社会学角度还是经济学角度，这个提法都欠妥。因为实际情况不是一个‘永恒’这么简简单单就能够解决了，”他说，“在基本普及杂种优势利用技术以后，继续提高产量的最大潜力就在于增强品种的抗逆性。”

高产和抗逆的育种策略之争，其实只是育种工作反映到实践上的表面现象。真正的分歧来自于认识上的差异——在育种的基本思路上，张世煌和许多育种学家有明显的不同。这要从玉米的杂种优势利用说起。

玉米是最早利用杂种优势的农作物，事实上，几十年来利用杂种优势培育出的杂交种一直是玉米增产的关键。而对杂种优势如何利用，就涉及理论基础，即对杂种优势群的划分和对杂种优势模式的建立。

合理准确地划分杂种优势群，建立相应的杂种优势模式，才能有效地选配杂交组合。而且，玉米种质的扩增、改良与创新也必须遵循杂种优势群和杂种优势模式的原理，才能避免资源浪费，提高育种效率。

在做了许多调研和参加了一些会议之后，张世煌发现，许多人育种凭的是经验，技术跟着感觉走，理论模糊、思路混乱。他在玉米博客上的一篇文章中说：

“在中国现代玉米育种历程中发生过两个重要的历史教训：‘狗熊掰棒子’（抛弃优良种质，或喜新厌旧）和‘走猫步’（技术错乱）。前者是理论和技术上缺乏自信心的表现，对于把握大量种质资源和遗传改良的能力缺乏信心和能力。后者源于一种灵活多变而看似有效的传统人文精神，但在现代育种技术面前，却忽视了数量遗传学原理，表现出明显的理论幼稚病。这两个现象合在一起，便折射出以经验为主体的育种技术特征。”

理论的误区一定会影响实践。一方面，全国从事育种的人很多、育成的品种数量也的确非常多，但另一方面，生产上却缺乏优良品种，玉米产量的增长也很缓慢，甚至在20世纪90年代中期以后进入了半个世纪以来增长最缓慢的时期。

“产量不是空洞抽象的概念，也不仅仅是试验田里玉米果穗的重量，而是如何排除或抗衡农民生产田间限制产量和产量稳定性的那些障碍因素。”张世煌在许多场合这样强调。

令人叹息的是，过去大多数玉米育种者手里能用的种质资源确实很贫乏，但经过多年努力，世界上许多核心种质已经被引进到国内，美国、法国、德国的跨国公司把许多好的资源送到中国，但大多数育种者却不会使用这些种质资源——甚至许多专家教授也不会使用这些原始资源和改良种质。这就是因为理论方面没有搞清楚。

“在育种目标和技术路线混乱的局面下，是可以搞育种的，就像不按照杂种优势模式也能搞育种一样，但在育种技术体系中每增加一个不确定因素，随机性就增加一倍，导致育种的难度特别巨大，因而效率低下和没有竞争力。”

张世煌说：“从生产上来说，可持续地提高产量将变得越来越困难，以致浪费大量资源，也难以全面提高玉米生产的实际产量和效益。原因就在于，我们过于强调在低密度下提高品种的产量和杂种优势，却忽视了应该在高密度和其他逆境条件下提高经济产量。”

经济产量，简单地说，就是农民的产量而不是育种者的产量。

一位没署名的网友在他一篇博客文章后跟贴说：“在国内说真话的人少得很，因为成本太高。您的一些文章有些太直，容易得罪人，比如在2007的《玉米科学》上有您一篇文章，对‘超级玉米’明显有反对之意，这几年很多人都靠这一名词跟国家要项目，要资金，你这是明显和他们的饭碗过不去。”

确实如此。张世煌有啥说啥的性格，让许多人受不了。

当他在许多会议、论坛上质疑高风险型品种和育种思路的时候，得罪了不少人，包括企业老总、有成就的专家教授。但他一直在各种场合疾呼：

“我们面临的问题不仅仅是过去10来年里玉米的增产幅度下降，而是主要农作物的增产潜力都在严重下降！这就是危机！这说明我们的作物育种和生产体系中一定出了什么问题。”

到底出了什么问题？

张世煌毫不掩饰地说，是因为在玉米界有个“全世界最大的双重利益集团”在作祟——公益性科研单位利用政府科研资金这样的公共资源搞应用研究，甚至搞产品创新和竞争性研发。

这个双重利益，体现在一手拿国家的钱，另一手赚市场的钱。他在一篇文章里写道：

“玉米界风气不好，尤其是2003年以后，远不如国外同行，也不如国内的植物生理学界。保持良好的风气很重要，关系到学科与产业的发展。关键是没有一批高水平的专家出面干预和把关。”

之所以如此，他认为是比起其他作物，玉米界的经济利益最突出。所以形成一股不良风气，为了利益可以放弃原则，甚至扭曲育种的理论、思路和技术路线。

说玉米界的经济利益最突出，是因为玉米是商品化程度最高的主要农产品，而玉米育种技术的商业化程度已经越来越高。据调查，前些年国家几乎把70%左右的科研经费投到了玉米、水稻、小麦、棉花和大豆上，而在这五大作物中又有70%左右的经费给了育种项目。在“有钱大家赚”的混乱中，甚至一些本不是搞玉米育种的专家也来分这块蛋糕。

尽管如此，这些钱也没有支撑起一个完整的玉米科研系统和种子产业的发展，因为重点又都给了育种，而其他如栽培、植保等却几乎要到了“弹尽粮绝”的地步——比起育出个新品种来赚钱，新的栽培技术可没办法向农民卖钱，自然被边缘化了。

“栽培、水稻、大豆、小麦、植保、土肥等专家也搞起了玉米育种。我就见过水稻专家赤脚下水田，穿上鞋子进玉米地搞育种，这说明我们的农业科技体制到了非改不可的程度了。难道小麦、大豆、水稻和栽培学研究就不如玉米重要吗？显然不是这么个理，”张世煌说，“低水平重复之所以长盛不衰，原因就在于大家都可以从中获得有足够吸引力的局部利益，但国家和产业的长远发展却受到抑制。”

但在他看来，并不是搞玉米育种的人太多，而是真正搞玉米商业育种（把成熟的技术推广到生产领域）的高端人才太少了。

“这样的人应该占玉米育种科技人员的大多数。也就是说将来玉米育种的专业技术人员将占大多数，而科学家和教授只占很少一部分。”

张世煌说：“现在大家都搞玉米育种，反映了技术市场需求旺盛，但遗憾的是玉米育种者没有抓住有利机会搞创新，反而盲目地搞商业育种，大家几乎都成了无米之炊。必须把公益性和商业性两条线区分清楚，不应该像某些人那样‘吃双饷'、'念歪嘴经'，又当婊子又立牌坊。"

在美国，大约7%的玉米育种家依靠政府支持，从事着公益性的研究。在中国，目前却有大约90%搞玉米育种的人在吃着"皇粮"，而有限的政府经费并不能让大家吃饱肚子。

普遍吃不饱，几乎每个人、每家单位只好半下海、半吃"皇粮"。而一旦吃起"双饷"来就越吃越上瘾，好处全得，却不用像企业那样市场风险全担。

吉林省农科院是一个努力在科技体制改革中部分地放弃"吃皇粮"的科研机构——可以算得上那10%。

1999年，这个研究院组建了吉农高新技术发展股份有限公司，并通过合同把其下属的玉米研究所转为吉农公司的研发中心。这个举动，有因经费不足而"甩包袱"的动机，也有培育市场竞争主体的考虑。

"当时我们开始考虑，农业科技发展到一定程度以后，有些领域、有些专业应该从政府支持的公益行为变为市场竞争行为了，"吉林省农科院院长岳德荣说，"我们叫'一院两体'，把能够实现产业化的剥离出来，进入竞争领域，公益性的、服务性的由政府支持。"

他补充说："但一定要这些科技领域成熟了才能动手'剥离'。不应该政府支持不光是省钱，更重要的是政府支持的情况下反而限制了它的发展。到了该进入应用领域的时候你不进去，那就偏离科研方向了。"

岳德荣就举了个玉米育种的例子："长期以来玉米育种没有实现以企业为创新主体的转变。一直是做论文方式、出成果方式，其实现在玉米育种已经不算是什么研究了，完全可以通过商业化的专业育种。"

"你想想，我们还是一个主持人带三五个人，搞十晌八晌地，边探索、边研究，和人家美国公司大规模分工详细的育种怎么竞争啊？差距越拉越大。"他说。

尽管吉林省农科院把玉米育种的研究从“科研”转到了“企业”，但岳德荣仍觉得对其内部进行的商业化调整还不是太理想。

“下一步要把它的育种模式彻底改变，走商业化育种这个路子。玉米所的研发经费由公司提供，围绕公司需要开展育种，不搞什么论文成果。育种家成为公司股东之一，为市场需求服务，需要什么就搞什么。”他说。

但这样的科研机构，毕竟目前还太少。从全国的玉米育种情况来看，“双重利益集团”还在一如既往地分着国家和市场的两杯羹。

由于科研经费和市场需求的双重导向，育种者培育的玉米新品种层出不穷，成绩也的确很大。但在张世煌看来，好品种就十几个，而成百上千的新品种都中看不中用，投资效率极低。

“绝大多数是没有生产价值的垃圾品种，只有20%能在生产上用，我说的还保守了点。”他说。

张世煌认为，公益性科研单位稳定地获取公共资金支持却大量从事竞争性研发，这不是科技体制改革的初衷。沦落为“吃双饷”的利益维护者，在技术上追随利益导向，失去了创新动力和创新追求。这种势力蔓延的后果将会拖累民族种业的发展。

改变这种局面的关键，是先区分清楚两条线，然后强化少部分人的公益性职能。

“中国既不是完全的市场经济，也不完全是计划经济，而是处于转型阶段，在不很强大的公益性研发和软弱的企业研发之间形成一个沉重的‘双重利益集团’。”他评价说，“他们对产业发展和国民经济的贡献不大，起的阻碍作用却特别明显。自己口袋里的几十万元很要紧，却顾不上几百亿元的产业发展利益。‘双重利益集团’的特点就是这样，小利益压倒大利益。”

2004年，北京大学生命科学院院长饶毅在一份公开刊物上撰文指出：“中国体制需要明确将国家科学机构和私人公司分开。目前体制没有制止这样公私不分的情况。这样助长产生了一些国有科技机构和私人公司两个名称、一套人马的现象。这不仅在经济上可能出现‘混账’的情况，而且既不利于科学发展、也不利于企业发展。”

文章举例说，比如作为科学机构，它可以申请国家的研究经费，但是这样的经费如果和企业账目混在一起，企业可以从国家科研经费“得利”，这样它不一定要开发能通过市场竞争的产品、不一定要走向市场，因为只要向国家申请“科研”经费，就可以“盈利”和“分红”。

张世煌也是如此看法。

“大学教授都成了董事长了，他还能生产公共产品吗？所以就怕这种‘双重利益集团’，它会扭曲政策。”张世煌说，“那些大专家、大教授给部长甚至国家领导人谈情况，这些高层人物都得掂量掂量的。甚至，理论、技术这些方向性的东西都可能受到扭曲。他们用屁股指挥大脑，竟然还要用屁股指挥理论和技术的价值取向。你能想象吗？”

他接着说：“很多玉米育种者依靠高秆、大穗、晚熟途径获得试验田里的高产数字，满足了计划考核指标和品种审定标准，牺牲的却是农民利益。我到过很多国家，包括许多发展中国家，只有中国把高风险当成育种目标和技术路线，而且陷得很深。一些人至今拔不出来。”

有些时候，张世煌甚至直截了当告诫他所认识的“双重利益集团”者：

“你们一边吃着皇粮，一边参与市场竞争，终究长不了，你们或你们那个单位最终是要改变自己的，对你们来说这很容易就做到，但中国的企业却要长期生存下去，如果从现在起就搞乱了理论、技术和材料基础，毁掉了未来的人才。将来，这些是无法扭转的，只有等待公司破产后另起炉灶，但那样一来，中国的种子产业还剩下什么知识积累和技术遗产？竞争力从何而来？”

“双重利益集团”的出现，来自20多年前的科技体制改革。从客观上来说，打着“竞争”旗号的科技体制改革，是“双重利益集团”滋生的土壤。

忽然有一天，一阵大棒把科研单位都赶着下了海，留在船上的人微乎其微。实际上，这些下了海的人也并不是真正靠自己的力量在游泳，他们身上还套着一个旧体制的救生圈。所以从主观上来说，既可下海捞鱼，又可上船避风浪，何乐而不为？

“中国的科研单位几乎都在搞商业行为，成功的极少，绝大多数不成功，更多的是阻碍科技进步。”张世煌说，“农业科技创新体系必须是以国家为主的多元化的投入机制，可中国几乎都成了科研人员自己想办法、科研单位变成了企业，恨不得把中国农科院挂一个大牌子叫中国农业公司算了。大家都这么干，国家的玉米产业还有什么希望？”

糟糕的是，真正应当在大海里游泳的人，比如科技型的种业公司却没有国家扔给他们的救生圈。同时，这些套着救生圈的人们相互之间也成了竞争对手。

“科技体制改革失败的原因，就是利益驱动的力量太强大，诱使那场体制改革掉进陷阱。国家改革的成果和增加的科研经费没有转化成科技创新的动力，也没有转化成市场竞争力和产业发展动力，而成为利益集团巩固旧体制的救命稻草。”他说。

“对于双重利益集团必须保持警惕。改革的阻力和许多腐败力量就出自这种庞大的双重利益载体。”张世煌强调说，“产业发展需要公益性研发体系的支持，但主要不是资金支持，纳税人的钱不应该支持个别企业的研发行为，而是通过政策调节，通过技术创新、种质创新、人才培训和信息服务等方式支持和引导企业的产品创新。按照这个思路来衡量，我们的农业科技管理体系和运行机制已经积累了许多迫切需要调整的障碍因素。”

张世煌在博客上写道：“管理体制出了问题，就可能会笼罩上双重利益集团的阴影，方向就不能不偏。当跨国公司闯进中国市场来冲撞我们的时候，育种者方大梦初醒，但要矫正过来已经很费力气。中国的学术气氛不对头，于是只能依赖市场的力量来扭转理论和技术的失误。真是败也萧何，成也萧何。”

这段话引来了很多网友的共鸣，跟贴的非常多。

有一位网友评论说：“人家吃着皇粮，拿了不计其数的各种来路的育种项目经费，科技系统来的、教育系统来的、农业系统来的、各级财政来的……这么巨大的重复的投入要在企业必须是需要多大的回报才能交账的啊！所以说，最好做的生意就是，有稳定的皇粮吃着，社会地位又高，谁能不尊重教授学者啊！拿着各式各样名称的育种项目，手下是廉价的大学生、硕士生、博士生干着活，弄出的文章和种子都是自己的！这种生意羡慕死人！”

堂吉诃德式的与“双重利益集团”的抗争，在2007年有了转机。

张世煌发现，自己其实并不孤单，还有一群人也正在努力为前些年的改革纠偏，并试图让科研走向科学发展的正轨。

而且，显然这些人更有影响力，因为他们是政策的制定者。

当时，现代农业产业技术体系正在酝酿筹建。之所以称为“体系”而非“项目”，正是想改变以往农业科研行政命令、短期行为、条块分割等一系列弊端。

张世煌被邀请作为专家多次参与讨论和体系设计。

那一年年底，这个技术体系的建设实施方案终于浮出水面，并先期启动了包括玉米在内的10个农产品技术体系。

作为玉米产业技术体系首席科学家的张世煌，在博客上贴了一篇《致各地专家的一封公开信——对玉米产业技术体系建设的感悟》的文章。就在许多专家为能加入这个体系而兴奋不已的时候，他却泼了一盆冷水：

"许多人根据以往做科技项目的经验，以为进入这个体系一定是能够得到很多利益的大好事，甚至是既得名，又得利的美事。其实未必。"文章写道，"我们正在做的是公益性研发体系，职责是制造社会公共产品，因此不能总是用纳税人的钱去搞竞争性研发。这是我们必须明确的一条原则。所以，我们不要抱着切蛋糕的心态对待产业技术体系建设。"

在农业科研领域浸淫多年的张世煌深知，虽然技术体系史无前例地提供给每个加入者稳定的经费和宽松的研究环境，但不是每个人都愿意放弃自己的利益，"切蛋糕"的惯性思维也不是每个人都能说改就改的。

"当你决定为这个体系的研发中心工作并获得支持的时候，可能要有所放弃。"张世煌明白无误地说，"需要放弃的利益在国家和产业面前，可能不算很大，于是这个体系选择人才的回旋余地比较宽，但在你个人就是不小的事情，选择余地比较小，因此需要斟酌。不可能各种不同渠道的好处都被某一个人占尽。"

他还提醒大家："做好这些工作非常不容易，因此绝不要按照以前做项目那样去理解科学家岗位和综合试验站站长这个职位。这个钱不好拿。"

有得必有失，有失才有得。体系需要能耐得住寂寞的人，事实上这也是策划者们挑选人员的不成文标准之一。在参与设计这个体系的过程中，张世煌感到策划者们的理念与他不谋而合：这些人不需要太多，他们将从事公益性研究，为农民和大多数科技人员服务，也为政府决策和行业主管部门服务，起到"四两拨千斤"的作用。

根据规划，以农产品为单元的技术体系包括50个产业，大约涉及全国2000

多个科学家和综合试验站，占全国农业科技力量的2.1%，如果把团队计算在内，大约占全国的8%。其中，玉米产业技术体系规划了31个科学家岗位和大约50个综合试验站。

“少数人做公益性研究必须接受纪律约束，要放弃一些半下海时得到的好处，因为这是用纳税人的钱从事公益性研究。这样才能继续深化科技体制改革。如果没有法制和纪律约束，大多数人就不会走向经济建设主战场。”

张世煌打了个比方：“这就像是铁路的两条钢轨一样，没有强大的、政府行为的公益性研究体系的有力支持，竞争性的商业研发体系必然失去产品创新能力和综合竞争能力，它们就不可能再攀上一个新台阶。”

虽然这封信是写给即将进入玉米体系的专家们的，但因为贴在了博客上，因此引起了许多网友的热烈跟贴，有鼓掌、有支持，也有担心、怀疑和否定。

有人评论道：“我对此技术体系没有信心，因为监督不力！”

张世煌就此又信心满满地回贴：“这个体系设计了三权分立的体制，不管怎样，这都是一个大胆的社会进步，是一个管理创新和机制创新……即使将来在发展过程中遇到很大的困难，但这个体系建设已经做出了一次很大的制度上的创新。”

他接着写道：“现在的玉米界乱成一锅粥，与不少人的双重身份和双重利益直接相关。就说市场中的乱七八糟现象，如果我们有一个公正而强硬的公益性体系支撑和引导，那些利益暗流和各种腐败行为还能有藏身之地吗？解决那些乱七八糟现象不是很容易吗？但现在，原本容易的事情也难办！”

“今后深化改革，就要逐步解决这些问题，首先区分两条线，然后每个人找准自己的定位。10年前，我把这叫作双向改革。所以我劝那些‘切蛋糕’和玩项目的人还是悠着点，想好了再下手，别把自己搞得很狼狈，甚至越来越坏了知识分子的名声。所谓玩项目，最终玩的是国家，玩的是天下百姓。”

但也有网友提出的问题很尖锐，让他很难作答。

一位网友说："很多单位都利用自己丰富的基础材料，由自己的科技人员创办公司，获取丰厚的利润。出于商业利益的竞争，这些机构从来不向其他科技人员（单位）或农民提供无商业目的的材料（品种）……这样的机构在将来的改革中会包括在少量精干的公益性研发体系中吗？或者又怎样将这样的机构排除在公益性体系之外呢？这些机构可多是当今的科研骨干力量。"

张世煌承认，自己把"双重利益集团"估计得过于简单了。这也迫使他思考，到底应该用什么方式来推动农业科技体制改革？要达到改革的目的，是用西方民主的方式还是集权的方式？

"在社会发展的转型阶段，许多善良的愿望都会成为强大的双重利益集团鼓动倒退和谋取狭隘利益的保护伞。"张世煌回应说，"他们只欢迎有利的改革措施，而排斥另一部分对他们有约束的改革行动。今后要在实践中限制'双重利益集团'对公益性研究体系的干扰，并解决其中的理论问题。"

对玉米产业技术体系如何能保持"纯洁性"，是作为首席科学家的张世煌一直挥之不去的担心。

"如果不愿意进入这个体系，现在退出还来得及。"他在玉米体系启动大会上对着几十号来自全国各地的岗位专家和试验站站长不客气地说，"现在农业科技界的风气很不好。研究室主任和岗位专家都不要成为学阀，要鼓励科学家讲真话，讲诚信，带动出良好的科研风气。我劝大家谁也不要玩项目，要认真做事情。"

2008年1月15日，玉米产业技术体系启动后半个月，在海南的南滨农场组织召开了一次技术用户座谈会，目的是征求产业技术用户对体系的产品和技术服务需求。老一辈的育种专家和部分地方的农科院代表，以及国内知名种子公司负责人约50人参加了这次会议。

在这次会上，一位老教授直言不讳地表示担心这个体系是否能够成功。他提醒说，公益机构不能再靠搞育种来谋利了，要为非公益机构服务，“做私人公司干不了的事。”因此，不能简单地以育成品种的数量来作为评价公益性机构业绩的指标，而应该以真正解决实际问题的能力来衡量。

事实上，玉米产业技术体系成立后做的第一件事，就是开展了一次大规模的产业技术用户调研。应当说，其实早在成立之前，许多有意参加这个体系的专家就开始了这个调研。

除了座谈会，专家们还对各级政府的农业管理部门、学术团体、加工企业、行业协会、农民组织和主产区农户开展了面对面的调研。他们还制定了育种技术需求的问卷调查表，在中国玉米博客上公布。

一些敏感的专家已经发现，管理者没有对他们提具体要干什么，而研究任务就来自农业生产、来自农民、来自企业研发系统和科研一线。

除了玉米产业技术体系，其他体系也都在成立之初先后进行了类似的调研活动。专家们希望能通过这次调研确定本产业发展遇到的种种问题，理清问题的性质和原因，并找出解决的办法和途径。

但也有的体系看上去并没有太当回事，只是通过发放调查表的方式来完成，多少有点应付差事。这个“懒办法”让主管体系的农业部科教司一位负责人感到不满。于是，这位负责人给专家们写了一封邮件。张世煌把这封信一字不拉地在他的中国玉米博客上公开了：

“我想应该是我们各位专家亲自到生产一线去听、去问我们的技术用户，在聊天的过程中把细枝末节了解清楚，也可以与技术用户们互相启发，那样的调查才是有血有肉的、生动和丰富的。尽管我们处在网络时代，但调查还是要亲自去，去听、去感受、去触摸真正的社会脉搏。”

“我最反感从网上抄来抄去的东西，或者支使别人去干的‘包工头’作风。

包括我们的产业经济研究室，必须做实证研究，每拿出一个数据必须是我们亲自调查、亲自计算的。”这位负责人写道，“前几天我参加了一个体系的会议，又说什么推广一项技术未来要增收多少亿元、肥料利用率提高百分之多少的预测，或者说我们5年之内要拿什么国家奖、在什么重要刊物上发表什么级别的论文等，这些又回到过去那一套老路子。”

在推荐候选人的时候，除了根据设计者要求的所在单位必须拥有相应的研发条件和工作基础等硬杠杠外，在草创阶段玉米体系更多地考虑依靠有社会影响力的知名专家，尤其从省级农业科研机构挑选岗位专家。但张世煌等人更看重的是重点培养和使用受过良好培训的中青年科技人才。

“比如，从中国农大张福锁团队选择青年教师，就相当于选择了张福锁这个团队，他们将对玉米营养和土壤改良研究发挥领头羊的作用。”张世煌说，“在资历和发展潜力的两相比较中，我更看重潜力，更偏向青年人。这就叫作既不与现行体制发生冲突，也不给未来的深入改革设置障碍。”

玉米体系的遗传育种研究室设立了8个育种家岗位，占全国副研究员（副教授）以上玉米育种科技人员总数的1%强。人数虽少，但显然是一拨非常重要和关键的人马——玉米最薄弱的环节就在育种，由体制和利益造成的典型思想混乱也在育种，面对的压力最大。张世煌因此非常重视这个研究室。

这位曾经用算盘和手摇计算器结合手算的方式验证过生物统计学和数量遗传学教科书上每个公式、例题和习题的育种家，特别希望同行们能强化数量遗传学方面的知识。因为他认为，大多数青年科技人员都很缺乏这个最必需的职业训练。

数量遗传学是采用数理统计和数学分析方法研究数量性状遗传规律的遗传学分支学科。由于农作物高产、抗逆等生产上的经济性状绝大多数是数量性状，所以研究农作物数量性状的遗传变异对于育种工作具有重要的指导作用。

张世煌为育种家们推荐了入门教科书，强烈建议和要求岗位专家们仔细研读美国科学院院士哈劳尔（Hallauer）那本被称为“玉米圣经”的著作《玉米育种数量遗传学（Quantitative Genetics in Maize Breeding）》，还要写出读书笔记，时间限定一年。

在他看来，这本书是数量遗传学专著当中最好的一本，好就好在理论联系实际，实验数据丰富和深入浅出，把复杂枯燥的理论变得简单易懂和生动形象。

“数学是世界观的基础。数量遗传学是植物育种的方法论基础。没有数量遗传学作基础，育种家之间就很难取得共同语言。历史和现实都证明了这一点。许多问题扯不清，道不明。于是就演变成瞎扯淡。”

张世煌说：“我强调循环育种策略、高密度育种方法和对育种目标的深刻理解，都离不开数量遗传学基础。个别大学教授至今仍在瞎扯淡，原因就在于数量遗传学基础的欠缺，严重地扰乱了基层科技人员的思想，在全国造成太大的损失。我没有时间闲扯，所以只能提出学习数量遗传学的建议和要求。”

数量遗传学根底不牢，在国内生物学界是一个普遍情况。

这源自于新中国成立以来几十年间对此的研究和教育的严重缺失。数量遗传学甚至曾经一度受到批判，虽然20世纪60年代育种家庄巧生和王恒立极力提倡和推广，但遗憾的是此后一直没有得到普遍重视，也没有什么科研经费的支持。

张世煌认为，国内多数科研单位最需要的不是分子生物学技术，而是数量遗传学基础。

“由于数学基础欠缺，即便敞开大门让他们进到我们实验室来，能学到的技能也只是个皮毛，甚至说句难听话，即使个别人想来剽窃，到一定程度也就剽窃不动了。”他说，“国内以前有几个搞数量遗传学不错的人，现在基本上都在国外。国内没办法呀，立不住脚。但是现在搞生物技术的研究生严重过剩，找不到职业，可是企业却需要懂点数量遗传学知识的人才，没有。”

张世煌所在的作物所也是这样的情况。要进一个搞生物技术的研究生，都是挑国外回来的，甚至博士后。但如果对数量遗传学有一定基础的，来一个就要一个。

张世煌注意到，有些育种者的理论知识来自过时、空泛的教科书，头脑空瘪，缺乏实验数据的支撑和理论联系实际的思考过程，基本上是跟着感觉走，碰机会、碰运气。这是导致育种能力弱的一个重要原因。

“个别专家对玉米种质改良和种质创新基本不入门。对玉米育种也只能夸夸其谈，很少看书和做试验，遇到具体问题只会耍嘴皮子甚至东拉西扯不着边际。但在起步阶段不得不稳住局面。作为每一个岗位专家，则要抓紧时机补课。”

他说：“以往作科技项目，是拍脑袋、拍胸脯、拍屁股完事。体系可不是这么考核管理，而是要看你的工作和最终社会效果。从长远来说，这个体系运作特点是先定岗，后选人，而不是以人设岗。”

根据规划，玉米体系每年的经费大约有3500万元以上，再加上一些国家专门的公益性项目经费，钱就更多了。但作为育种家的张世煌，并没有再选择做一名体系的岗位专家，虽然后者的身份能够为他带来每年稳定的70万元研究经费，而且体系的管理规则对此也没有限制。

为什么？不占岗位就有主动权，能够更积极地管理。他在博客里的一篇文章有这样一句话：

“这是我一生的奋斗和荣辱所系，是在命运搏击的漩涡里游向彼岸，所以，即使为了我自己的个人荣辱，也决不会姑息和迁就不正之风。”

科技体制改革20多年，国家对科技投入增加了很多倍，各种条件都有了明显改善，但一流的研究成果却很少见。现在，到了考验政府管理者和科学家们智能和良心的关键时刻。张世煌不反对改革。相反，他认为将来还是继续需要一部分科研人员从科研单位里分流出去，但怎么分流需要更科学的办法。

"人还是这些人，事还是那些事，设备还是那些设备。但是我们要换一个方式去做，就既解决生产上的问题，又提高了大家的研究能力。这个产业技术体系就是在静悄悄地分流。将来国家的重大项目也要静悄悄地分流。"

他说："改革是长期的甚至是痛苦的过程，因此需要慢慢地积累，不可能一蹴而就。科技体制改革要采取春风化雨和水滴石穿的策略，长期缓慢地积累改革的社会需求和动力。"

张世煌每天睡6个小时，习惯早睡早起——基本上凌晨三四点钟起床。天还没亮的时候，各地专家们的电子邮箱里就经常会收到他的来信。他喜欢清晨时那种头脑清晰、思路敏捷的感觉，所以也经常在那个时候管理他的中国玉米博客。

"我本来想在退休以前开始做这最后一件事，但现在产业体系的事情摆在面前，这是一次挽救我国玉米种子产业的天赐良机，当然更是改变我国玉米生产面貌的绝好机会。我认为耕作制度的重大改革是难得的历史事件，值得我投入全部精力去做。"

他说："我们已经浪费了十几年时间，扩大了与美国的差距，如果我们不努力追赶，恐怕就要来不及了。我已经最大限度地做了我能做的努力，剩下就看大家的了。"

小资料：哪里去找4300万吨玉米？

2008年，中国提出了到2020年全国要增加1000亿斤粮食生产能力的发展规划。主要粮食作物核心产区的省政府都采取积极态度参与该项计划。

其中，玉米承担了86%的份额，即增产860亿斤（4300万吨）。

显然，中国人今后一个时期的粮食消费（并非口粮消费）的增长更多地将依赖玉米了，这使得玉米可能成为新千年中最重要的农作物。

但根据中国的国情，靠扩大玉米种植面积来提高产量的可能性显然已经几乎没有了。

2006年中国玉米种植面积已经扩大到4亿亩，比解放初期增加了2.1亿亩，比2000年扩大面积17%。

玉米的快速扩张，已经挤占了许多大豆和小麦的种植面积，甚至有人预测将来还要挤占一部分水稻种植面积。

因此，只有继续提高单位面积产量。

张世煌等人经过测算，4300万吨的新增年产量意味着中国的玉米种植面积要稳定在3000万公顷以上，产量的增加速度为每年每公顷120公斤左右。

这意味着，到2020年时玉米的单产要达到每公顷6.8吨，比起2006年每公顷5.56吨的现实情况，这确实是个较高的目标。

到哪里找这4300万吨玉米？

玉米产业技术体系的专家们确定了五个方面的重点：

——育种方面要提高品种耐密植、抗倒伏的能力，以及耐低氮、耐高温、耐低温、耐盐碱和抗病虫等一系列的抗逆性。“产量就是抗逆性”，这是张世煌经常挂在嘴边的话。过去没多少人听，但现在得到了越来越多育种者的认可。

——深松改土、秸秆还田。近二三十年来小型拖拉机低效率的反复作业，严重破坏了土壤的物理结构，抬高了犁底层。目前玉米产区土壤的活土层厚度只有16.5厘米——比过去老黄牛拉着的老式七寸步犁所维持的22厘米的活土层还要薄，更少于美国对土壤耕层35厘米的要求。通过施行深松改土，配合秸秆等有机物料还田，提高土壤肥力，减少化肥使用量，改善土壤环境，能够提高抗灾减灾能力，也会降低玉米生产成本。

——针对黄淮海夏玉米区，停止麦田套种玉米，施行免耕直播夏玉米，提高播种质量，推迟收获时间，通过耕作改制达到增产目标。这项措施已经在山东等地得到大面积推广。

——逐渐增加玉米种植密度。多数发达国家玉米种植密度在每亩5500~6000株左右，而目前中国玉米种植密度为每亩3500株左右。玉米产业技术体系提出，争取用10–15年时间把全国玉米的平均种植密度增加1000株。这是普遍提高玉米产量和资源利用效率的最基本措施。当然，这也需要育种者的努力。

——全面实行机械化。推广精量播种、侧深施肥技术，提高播种质量和肥料利用效率。同时，积极研究和推广玉米收获机械。专家们已经对此达成共识：这是当前最紧迫的技术需求。在推广精量播种和机械收获的基础上，逐渐发展到玉米生产全程机械化作业。

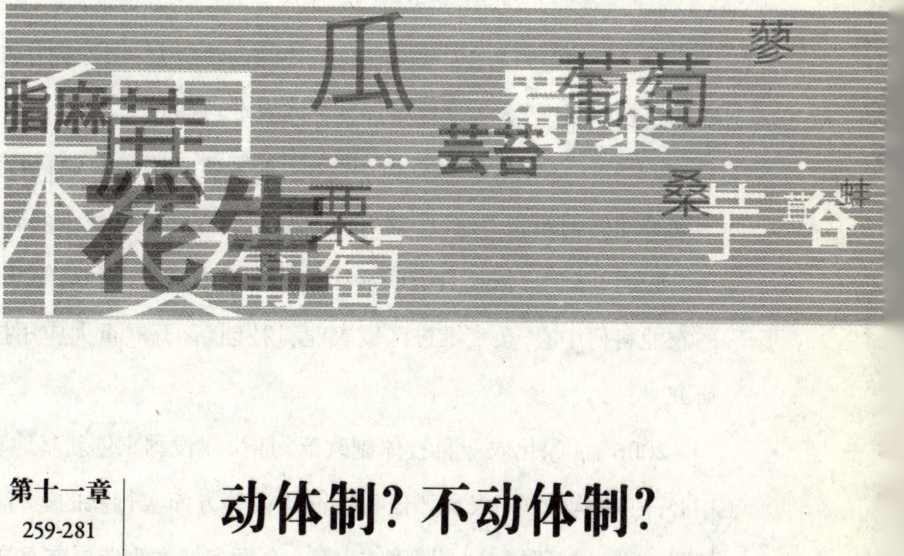

第十一章

259-281

动体制？不动体制？

从“国家农业科技创新体系”到“现代农业产业技术体系”，连续几年的“中央一号文件”，为什么在表述上有这样的变化？

两个“体系”是一回事吗？

始创者们首次坦露心声……

从2004年起，每年“中央一号文件”的主题都是有关“三农”（农业、农村、农民）的。到2011年时，以中共中央和国务院名义出台的“中央一号文件”，已经连续8年延续了这一惯例，显示了中国政府把“三农”工作放在了“重中之重”位置的态度。

每一次出台的“中央一号文件”，都对农业科技工作提出了要求。把这些年在文件中的相关表述挑出来做个小小的对比，你会发现很有意思的变化：

2004年：要围绕增强我国农业科技的创新能力、储备能力和转化能力，改革农业科技体制，较大幅度地增加预算内农业科研投入。

2005年：深化农业科技体制改革，抓紧建立国家农业科技创新体系。加强国家基地的创新能力建设，搞好农业基础研究和关键技术的研究开发，在整合现有资源基础上，依托具有明显优势的省级农业单位和高等学校，建设区域性的农业科研中心，负责推进区域农业科技创新，开展重大应用技术攻关和试验研究。

2006年：深化农业科技体制改革，加快建设国家创新基地和区域农业研究中心，在机构设置、人员聘任和投资建设等方面实行新的运行机制。鼓励企业建设农业科技研发中心，国家在财税、金融和技术改造等方面给予扶持。

2007年：大幅度增加农业科研投入，加强国家基地、区域性农业科研中心创新能力建设。启动农业行业科研专项，支持农业科技项目。

2008年：切实增加农业科研投入，重点支持公益性农业科研机构和高等学校开展基础性、前沿性研究，加强先进实用技术集成配套。加强产学研密切结合，推进农业科技创新活动。推动现代农业产业技术体系建设，提升农业区域创新能力。

2009年：加强和完善现代农业产业技术体系。

2010年：实施农村科技创业行动、科技富民强县专项行动计划、科普惠农兴村计划，推进现代农业产业技术体系建设。

你已经看出来了，2004年这份新世纪以来的第一个“中央一号文件”明确提出来要“改革农业科技体制”，而第二年的“中央一号文件”更是要“深化农业科技体制改革”，而且提出“抓紧建立国家农业科技创新体系”。这个体系怎么建？一个是“加强国家基础的创新能力建设”，另一个是“建设区域性的农业科研中心”。

2006的“中央一号文件”在“深化农业科技体制改革”方面延续了2005年的理念，提出要“加快建设国家创新基地和区域农业研究中心”，而且要在“机构设置、人员聘任和投资建设等方面实行新的运行机制。”

2007年，“中央一号文件”提出有关国家基地和区域农业研究中心的建设要“加强”，但没有作进一步的、明确的工作要求和部署。

到了2008年的“中央一号文件”，这个“国家基地+区域中心”的模式没有再出现，却提出了要“推动现代农业产业技术体系建设”。此后的2009年、2010年连续两年，在“中央一号文件”关于农业科技体制改革方面的要求都是如此。

是的，这个现代农业产业技术体系就是在前面你已经知道了的，有2000多位科学家参加的那个组织。

但从“国家农业科技创新体系”到“现代农业产业技术体系”，“中央一号文件”为什么有这样一个转变呢？显然，这个转变并不是简单地在文字描述上的变化。

中国农科院院长翟虎渠，是当年首倡“国家农业科技创新体系”并极力推动写入“中央一号文件”的关键人物。

2009年的一个秋日，我在他的办公室里一张巨大的木制茶海前，一边品茶一边听他讲述了此事的前前后后。

“客观地讲，近七八年国家对科技的投入大大增加了，但是为什么出不了大的成果，为什么成果的科技含量不是越来越高？这个与体制和机制有很大关系。”翟虎渠说，“中国科技发展的战略应该围绕国家战略来考虑。组织一批专家来搞，国家来保证，围绕国家目标来做。”

虽然身上有一串“中央候补委员”等政治光环，但翟虎渠常在不同场合“放炮”，透着一名科学家的率真。

“如果原子弹、氢弹那些技术用我们现在这个管理的方法和投入来搞，根本搞不出来。”他说，“你说你行，我说我行，什么是行？当时反正专家也比较少，就把专家组织起来，你需要什么我给你提供什么。你提个题目，我就给你资助，资助你想干的东西，这才能出创新。现在我们是围绕着项目走，围着处长、司长走，没有办法创新。你同意我的观点吗？”

“同意。之前我采访过的一些专家也这么认为。”我点点头。

“没有办法。大部分专家都清楚是怎么回事，但就是得跟着指挥棒走，没有办法，我不听你的拿不到课题，我不听你的没有经费，你所说的也不是我们愿意干的，而我为你干的不是为了完成项目上的事情。但是有什么用呢？啥用处都没有。钱都浪费掉了。”他撇了撇嘴。

“能发几篇SCI论文什么的吧。”我说。

“那个有什么用啊？当饭吃啊？如果真能有创新，SCI我们也认，但农业科技更需要解决的是行业或农业中遇到的问题，这是最主要的东西。”他说，“所以现在这个体制和机制不解决，我们的创新能力是没有办法解决的。怎么样解决？从科研项目和科研经费来讲，一个是围绕国家目标，一个是自主创新。不对，应该叫自由创新。”

“自由创新和自主创新有什么区别？”我问。

翟虎渠解释说，自主创新是我们自己搞的所谓“创新”，而自由创新是科学家自己的兴趣，能够发挥科学家自由的空间。这样的人不需要花很多的钱，反而花很多的钱有时不一定能出成果。

他举了一个例子：转基因抗虫棉是中国农业生物技术领域一个重大成果。这项研究刚开始没有得到科技部的项目支持，但研究人员认为有能力在这方面突破，也有兴趣进行，所以才有如此成就。

“研究人员一定要痴、一定要迷，才能出成果。”翟虎渠说。

“现在科技人员分心的事儿太多了。一会儿要写论文，一会儿又要跑项目。”我承认。

“你说得太对了。我也跟一些单位的专家讲过，他们回国以后，感受最大的就是干不了想干的事。他们都说国外不一样。”翟虎渠说。

他对当年在英国做博士的时候记忆犹新。当时，他和同事们都是早上9点上班，吃完中午饭再干个把小时就下班了，一天的有效工作时间也就五六个小时，但在这几个小时里，大家都是集中精力做研究。

“现在我们的一流专家都不在第一线搞科研，二流专家也很少在第一线搞科研，三流专家才在第一线搞科研。”他说，“一流专家忙什么？忙为部委写东西、忙检查，你评我、我评你。二流专家忙什么？忙写项目计划，应付检查。只有三流专家带研究生干活，这是非常堪忧的情况。”

窗外阳光灿烂，有些刺眼，我起身拉窗帘。楼下人来人往，农科院西门外的中关村大街车流不息，没有那种研究机构里古树参天的感觉。

翟虎渠刚调到北京就任中国农科院院长时，曾经组织过一个水稻育种方面的项目，把各地的育种专家组织到一起，4年拿了20万块课题经费。他对此总结道：“我在北京还好点，要是在广州，要带人来写报告、来答辩、来开会，还要写总结，这20万块钱基本上就都花掉了。”

“部门之间的利益之争，严重影响了中央政府的工作效率和执行力度。”翟虎渠接着说，“科技主管部门要有相对宏观一点的研究，不要抓太具体的了，三五万块钱也在那管，没有意义。”

翟虎渠还主持过一个转基因项目的评审会，收到960份申报材料，每份材料涵盖几个单位、涉及几十号人，来答辩的时候起码要来三五个人。这个会答辩了三天三夜，960个项目一个一个过，评审专家们有的差点都要晕倒了。

农业科研缺乏有效管理，不仅仅是表现在主管部门抓项目抓得太细。

“主管部门没有事儿干非得找事儿干。没有事情就检查，这是不相信人。你让我当院长你就要相信我，如果你不相信我那你就把我开了，另外找一个相信的人。”翟虎渠说，“那么我叫你当所长就是要让你把这个所管好，我如果不相信你就重换一个人。我不排斥检查，但不要老检查，老叫研究单位来应付这些事情。”

让他头疼的还有“有钱打仗、没钱养兵”的困境。

“科研经费目前基本上够用，但是我现在没有钱吃饭。以前是‘有钱养兵、没钱打仗’，现在刚好相反。”翟虎渠说，“中国农科院每年人均事业费不到两万块钱。国家给我们的事业费是32%，这些年一直是零增长。”

“你这个‘国家队’都这样，那各个省农科院就更不好了吧？”我问。

“省里的倒好了。这几年我们和许多省都签了共建协议。黑龙江、吉林、山东、江苏、浙江、湖北、广东等等，省里都给他们大量的经费支持做这件事。就是湖北在经济比较困难的情况下，每年也给省农科院3000万的创新人才经费。”

“从另外一个角度看，我们国家的农业科研人员是不是有点多了？”我问。

“不多。巴西多少人啊？美国多少人啊？美国农业部号称第二大部，第一国防部，第二大部就是农业部。他们有10万人，9万多人是研究人员和推广人员。我到美国去看，一个教授说他为200多户农民服务，有什么问题随时给他打电话。”

“美国不像中国这样专门有个推广体系。”我说。

“他们基本上是一体的。有些人偏重研究，有些人偏重推广，但偏重推广的也在大学里面搞些研究。”他承认。

在翟虎渠看来，中国的农业科技和国外相比相差并不大，甚至可以说是行业科技中和国外差距最小的。但是，至今缺乏有效的组织管理方式。

“改革的目标是为了什么？最终目的是调动个人的积极性、集体的研究力和创造力。达不到这一点，改革就是失败的，不能为了改革而改革。如果没有一个成熟的办法出来前，还不如不改。”

他说：“科技创新主要就是靠这些人啊！还是要慎重行事。个人也好，单位也好，其实都有改革意识。哪个单位的所长不考虑怎么样把这个单位搞好？其实大家都在想不同的方法，包括制度的改革。”

翟虎渠认为，中国的农业科研体系基本上是按照行政区划设立，而不是按照自然资源、农业生态和农业区划设立，部门、单位条块分割，国家、省、地（市）三级农业科研单位的机构、学科、专业重复设置，分工不明确，跨部门、跨专业合作项目少，科技资源配置浪费较大，总体运行效率不高。

“拿中国农科院和中国科学院比较，中科院是‘有组织没体系’，农科院是‘有体系没组织’——这个体系是存在的，但是没有有效地组织起来，这是资源极大的浪费。”翟虎渠说。

他为此开出的“药方”就是尽快构建国家农业科技创新体系和区域创新体系：

“中国农科院、中国科学院搞农业的研究所，还有中国农大，作为国家的创新中心。实际上这些单位不要花太多的钱，但是要有序地投资，我做这个，你最好就不要做了，大家互补，不要看一样能赚钱，大家就都来做这一样，根据情况合理地分一下工。”

翟虎渠继续解释他的设想：

“还要根据不同的生态区，建立区域性的创新中心。中央单位主要做转基因等基础性的工作，省一级的就主要做应用技术。再往下还有试验站，主要是依托地市一级的农科所搞试验示范推广，试验、示范、推广，形成一个网络。”

他把这个体系概括为“三个平台”，即国家农业知识创新平台、技术创新平台、科技成果转化平台，分别负责全国公益性重大农业科学研究、技术开发与试验推广活动。

从形式上看，这个体系几乎完全借鉴了美国的农业科研体系：

美国农业部农业研究局（ARS）是负责解决美国国家层面上的农业问题的研究机构。ARS有一个国家中心、7个区域中心，在全国各地设100多个研究所，2500名科学家，9000名雇佣人员。但有所区别的是，ARS的区域中心并不从事具体的科研工作，不是一个研究实体，是管理机构，主要负责管理和协调设在该区域各个研究所的行政事务和人员管理。

2004年，翟虎渠在中国农业科学院的年度工作会议上提出了国家农业科技创新体系方案：

一是在北京建设国家农业科技创新中心；二是依据农业自然资源与综合区划，在东北、华北、华东、华中、华南、西南、西北等建设9个区域性国家农业科技创新分中心；三是在现有省、地农科机构基础上，建立50个左右国家级、300个左右省级农业科研综合试验站。

根据当时翟虎渠的测算，建立这个体系大概需要花200多亿元，其中中央政府投资130亿元左右。这些钱其实说小不小、说大也不大。一个转基因专项国家就开出了200多亿元的支票，何况这样一个要把全国农业科研人员组织起来的庞大体系呢。

第二年，翟虎渠在全院的年度工作会议上又提出，用3~5年左右的时间完成农业科技宏观管理体制的改革和布局调整，到2010年建成以国家农业科技创新中心、国家农业科技创新区域中心和国家农业科技试验站为核心的国家农业科技创新体系，大幅提升全国农业科技创新能力，积极迎接全国农业科技发展的春天。

在政府层面，根据“中央一号文件”的要求，由农业部、科技部牵头，联合财政部、发改委、中编办、人事部、教育部、国家林业局、水利部组织开展了国家农业科技创新体系建设框架编制与调研工作，并联合印发了《国家农业科技创新体系建设方案》。但这个方案只是确定了国家农业科技创新体系的建设思路和基本原则，并没有描绘出到底是一个什么样的框架。

“其实也不需要很多的投入，就是怎么管理和协调的问题。现在有的是课题，这些钱如果按体系来布置，有人能有效管理这些钱就足够了。国家对农业科研投入的总量我认为是和目前我们的研究基本上相配套的。随着将来的发展可能需要增加一些，但目前来看是可以的，不要瞎花国家的钱。”他说。

翟虎渠设想的这个体系也包括技术推广。在他看来，目前正在推行的农技推广体系改革并不科学。

“还像以前那么搞不行。”他说，“水稻怎么种、小麦怎么种，没必要指导农民了。都是差不多的大量普及的技术。只需要做些新技术、品种的推广，也不一定要推广到每一户，在每个县搞定一两个点就可以了。”

尽管翟虎渠更倾向于以国家级农科院为农业科研“领头羊”这么一种角色的体制，比如韩国、巴西等国，但他也显然清楚这不是“中国国情”。

“大体制不一定要动，动机制会好一点。”他说，“省级农科院我管不了，因为这是不可能的事情，但是通过项目把他们有机结合在一起，通过业务上的指导，大家一起联合做这一件事情是不错的。”

“这个网络建起来了吗？”我问。

“没人建。最早吉林建来着。”翟虎渠盯着眼前的茶杯，一缕热气袅袅升起。

“非常可惜。我动了很多的脑筋，真遗憾这个事情推不动。现在我也不谈这个东西了。”他黯然地说。

“那你对现代农业产业技术体系怎么看呢？”我很想知道翟虎渠对这件事的看法。

“如果是列入整个大的体系里面会好一点。比如水稻，华东这一片可以让中国水稻研究所（在杭州）来搞，华南那一片让湖南来搞。东北大米品质好，那在东北再建立一个。这样会更好，但那个体系不是这样，是按作物来分的。”

“从科研的规律上来说应该是按区域的方式运作？”

“这是肯定的，按照产区比较好。”翟虎渠说，“不过让我高兴的是，我们院有几百个专家参加了这个体系，很多首席科学家是我们的。如果能有个宏观的思想，有个创新体系的话，我们差不多就起来了。”

翟虎渠说：“国家中长期规划当中提了一句话，希望农业科技在2020年能走在世界前列。农业确实是有这个可能性的，到2015年以前，整个创新体系构架如果出来的话，到2020年可能我们真的会走在世界前列，但现在看来难度很大。如果是遇到形势好，就能大步流星，形势不好就被挡住了。”

准确地说，中国农科院打造国家农业科技创新体系的努力，并不是翟虎渠在2004年全院工作会议上提出时才着手的。

早在2003年3月，中国农科院和吉林省政府就签署了一份《共建中国农业科技东北创新中心协议》，这其实是中国农科院在推进国家农业科技创新体系步伐中迈出的重要一步。

两年后，东北创新中心在长春市东南郊建成一座现代化的农业科学城，吉林省政府为此投入了7000万元建设资金，长春市政府无偿提供了16.8公顷建设用地、22公顷科研用地。通过西班牙政府贷款300万欧元和世界银行贷款600万美元进口的一大批仪器设备也相继到位。

这个东北创新中心提出的总体建设目标是，经过10年时间，建成东北现代农业研究与开发基地，建设成与世界先进农业接轨、能引进先进技术实现跨越式发展的科技平台，成为吉林省乃至东北地区发展农业的科技“硅谷”。

中国农科院和吉林省农科院如何进行合作是一个核心问题。双方确定，联合申报和实施国家级农业科技项目，涉及的领域有农作物育种、耕作栽培技术，畜禽品种繁育及饲养技术，动植物种质资源，植物新品种测试等。

此后，中国农科院推荐的专家担任了东北创新中心11个创新主体机构的业务副职，东创中心则与中国农科院共建玉米研究所、大豆研究所、农业环境与资源研究所、畜牧研究所、生物技术研究所、植物保护研究所，以这些共建研究所为平台，全面开展科技合作。这种模式被概括为“省院共建”。

吉林省农科院院长岳德荣是当年积极推动与中国农科院合作、成立东创中心的另一关键人物。如今，东北创新中心的牌子还在，但对于国家农业科技创新体系推进受阻，他也感到无可奈何：

“连续3年写进‘中央一号文件’，这个思路是很好的，但是现在执行不了。大家都争，问题就不好办了。”

“是不是国家级的农科院领导省级农科院更科学？”我问。

“应该是这样。最重要的是，必须得一致起来，中国农科院干什么、省级农科院干什么，咱们得有5年的分工、10年的分工。现在没有啊，地方没有，国家也没有，互相又不通气。这是科技体制的问题。”

体制的问题之一，岳德荣认为是农业科研机构设置有问题。除去农业大学不说——那是另外一套体制，全国的农科院系统最初的结构是中国农科院加东北区、华北区、华东区、西南区、中南区这6个区域性的农科院。

20世纪50年代时，吉林省农科院的前身东北农研所，隶属于农业部，涵盖的范围包括了黑、吉、辽和内蒙古。此后，随着各省纷纷成立了农科院，东北农科所也下放到了地方，1959年时改名为吉林省农科院。

再往后，各个地区、市县几乎都有了自己管的农科所，也按照省级农科院一样有育种、植保、土肥、栽培等科研岗位，逐渐演变成现在这样的结构。

从上到下三个政府层级上的重复设置，是导致人力、物力、财力等各种资源浪费的根本性原因。而这也必然导致研究内容上的重复。对这一点，岳德荣曾经写过建议和文章，提出要合理设置农业科研机构。

“应该考虑两个因素，一个是农业生态区域，二是大致相同的农业经济和农村社会发展水平、经济社会发展水平。在这两个因素一致的前提下，有一个研究单位就足够了。”

他说：“比如东北地区的农业主要就是松辽平原，土壤、水分、气候都基本上是一样的，栽培制度也一样，农村经济发展水平、农村社会发展水平一致。那么面临的农业技术问题也是一样的。研究生产中的瓶颈问题和手段都是一个思路，成果也具有广泛性。”

“13个主产省实现这个设想，可能是老翟思路比较好实现的一个载体，这些农科院必须是中国农科院管理，这样的话才能形成科研计划、人员部署的一致性。”岳德荣说，“现在是‘上下一般粗’，没有分工也没有边界，各做各的。难就难在打破现行体制。”

“这样改的话，科技体制动得就大了。”我说。

“特大。孙部长（指时任农业部部长的孙政才）谈农业产业技术体系时说了一句，不打破现行体制解决资源整合的问题，就是说的这个事。”岳德荣说。

“他指的是现代农业产业技术体系？”我说。

“对。产业技术体系没打破。”岳德荣说，“那个体系跟这个体系没关系。产业技术体系绕开了体制难题，实现了有序性和计划性。”

像翟虎渠一样，岳德荣认为这是现代农业产业技术体系的一大成功之处。但是，他们也同样认为这个偏重产业发展的科技体系无力解决基础研究、原始创新的问题。

“那个体系关心更多的是目前或者三五年内的生产问题。而农业科学的问题有超前性，比如说有一个五年计划的超前性，甚至十年的超前性。只有超前计划才能连续不断地发展。”

岳德荣说：“国外公司搞转基因研究，从20世纪70年代初期，我们都想不到的时候就开始搞了。连续十几年、二十几年连续不断的科研才有今天这样大的突破。”

“我们现在有这种超前的计划吗？”我问。

“没有。”岳德荣说，“即使是应用研究也应该有中长期计划。比如说黄牛育种，我们育成中国第一个乳肉兼用型的品种用了30年时间，当时是计划经济下搞的，假如没有这种持之以恒不断地研究怎么可能呢？”

虽然现代农业产业技术体系在岳德荣看来不像国家农业科技创新体系那样“能解决根本问题”，但他也承认，翟虎渠那个体系“有点理想化”，因为现行的体制很难打破——吉林省农科院成了东北农业科技创新中心，那黑龙江、辽宁的农科院呢？

甚至，如果像岳德荣所说的把起码13个农业主产省份的农科院都收归中国农科院麾下，那地方政府乐意吗？

我的这个猜想，当年的确发生过。

“我们是2003年和中国农科院签的协议，2004年12月份酝酿‘中央一号文件’的时候，就把我们院作为东北创新中心这个意思写进去了。写进去以后，黑龙江就有意见了——你是中心我怎么办？”岳德荣说回忆说。

随着翟虎渠当年积极推进国家农业科技创新体系，一些没有被确定为区域性创新中心的省份不干了，纷纷找到农业部。农业部的领导为此很为难——这件事不能让10个院长满意、却让另外20个院长不满意啊！

“我们院算是个半成品。这个体系如果下一步再走的话，就是整个科研计划归中国农科院，申报计划、科研执行、检查都归他们。”岳德荣说，“现在我们两家也正在往前走，我们给了他们几个研究所100多亩试验田。”

如果中国农科院也做科研的话，是不是既当运动员，又当裁判员？我心里嘀咕。

“那现在有什么计划吗？比方说黑龙江农科院、辽宁农科院大家都一起做这个事？”我问。

“当时中国农科院和吉林省没有考虑辽宁、黑龙江，但是我们的职能定位在技术要覆盖整个松辽平原，就是同时要考虑辽宁和黑龙江的科技需求问题。这代表了新的区域设置。”岳德荣说，“从中央层面讲，不是要影响到原来那个单位存在的条件和基础，而是在这个基础上再往前一步。”

“翟院长这个体系下一步还能不能走下去？”我问。

“还有一线生机。如果绕开大规模动体制这个问题，中央在增量上能支持他组建一个新的科技创新体系，由他来制订整个科研计划，根据计划分配经费，也可以实现原来的设想目标。”岳德荣说，“农业科研的问题现在到该理一理的时候了，主要是体制这个问题。”

“很多事情可能是科研规律之外的问题。”我说。

“所以真要做事，你得傻一点，看透了就不好办了。我觉得老翟的方案就是这个问题。”

虽然国家一直提出要推进农业科技体制改革，但最核心也最困难的问题就是要不要动体制。对这一点，辽宁省农科院院长陶承光认为，改革的根本就是要理顺机构。

“假设农业部的职能强化后，可以指令中国农业科学院搞高新技术、前端技术的研究。”他说，“研究出来以后，各个省份根据不同区域，哪些搞甘蔗水果、哪些搞粳稻、哪些搞籼稻，哪些搞玉米……”

他对于农业科研以不同的区域特征为划分的标准也完全赞同：

“河南、山东玉米占主导，那就根据国家的分工在这里设立玉米科技创新中心。江苏水稻占主导，就在这里设水稻中心。黑龙江大豆有优势就搞大豆。都明确分工，然后根据这个投资。”

他接着说：“可现在是怎么回事呢？辽宁干什么、吉林干什么、黑龙江干什么都是一样的，全是重复竞争。你今天出个成果，我明天全废掉重干，我还想竞争过你呢。本来你挺好的成果，我又把你竞争掉，只比你稍稍强一点，你那些年就白干了。”

虽然陶承光认可按照生态区域确定科技创新中心的理念，但也认为有点超前了。

“这个方案提出来后，资金来源、和省之间的关系都没明确，谁来保障？上下的关系没有整清楚，建立那么个中心有什么用？”他说。

“东北创新中心的牌子挂在了吉林，你辽宁省农科院是不是会有意见？”我问。

陶承光并没有回答，想了想，又说：“那时候应该东北几个省坐在一起商量，大家要认同这个创新中心。不是简单地挂个牌子，要想什么是你的核心竞争力、你的优势？”

“每个省都有自己的绝活，都有自己的特色，都有自己主导的东西。绝不能包罗万象。”他说，“吉林省在玉米生产上有贡献，但是，从历史的角度看，辽宁在玉米杂交新品种对全国的贡献首屈一指。还有，杂交粳稻、花卉蔬菜我们也有独特的优势。”

“方案出台前应该先讨论，征得人事部、农业部、科技部几方认可。人事部涉及到编制机构怎么确定，科技部涉及项目将来怎么负责，然后由农业部来组织实施，具体可由中国农科院作项目的牵头单位，明确东北三省是个什么协作关系。这样我们就都清楚清楚怎么干了。”

陶承光接着推导：“假如粳稻设在辽宁，就得以辽宁为中心。玉米、大豆都是这样。这才是东北区域创新中心。三省都得发挥优势，不是你‘光亮一盏灯，黑了一大片’。”

有了创新体系，并不等于有了创新能力。浙江省农科院院长陈剑平对这个创新体系也有自己的看法。

“翟院长有强烈的事业心，迫切想把中国农科院发展得更好。他们得到了国家支持，于是就提出构建国家农业科技创新体系的设想。”陈剑平说，“如果以中国农科院单独建设，可能面小了一点；如果中国农科院联合全国省级农科院建设，可能摊子铺得太大，而且有不少类同和重复，需要经费太大，所以就选择了部分省农科院作为区域创新中心进行建设。其实这是个权宜之计。”

他接着说：“无论如何，即使没有被列为区域创新中心建设的省级农科院，虽然没有得到国家投入，但原来各省的投入不会减少。或许因为国家农业创新体系的建设，各省也会效仿着建设省级农业创新体系建设而对省级农科院增加投入。因此，这是件好事，对于中国农业科研事业发展是有好处的。”

但同时，陈剑平也认为，这个创新体系的准备和提出有些仓促，相当一部分省级农科院还没有反应过来似乎就这么定了，一下子接受不了，况且没有充分结合国情，从思想观念、可操作性和效果上尚有一些不足。

“资源永远是紧缺的，对自己有利的东西大家都争，对自己无利的事大家不关心，有些人为了爱面子可以不要脸。”他说，“对参加国家农业创新体系的态度或多或少也有这种思想——这么大的利益，这么大的面子，大家会不争吗？”

如果争不到，回去怎么交代？怎么见领导？怎么见单位职工？这是设计上不足，沟通上不够，所以在提出前得有一个科学合理且被绝大部分人接受、觉得没争取到也不丢脸的方案。这是其一。

其二，中国的农业科研体系有明确的行政归属，国家级、省级各自都有各自的财政分担、人员编制也各归中央或地方、所承担的任务也各有侧重。一个省级农科院由中国农科院确定升格为区域创新中心，而其他省级农科院降格成为综合试验站。

“本来各省农科院都各有特色和优势，是友好邻邦和兄弟。现在情况变了，一个省院拿了钱当了领导，代表‘国家’来管别的省的事，而别的省院不仅拿不到多少好处，且成了下属。这样肯定不服气。”他说，“结果各省还是干各省的事，区域创新中心也只是干原来的事，区域创新中心的含义与职能不一致。”

“所以，我担心创新体系建了，钱花了，大家不和谐了，而创新能力则没有实质性提高。如果从更好的效果出发，这样的建设方案可能还需要完善。”陈剑平说。

他还认为，国家农业创新体系建设应抛开单位，根据农业产业布局和各单位的学科优势进行组合，按水平、贡献、影响择优选择，形成从中央到地方纵横联合体系，而和谐是实现这个目标的基础。

在农业部主持的一次座谈会上，陈剑平谈了自己的看法，说得很策略：

“现在全社会都在讲建设和谐社会，‘和谐’二字的‘和’是禾旁有个口，人人要饭吃；‘谐’是言旁有个皆，人人得有话讲。如果一个社会人人有饭吃，人人有话讲，那就是和谐。这是一切事业发展的基础。这个方案实施会造成不和谐，全国30个兄弟农科院之间的不和谐。”

“如何把好事办到位，就是要在和谐的基础上，通过公平、公正、公开的办法，维护人的合理的趋利性、惰性和爱面子。”他总结道。

在翟虎渠力主的国家农业科技创新体系推行未果的情况下，现代农业产业技术体系的出现，某种程度上可以说是不动声色地在农业科研系统实现了人才分流。

通过利用并不算多的公共财政“增量”（每年大体上是10亿元），这个体系还聪明地引导了公益性与竞争性职能的分流，这是科技体制改革20年来一直没有化解的难题。一些科学家感到，这个动作可能会产生深远的改革效应。

两个体系，一个是根据科研规律分区域，另一个是根据产业需求分品种。是把全中国切成几大块来搞好，还是把农业的产业链条串起来好？

在小麦体系的经济专家韩一军看来，其实二者并不矛盾——在产业链条的组织下再分不同的地区搞研究。

“我们现在的两个重点任务就是分区域——北方节水旱作和靠南一点的北纬33度地区大幅增产两项技术。两个院士在牵头，双方又有互动。你要是先分成几个区，那又可能各自为政、无法统筹了。”

他说：“把农产品分得细是没错的。甚至农业部将来都应当转为产业部，他不能光管田间地头啊！应当有这种思想。”

未来要不要动体制的问题，是现代农业产业技术体系内外的科学家们最关心的一件事。

在工作单位、工资待遇等方面，这个体系没有把投身进来的科学家们收纳、组织成某个全新的科研机构——类似美国农业部所属的农业研究局（ARS）那样，从而绕开了体制争议，因此能够较快启动，管理成本也极低，还实现了科学家们本单位科研资源的共享。

事实上，它不要求享有科研人员和其所属单位的知识产权，不要求对科研人员的人事管理权，只有一个核心要求：要对产业发展提供足够的科技支撑。

但管理灵活的另一方面，也可能会有不稳定的因素。人员变动甚至依托单位变动怎么办？体系对科研人员评价标准和依托单位的评价标准（论文、项目）不同怎么办？特别是当原单位领导不支持时，体系人员如何开展工作，这更是一个无法从制度上解决的问题。

在我的采访中，许多科学家希望把这个体系变成类似ARS的独立机构，他们认为早晚得走这条路。玉米产业技术体系首席科学家张世煌就是其中之一。

“考核标准只在内部管用，不能向外延伸。人家就是要SCI，你怎么办？”他说，“既不看论文，又不要你出品种，那依托单位长期下来恐怕也有压力。现在是绕开了体制，但是体制迟早是绕不开的。”

在玉米生长旺季，病虫害也比较多，一些应急性的任务不可避免地会落到体系相应专家头上。运行一年多以来，张世煌感到，大学老师身份的岗位科学家调动起来最费力气。

“比如给本科生上课，教育部规定不允许调课，到时间你必须去讲课，否则就是教学事故，要全校通报批评的。所以大学里的老师普遍比较被动，很难做到24小时内回应、48小时内赶到现场。”他说。

因此，虽然大家的积极性很高，但激情不一定会长久。张世煌觉得，有些问题不是靠思想教育和引导就能解决的，必须靠体制上的变化，而不仅仅是在机制上做调整。

“ARS有大概2200多名雇员，再加上工作人员一共是8000多人。我们这套系统差不多也是2000人上下。其中岗位科学家有1000人左右，另外1000多人是试验站站长。”张世煌说，“我们可以分成两步走，先把这1000个岗位科学家从体制上解决掉，有条件了以后再解决试验站的问题。”

对科学家考核评价标准不一的问题，在农业高校表现尤其明显。大豆体系的病虫害专家、南京农业大学教授王源超说：“方向是对的，但是大家还有一个担心，能不能长期稳定下来，真正解决一些问题。我现在基本上是写论文和解决实际问题占一半精力吧。”

“第一批启动的10个体系的人员，绝大多数还是有一定的研究积累，基础比较好，大家对完成这些任务还没有什么大问题，但是整个50个体系就不好说了。特别是对一些年轻人来说，可能这种压力更大。”他说。

越是高精尖、人无我有的那种论文，越能得到青睐，这是一个不争的事实，尽管也许那些论文不解决什么实际问题。王源超在努力寻找理论和实际两者的结合。他在和学生们讨论这个问题时是这样说的：

“植物保护学科本身是一个应用性很强的领域，可以从实际的问题中提炼一些比较基础的问题。比如病原菌，我要做的是有哪些致病类型，这对于抗病育种特别重要。而这些类型又是哪些因素决定的，所以让学生从病原菌一直往上游研究，哪些是决定整个系统的东西。这些材料是在实验室里做基础研究的人没办法掌握的。在这个基础上再深入，选择别人没办法做的。”

作为岗位科学家，王源超的团队里有20多个学生跟着他一起做体系方面的工作。他认为，这些学生和生产结合得很紧密，对将来读博士、找工作都有好处。有材料和经验的积累，读博士能做出好的文章。有大量的一线实践，用人单位也非常欢迎。

“我的两三个博士生，最近参加体系的一部分研究后，工作效率和工作热情比起开始时明显不一样。他们的目标非常明确，知道自己做的工作对解决生产上问题有什么价值。”王源超说。

他同时表示，怎么样能结合得更好，两方面都能照顾到，是高校也必须得想办法解决的问题。

中国工程院院士、南京农业大学原校长盖钧镒也认为，受聘的科学家都是有单位的人，研究单位的人有研究成果考核的问题，教学单位的人有教学方面的考核问题。时间一长，会和体系的要求有冲突的。如果在现阶段无法实现全部“收编”，体系的管理者就要和依托单位达成共识，按照体系的要求对科学家进行考核。更进一步说，如果经费能够稳定支持的话，不妨干脆转成农业部的雇员。

“你愿意转就转，不愿意转再另聘。但这涉及体制问题，是很大改变。从相对稳定的岗位来讲，农业部应该有一定数量的雇员来解决技术问题。”盖钧镒说，“而且说实在的，农业部应该紧缩管理人员，增加技术人员。全国的政府管理机构都太多了。应当是管理班子很小、技术班子很大。”

但不同评价标准的问题，在生猪体系首席科学家、中山大学生命科学学院副院长陈瑶生那里，似乎并不成为一个问题。

“难道在这个体系里面做了，你就放弃多少东西吗？没有体系的话，你又能得到多少？其实问题的关键就在于你自己对体系工作的认识。”他说：“岗位科学家不仅仅是他自己在工作，他需要带领一个团队来工作，团队成员你就要筛选了，不能说为了照顾就让他进来。这个博士他擅长做技术就让他做技术研究，但不一定让他全部投入进来，论文大家也可以共同参与研究来共享。所以团队是可以协调的。”

除了像陈瑶生所说在体系内部的协调外，对不同评价标准如何衔接的问题，更需要管理者和依托单位达成共识。有的高校负责人对此认识比较清楚。华中农业大学校长邓秀新，对他们学校参加现代农业产业技术体系的教师在评价和人才培养方面就有很好的想法。

“每个依托单位对这些人的成长要有思考，否则干了一段时间，大量的产业工作做得非常好，但没有论文，提职称等都不好办。当然有的人会处理得很好，带研究生就把这个问题解决了。但也不排除有一些人做不好。”邓秀新说，“这就需要单位来思考。我知道这些人怎么来考核他，比如你用品种也行、用奖也行，甚至说你推广到一个什么程度也行。”

邓秀新自己就是这个体系的柑橘技术体系首席科学家，身在其中的体会自然要更深些。而且，早在体系酝酿阶段时，邓秀新就多次参加了组织者的一系列研讨会，对当时的情况非常清楚：

“设计这个体系的时候，有一个问题已经想到，但还没有比较好的解决办法。体系的专家是每5年聘任一轮。那么在新一轮续聘的时候，肯定会有人员变动的情况，比如他退休了、死了，他的这个岗位就没有了，那他的一系列现有资源怎么办？体系继续招聘新人的话，是由原依托单位招聘还是干脆由体系来招聘？”

他接着说：“还有另一个问题也没有解决。体系坚持的公益性怎么跟商业化的公司区分？这个情况在育种、农药和疫苗方面比较突出。”

邓秀新打了个比方：有的人“左脸是公，右脸是私”，一手是他的工作实验室，国家一年给他70万，另一手就是他老婆的种子公司。怎么办？

“这部分人虽然比例小，但也是个问题，目前还没解决。但当时设计时考虑了，知道有这个问题。只是如果不要他的话，可能就只好找商业公司了。”他说。

对于现代农业产业技术体系要不要动体制的问题，随着这个体系的推进，渐渐地形成了两种鲜明的观点：

有些人说，“体系体系，有系无体”，导致科学家“没有名分”、管理也很难到位。可是，更多的人则认为，目前并不需要从体制上做文章——这种“无形”

的体系要比围绕几个院所、建几个点、养一些人要好。体系的钱不用花在养人上，不用建一应俱全的行政后勤机构。这种架构，像是以无形胜有形的太极拳。

山东农业大学副校长董树亭就是持这种观点的温和改革派：

“应当有一个逐步改变的过程。新的慢慢地显现出活力来，旧的自然而然就消失了。中国的体制，想破旧立新很难，各个势力范围都很明确。如果两条路线同样运行，大家慢慢地认可了，这样的话虽然看上去慢，实际上很快。”

他说：“现在专家们都是有好几层领导——部里领导你、省里领导你、单位更是领导你。这个体系，好多专家为什么愿意参加？因为他有一笔经费，可以支撑他的发展。所以靠体系这种经济利益把他纳进来比较好。体系已经是个创新，只有进行完善才是精明之举。只要有人掏钱就行。”

河南省农科院的小麦专家许为钢也认为，体系的这种虚拟形式反而进退自如。

“成立一个单位、挂一个牌子，后来觉得不合适怎么办？如果觉得还要进一步发展，又要变怎么办？原来我们搞一些东西都要编制，要有这个那个，现在他把这些东西都避开了，所以比较灵活。”他说，“就目前来说，这个体系起到的是穿针引线和纲举目张的作用，还需要其他方面来配合——这是一个骨头架子，还需要血液系统、肌肉系统等等。”

体系的一位设计者曾经说过，在设计的时候他们已经考虑到，动体制的事要一步一步地推，因为一涉及机构和人员管理，就不是其所能操作的了。

“所以我天真地想，我们先把工作做实了、做好了，这个事跟谁都好谈。”这位设计者说。

有些事，说复杂就复杂，说简单其实也简单。也许，解决问题的确更需要天真地想一想。

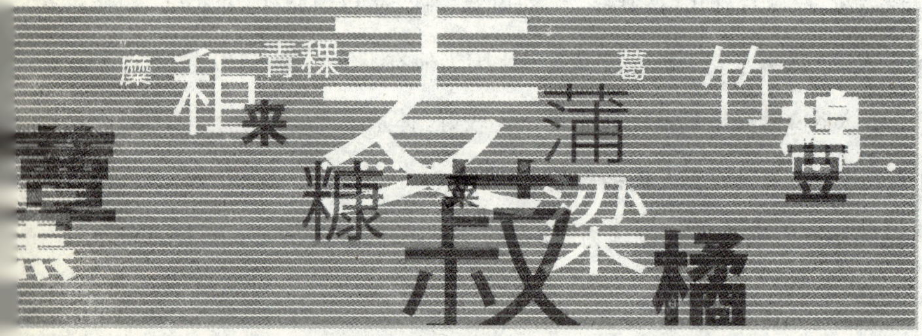

第十二章
282-310

“国家队”形成

“一定要真能解决问题！”

在传统体制下进行创新，寻找一条科研的新出路，出发点和根本目标应当就是这句大实话……

2007年2月3日至5日，海南三亚红树林酒店。

财政部教科文司、农业部科教司共同组织召开了一次关于区域农业科技创新工作的研讨会。除了这两个部门的代表之外，中央农村工作领导小组办公室、科技部、国务院发展研究中心、中国农业科学院、陕西省财政厅及河南省财政厅的负责人也被邀请参加研讨。

在这次研讨会上，发展现代农业需要加大科技投入、整合各方资源，并要有新的制度化设计，成为大家一致反映的意见。财政部、农业部组织建设现代农业产业技术体系就发端于此。

但正如会议名称所表述的那样，起初大家眼光集中在“区域创新”而不是“产业技术”上。这显然与2005年至2007年连续3年的“中央一号文件”已经提出建立区域性的农业科研中心的要求有关。

事实上，自从2005年年初“中央一号文件”正式提出构建国家农业科技创新体系以来，当年3月国务院9部委就组成了构建国家现代农业科技创新体系领导小组，由农业部和科技部牵头，会同财政部、国家发改委、人事部、水利部、教育部、国家林业局和中央机构编制委员会办公室等9个部委一起，研究怎样在国家现行体制下建设国家现代农业科技创新体系。

两年后，一份9部委联合签署的《国家农业科技创新体系建设方案》出台。这份文件提出，将构建由国家基地、区域性农业科研中心、试验站和企业技术研发中心等组成的国家农业科技创新体系。

这个建设方案虽然有实施步骤，但并没有具体的可操作性方案，只是提出到2007年上半年要完成国家基地、区域性农业科研中心和试验站布局设计，并发布《建设指南》。人们看了这份文件后，脑子里并没有形成到底这个体系的模样。

三亚红树林会议的意图，就是要将文件精神具体化，研究出一个切实可行的国家农业科技创新体系来。

“最初我们的想法非常简单。就是想针对国家目前的科研组织形式上的问题进行一些改革探索。我们觉得有必要把全国搞农业科研的优势力量结合起来，目标是更好地解决农业发展、粮食安全问题，从科技的角度做好支撑，”财政部教科文司一位组织当时研讨会的负责人回忆道，“经常是产业上出了问题却没有人负责，找人问情况都找不到，然后就报来一批课题申请，赶紧拿一笔钱去应急。没有一个长期稳定的队伍，没有相应的技术储备，你怎么去应急？”

这位负责人曾经主管全国科技经费的支出，几乎对中央所有部门关于农业科研的项目都了解得一清二楚。

“钱非常多，项目也非常多，但感觉农业科技近些年来对农业发展的作用跟过去比，不能说是倒退，但至少是前进的步子不大。再作些分析时我们感到，科研力量整体上看是分散的。人是分散的、项目是分散的、经费也是分散的，科研系统的环节上是断的。”

把全国优势的力量整合起来，做一件长期稳定的、为农业发展提供足够支撑的科技体系，就是财政部、农业部的初衷。

“当时我们叫科技创新体系，后来改称产业技术体系。这个改动非常好，我们面对的是市场、是老百姓的餐桌，应当根据这个需求来组织科研力量。”这位负责人说。

在这次会上，中国农科院一位搞区域规划的专家分析了以生态状况划分区域创新中心的模式，认为虽然能够充分利用已有资源，但从管理的角度看有难度，中央财政不便于投资事业经费。更重要的是，虽然名为区域中心，但由于是依托某省的农业科研和教育机构建设的，运作起来对区域的服务功能较弱。

国务院发展研究中心社会部部长葛延风，则提出了两种农业科技创新体系的组织形式：一种是按组织结构，另一种是按农作物品种。这是最早提出以农产品为划分标准的理念来源。

其实农业科技创新体系一直都存在，并不是这个时候才开始构建，只不过在现有的体制下问题重重。什么问题？在这次会议上大家都谈了很多，诸如科技对经济发展和“三农”支撑力度不够、科技成果转化率不高、缺乏大的创新性成果，等等。但这些其实都是表面现象，每个人心里都很清楚，问题的根源在科研管理体制上。

比如，中央至少有9个部委都有涉农科技项目的行政管理，各省也有10个以上的厅局有涉农项目的行政管理，大家都想替农业做事，但是相互之间没有沟通，免不了造成资源分散、运行效率不高、缺乏系统性。

把国家现代农业科技创新体系建设的定位建立在解决上述深层次的问题上，而且既不跟现有体制发生太大冲突，也不给将来的改革留障碍，成为各方参会人士达成的共识。大家觉得“挂牌子、建大楼”解决不了农业科技创新的问题，不动体制，但要从机制上有所动作。

最基本的出发点搞清楚后，接下来就要搞清楚建些什么内容了。经过初步研究，大家明确了三条线，或者说是三大块国家现代农业科技创新体系建设内容：

——产业问题。创新应该是产业的创新，不是仅仅为科研创新而创新。但是创新体系又并非产业体系，是产业创新而非研发创收。一句话，就是为产业服务的、公益性的科技创新。

——科研的共性问题。比如说环境问题、水的问题、生物防治以及育种方法、病虫害灾变规律等。科研有自己的规律，有共性的技术，这是技术平台方面的问题。

——区域间的跨度问题。比如，吉林8000万亩低产田改造的问题、南方冬闲田利用的问题等，都是典型的区域共性问题。

随后，财政部、农业部联合国务院发展研究中心组成了一个课题组，专门研究在具体操作层面上如何构建体系。

农业部是个产业部门，官员们想问题做事情更容易从产业的角度出发。按农产品来组织农业科研的建议，得到了时任农业部部长孙政才和主管副部长危朝安的高度重视和大力支持，孙政才的批示就两个字："赞同"。这给了课题组很大的鼓舞。

2007年4月，农业部科教司组织专家对水稻、奶牛、天然橡胶等40多种优势农产品产业技术进行了一次"摸家底"性的调研活动。

两个多月的工夫，这个活动摸清了农业不同产业近10年来的研发设施、基地建设情况，比如农业部已经有主要农作物的国家改良中心，教育部的重点学科建设和985重点工程也有关于农业科研的，类似的情况还有科技部的国家重点实验室、工程技术研究中心，国家发改委的工程研究中心，国家外专局的引智基地等。

课题组感到，每个部门都已经打好了不少"桥桩"，下来就要开始"架桥"了——这些应当成为资源整合的对象。

同时，调研活动还了解到某个产业大体上有多少各个层次的科研人员、大型仪器设备情况、过去10年承担了多少省级以上科研项目，某个产业都上了什么课题、研究内容和方向是什么、哪些成果已经推广、哪些正在转化、哪些问题还在探索等。

尽管科研结构不合理的情况大家的体会都比较深，但数据显然是最有说服力的。调研材料整理分析完后的结果，令课题组成员吃了一惊，有些结果完全没有想到。

比如育种，全国从事水稻研究的人有1.2万多人，60%以上集中在育种；而小麦甚至大约90%的科研人员集中在育种。同时，病虫害、营养施肥、设施设备、产后处理及加工的队伍比重却很小。

2007年5月18日，危朝安在延安的由中组部举办的2007年院士专家理论研究班上，在深入分析现有农业科技体制、农业科研管理存在的问题的基础上，正式提出了现代农业产业技术体系的建设思路。

6月19日，他在北京21世纪饭店听取了16个优势农产品的产业技术调研汇报，农业部种植业司、畜牧司、渔业局负责人同志参加了会议。葛延风也被邀请参加了这次汇报会，他听完报告后敏感地预料到，科技体制正在萌发一个重要创新。

第二天，财政部教科文司开了一个小范围的碰头会。司领导在了解农业部现代农业产业技术体系的建设思路后感到，这一做法可能会实现体制机制的突破，但与现行科技管理体制严重冲突，怎么平衡协调需要好好研究。

紧接着，6月27日一早，在财政部大楼的1315会议室，财政部教科文司、农业部科教司负责人以及课题组的几位成员进行了座谈。

来自农业部的一位课题组成员向大家介绍了调研情况以及产业技术体系建设的考虑：“中央9个部门都投入农业科研，但互不沟通，没有投资主渠道。地方也一样，江苏省16个厅局都投入农业，但‘各唱各的调，各敲各的鼓’。”

按照农业部的最初想法，是把16个农产品作为试点体系先搞起来，采取“国家—区域—站—企业研发中心”的框架，并把各个环节连接起来。

针对最关心的“人、财、物”怎么办的考虑，农业部的打算是，物用原来的，只说补齐的事；人保证正常流通，工资原渠道解决，发挥区域、地方的作用；财，正常运转由中央来考虑，主要解决人员费用、差旅费、会议费等。同时，把共性的技术研究留给科技部。

来自财政部的课题组成员也谈了自己的观点：国家层面的科技创新体系与

区域创新体系不一样，它不是“建”出来的。产业链要达到什么目的？技术、布局、推广怎么衔接？怎么才能用一根线把各方面的优势力量牵引起来？

这位课题组成员认为，应当是中央布局、地方配合。要慎谈整合，但分散的力量一定要充分利用起来。产业链先是条状的，落到地上是块状的，如何能以线带上块？这根线要有足够的力量才能带动。因此要考虑各级的积极性怎么调动？谁听调动？

对区域中心这一层次，她也有不同看法，认为不应是为建中心而建中心：“在各地建点，建难、拆更难。层次越多，管理成本越高。所以关键是设计好体系，缺什么补什么。受益的首先应当是地方，各方都高兴，也不违背现行体制。”

这位课题组成员是搞制度研究出身的，用她自己的话说，“就是个提问题的角色”。在随后的另一次研讨会上，她又提出了一连串的问题：

中央院所、大学与地方院所、大学之间是什么样的关系？岗位聘任的机制是什么？体系建设需要的经费与现有经费的渠道的关系怎么理？国家与市场之间的关系怎么处理？政府能做到什么程度？企业又做什么？整个体系中存在的有形和无形的线条怎么设计？怎么管理、怎么考核？

……

在另一次研讨会上，财政部的这位课题组成员还提出，设计体系时要有足够的胸怀，吸纳教育、地方等各方面的力量。同时，这个体系从源头到终端的各个方面，每个人都应该有话语权，而不是个别专家说了算。多年掌管科技项目审批大权的她心里很清楚，这是科研领域的一大痼疾。

坦率地说，现代农业产业技术体系与以往各类项目在人力组织上有明显差异：过去基本上都是“近亲繁殖”——行业主管部门的项目只给本行业的科研队伍。而这一次，体系在确定科学家构成时显示了少有的大度，岗位科学家甚至首席科学家都面向全国公开招聘，无论是来自农业科研机构还是综合性的大学。

"这个体系从开始设计的时候，我们就没有考虑部门概念。谁能做事谁干，谁有优势谁干。谁为农业、农村和农民服务谁就是我们的部门，"农业部的那位课题负责人说，"体系不是要人，是要做事。"

在研讨会之外，课题组几个人一有时间就聚在一起，办公室也好、茶馆也罢，无数次地讨论甚至辩论，反复地推敲，发现此路不通就赶紧请相关专家参与进来。

他们对每一个操作细节都仔细分析，分析过去项目管理中出现的问题是什么、为什么，分析问题背后的深层原因。比如，研究中央和地方关系难处理的问题，他们就把地方财政局、农业局、农科院的人员找来，大家共同出谋划策。

2007年8月4日至5日，昆明。课题组第5次研讨会。

华中农业大学校长邓秀新、中国农科院研究员张世煌、中山大学海洋学院院长何建国以及云南省农业厅和财政厅的负责人受邀参加了会议。这是一次比较关键的会议，虽然时间只有短短两天，但解决了几个此前一直"卡脖子"的困惑。

大家的焦点集中在区域中心这个产业链条的中间环节。

邓秀新提出，产品不同定位就应当有所不同，建议有些产业技术体系只设科学家岗位，不必再设区域中心。

何建国也提出类似建议：两个层面就够了，一是国家的基地，一是试验站和企业中心。他还提出，缺乏对产业经济进行分析的研究，市场贸易方面的专业人才更少，体系里应当增加这部分力量。这是体系将农业技术和经济研究"软硬结合"思路的雏形。

经过几番讨论，大家终于确定下来，减少一个层次，区域中心不需要再设。区域性明显的研究，可以在功能实验室内设区域专家，放在国家基地内。区域实验室按区域的特点设，有区域性就分，没区域性就不分。尤其在育种、栽培等方面。

对体系如何确保公益性，大家也纷纷出招。

张世煌说："做董事长、董事的院士、科学家怎么能准入？应该从一开始严格管理，通过体系建设让国家养一批首席科学家，他们做奉献性的工作，不承担其他课题，更不能在公司兼职。"

这句话显然引起了葛延风的共鸣："不能两头都拿钱。这样的话，且不说浪费国家资源，其技术路线也是偏的。带着功利性目的和公益性目的的研究是不同的。"

在一间不大的会议室，大家围坐在一张大大的白板前，绘制体系的架构示意图。谈到兴起时，经常有人直接拿起板擦刷刷地把前人刚写的内容擦掉，飞快地写下自己的想法。如果当时有外人在场，一定看不懂白板上那些"天书"一般龙飞凤舞的墨迹是什么意思。

课题组确定，体系领头的是国家层面的创新基地。国家基地（后来改称研发中心）的责任主体是首席科学家，由行业科技咨询与管理委员会招聘认定。第二任及以后由行业科技咨询与管理委员会和依托单位共同招聘。

那首席科学家的职责是什么？研发中心又要做什么？

一位课题组成员对我讲了一件事：体系初创时，她对刚刚确定为生猪体系首席科学家的中山大学教授陈瑶生说，猪倌，我们国家怎么一会儿猪多了、一会儿猪又少了？以至于有的部门老出一些很奇怪的政策。那么你生猪体系要做什么？说白了，就是农业部的高级科技顾问。没有人比你们更清楚这个产业发生了什么。

这就是首席科学家和研发中心要做的事——每个产业都要做成这样。

定位找准了，职责就好确定了。课题组概括出，研发中心的职责是进行基础性、公益性、服务性研究，开展集成、培训、对外交流、组织学术活动、信息和产业动态监测，产业政策研究和咨询，对试验站的业务管理与协调、编制预决算。

在这个研发中心的下面，设有若干有关功能实验室——这实际上就是研发中心的结构。相比之下，研发中心可以说是无形的，而功能实验室则是有形的。

大家还确定，要改变传统的评价考核方式，不要获奖成果、不要论文，把对参加体系的专家考核指标定在解决产业的重要技术问题、提出相应对策上。

烟抽了一根接一根，茶水续了一遍又一遍。不断有人提出问题，不断有人想出解决方案，不断又有人将其否定。

4日那天的会议，从早开到了晚。除去中间吃了两顿饭，大家一直在那间会议室待到快半夜。

直到第二天上午，体系的总体框架终于基本敲定，但葛延风仍然坚持"要动体制"的观点。

"绕开体制解决不了问题。应该按照定机构、定人员、定职能、定责任的思路来设计框架，"他说，"谁来管理科学家们？行业科技的管委会不是常设机构，管不了。如果和依托单位有利益冲突的话，也管不了。"

他担心的这个问题，确实很快就在后来的体系运行中出现了，这是后话。当时大家最强烈的想法就是先做起来，遇到什么问题再解决什么问题。

总体框架确定下来后，建这个体系要花哪些钱、花多少钱、怎么花钱就有了基本眉目。由于人还是原单位的那些人，所以养人的钱体系不用出，但"打仗"的钱哪些该花哪些不该花、怎么花也是个要考虑清楚的问题。

比如，运行费、科研业务费这两项，研究所和大学都问题不大，而地方科研单位怎么投？能不能及时、足额地拨给对方？谁来监控？这些问题留给了下一次会议解决。

而钱的核心问题是打算花多少钱。由于体系的公益性定位，必然得在经费上保证科学家能够“体面地”进行研究而不被太多钱上的问题牵着鼻子走。课题组参照了美国农业部对科研的管理方式。美国是每个科学家岗位每年30万美元经费，但这还包括了科学家的工资、福利等费用。中国这样做就太复杂了，显然不可能。

于是，他们综合了美国固定经费模式和中国人员工资福利管理模式，经过大量征求岗位科学家、地区农科所等专家的意见，确定每个岗位科学家每年70万元的基本研发费，综合试验站则是30万元。

课题组成员的一致意见，是希望这笔钱能让大家不再每年都不停地跑项目，或者做了几年后因为没有课题而又转向。而据我的了解，这个标准跟国内其他科研计划相比，单项单年是最高的了。

体系想要做到长期稳定，除了在经费上的持续支持，任务也不能因人而异，说变就变。因此，课题组想出了“先定岗位后聘人”这一招——大家都是聘任制，每5年聘一次，到时候任务还在、岗位还在，但是人可能换了。如此一来，保证了体系对产业发展的技术支撑水平稳步提高。

随后的一系列研讨会，又相继商定了体系的管理结构、人员职责、工作程序、相关制度、经费使用及管理以及知识产权管理等规则。

至此，一个代表新的农业“第一生产力”的科研架构逐渐成形。

至此，人员的选择终于成了体系组织者们的研究重点。这也可能是最让人头痛的一件事。

组织者精心设计了一个模式，采取提名人和推荐人分开的原则、管人和管事分开的原则——首席科学家由农业部提名3位候选人，然后由各区域各学科的同领域专家投票确定；岗位科学家由首席科学家提名，由中国作物学会、中国植物病理学会等15家一级专业学术团体评估确定。

“每个功能研究室的岗位科学家都是由相对应的学会确定的，”课题组一位成员解释说，“比如，育种功能研究室科学家由中国作物学会确定，病虫害功能研究室科学家由中国植保学会和中国植物病理学会确定，产后处理这一块由中国农产品加工学会确定，机械设备这一块是由中国农机学会确定，共有六七个学会参加确定功能研究室科学家岗位。”

最后，确定进入体系的每个人，相关细节全部都在网上进行公示，进入体系后每个人承担的任务细节也全都在网上公开。公示的效果明显：管理者采纳了很多不同意见，10个体系的300个岗位中有47个岗位拿下来了，251个试验站公示完了以后改成229个。

这一次，农业部、财政部跳出了过去管理项目时主持评审、检查和监督的琐碎全程，变成了制订规则、程序和进行协调，不仅极大地降低了管理成本，还减少了权力交易的机会。

从2007年初开始酝酿，到年底宣布启动现代农业产业技术体系，11个月里课题组举办了18次大大小小的、有各方人士参与的研讨会。有时候，会议密集到一些参会人员刚返回当地就又被邀请参加下一次讨论的程度。但这些兴奋的人们并不觉得有什么不便。大家感到，一种变革的力量正在涌动。

2007年底，农业部和财政部在人民大会堂召开了10个试点体系的启动大会，包括水稻、玉米、小麦、大豆、油菜、棉花、柑橘、苹果、生猪、奶牛10个农产品，重点对体系的任务、工作制度、管理方式等进行了摸索。部分院士、各省农业厅和财政厅负责人、科技部和教育部领导参加了会议。

农业部部长孙政才在这次会议上对现代农业产业技术体系进行了如此阐

述：

“建设现代农业产业技术体系，是推进农业科技进步思路的重大突破，将有效引导和支持农业科技创新要素向我国重点农产品集中，将促进农业科技成果加快向现实生产力转化，将为促进产学研结合、农科教协作打造广阔发展平台，必将对农业科技进步发展产生重要和深远的促进作用。”

孙政才还兴奋地说：“按照技术体系建设这条主线一个一个地梳理每个农产品产业链条的技术需求，一个环节一个环节地解决生产技术难题，依靠科技进步提升农业的素质、效益和竞争力的任务就有了实实在在的落脚点，推进农业科技进步就有了实实在在的抓手。”

财政部副部长张少春在会议上也表示：“建设现代农业产业技术体系，是重大制度创新、机制创新和管理创新，是建设国家和区域创新体系，增强农业科技自主创新能力和重要举措；也是财政推进经济结构调整和发展方式转变，保障和改善民生的必然要求。”

“为保证新机制的顺利运行，中央财政将设立专项资金用于体系的基本研发费和新增仪器设备购置费补助，并稳定经费渠道。”张少春特别强调。

启动大会的召开，并不意味着工作万事大吉。就像一个婴儿呱呱落地，他的茁壮成长不会一帆风顺。2008年初，课题组在昆明又召开了一次有刚刚进入体系的部分科学家参加的研讨会。从首席科学家到岗位科学家、试验站站长，大家从各自理解的角度谈了对体系的理解、担心和建议。

“这套东西让人用得舒服就对了。刚开始的时候，体系怎么建，我们也有担心。对于传统体制下的新机制，寻找一条科研的新出路，我们最初的把握并不大，”财政部的课题组成员回忆起当时的辛苦经过，感慨颇多地说，“这一系列讨论增强了我们的信心，为下一步财政为体系发展做事提供了思路。起码需要经过一两年的实践，配套政策可能才会逐步完善。"

虽然规定科学家们如果发现了生产中的一些重大的基础性问题，可以以产业的名义向国家自然科学基金委、科技部等基础研究部门提出立项需求。但组织者们最大的一个担心是，还是有人把这个体系当成一个新的项目——这是大家最不愿意看到的结果。

"体系规定的全是任务，这跟项目不是一回事。很多任务是潜移默化的，你要费很多的心血还不一定能落到纸面上，不一定能写出什么论文来。我觉得这是农业科技发展里面缺少的东西，"财政部的这位课题组成员说，"这个体系应该是科研加技术加管理，跟任何科技项目不一样。体系有长期的任务，研究是环环相扣的，你不靠管理做不到这一点。"

另一大担心是，大家处理不好与现有计划、项目的关系。按照课题组的设想，体系是统筹规划，是"集团军作战"。在会上，财政部这位课题组成员告诉科学家们："半虚半实的体系，很容易被打垮。要寻找一条出路做大事，不是几个人的小团伙做课题。我的理想是，体系最终成功后，从中央到地方能形成几十个产业的'国家队'。如果内外部条件成熟，就成为新的科研管理体制。"

她还告诉科学家们，自己曾经用了很长时间来想这个产业技术体系的特征是什么？务实？民主？开放？协商？平等？这些都没错，课题组一直是坚持这些标准来设计的。后来，她终于想出了一句大实话："一定要真能解决问题！"

这句话虽然直白得很，但仔细想一想，还真的是有别于一般的科技计划。

这次会后，管理者要求每个体系进行一项大范围的产业需求调研活动，这是确定每个体系乃至每个功能研究室、每个科学家具体任务的前提——这些任务再不能是专家们靠个人兴趣拍脑袋决定了，必须找准本产业的技术需求和发展趋势。

科学家们相继通过调查问卷和实地走访的方式，向农业部的相关业务司局、主产区、农业推广机构、合作组织、行业协会、养殖大户等征求了意见，每个类型的调研数量都超过100个。

例如，小麦产业技术体系的科学家们调查了6类“技术用户”：

——中央和主产区政府主管部门，包括农业部种植业司、国家粮食局、河南等14个小麦产主省的农业厅局；

——推广部门：全国农技推广中心及14个省的农技推广部门；

——行业协会（学会）：中国粮食行业协会、中国粮油学会、中国作物学会等7家；

——面粉企业：中粮集团、北京古船面粉集团、山东半球集团等7家；

——种子企业：中国种子集团公司、石家庄大地种业有限公司等5家；

——种植大户和农民合作组织100个。

实践永远是检验真理的唯一标准。首席科学家们反映说，这次大范围的调研结束后，大家再坐到一起交流时，对体系的认识、对产业的认识都大大增强了。

“建立体系之前，我们这些专家不管是大牌专家还是小专家，考虑问题基本是自己的角度，对农业科技这种应用型很强的学科来说就有些不吻合。而且，越是大牌专家他做的事就越不是从实际中总结出的问题，”生猪体系的首席科学家陈瑶生说，“过去所谓的‘产学研结合’，喊得很多，但是那种机制很难做到。把专家们放到企业里就是结合了？当然不是。”

坦率地说，一直以来广东省对推动农业科研的“产学研结合”还是有动作的，通过一些“产学研结合”的项目来鼓励科学家们走出实验室，与企业“嫁接”。陈瑶生过去就经常和企业合作，对企业的技术需求了解得比较清楚。即使如此，他也承认不会把企业需求作为自己的第一需求。

“我没有这种能力。我是搞育种的，但猪病的问题我知道虽然很严重，却没办法考虑，考虑了也没用，因为我不可能找一帮人来安排你干这个我干那个，研究怎么合作来解决这个问题，”他说，“加入体系后，考虑问题的方式有了变化。育种之外的许许多多的事都要考虑了，对我最大的转变就是这个。”

按照管理者的要求，每个体系都梳理出四大任务：重点任务、基础性工作（如多少品种、多少病虫害、什么药品谁提供、土壤档案等）、前瞻性研究、应急性任务（重大灾害等）。然后对四大任务进行细化，按岗位分任务，还在体系的管理平台上公布出来，让大家监督。

当然，不可能呼啦啦体系大旗一挥，所有人就都阔步前进了。讨论就是发现问题的过程。课题组一边发现问题，一边随时完善方案。所以，在10个试点的农产品体系启动之后，这个课题组仍没有解散。

在另一次研讨会上，科学家们把自己的疑惑和问题毫无保留地提了出来。

玉米体系遗传育种研究室主任、中国农业大学教授李建生发言时表示，对体系的定位还不太清楚，有点“打烂仗”的迷惑。他感到，各岗位定位不清，应有所侧重。

辽宁铁岭大豆体系综合试验站站长付连舜也觉得，任务从何而来、由谁来做、怎么做，他还是不清楚。

生猪体系产后处理与肉品加工研究室主任、南京农业大学副校长周光宏，则对首席科学家提出了要求：组织指挥的力度要加强，管理能力的培训要跟上。

还有一些科学家说，体系并不能“包打天下”，应当有所为有所不为。

……

在课题组成员和体系组织者看来，这些无疑都是闪光的金子。

在10个试点农产品体系“试运行”大约一年后的2009年1月，包括50个农产品的现代农业产业技术体系建设工作全面启动，其中涉及34个农产品、11个畜产品、5个水产品。

这50个农产品既有关系国计民生的大宗农产品，又有食用豆、荔枝、水禽等与农民收入密切相关，但过去科研较少关注的特色农产品；既有谷子、茶叶、蚕桑等在我国有着悠久历史的传统产业，也有木薯、啤酒大麦、酿酒葡萄等新兴加工原料的农产品。

这个设计思路，扭转了过去农业科研集中在主要粮食作物而忽视小作物研究的问题，对保持农业生物多样性打下了一个很好的基础。而在每一个产业体系中，又根据产业链条布置了不同的功能实验室。

组织者希望，通过第一轮实施，每个产业能形成50人左右的专家组，50人到60人的国家骨干队伍，每个产业设置能统领国家目标的人才队伍。这个队伍要分布在主产区以及产业的各个环节上。

“如此一来，每个产业的每个环节都有人把关，产业技术出了问题，可以及时发现、及时解决，”课题组一位成员说，“这是我们的目标，现在看来这个目标达到了预期的设计。”

体系启动后要真正发挥作用、保持肌体健康，需要科学高效的运作机制。其中，每个产业技术体系的执行专家组是核心之一。执行专家组由各产业技术研发中心首席科学家和功能研究室主任、岗位科学家和综合试验站代表共同组成，负责实施现代农业产业技术体系发展规划和分年度计划中的相关任务。

这个体系的“游戏规则”中，还有一个监督评估委员会的构成。这个委员会由农业部种植业司、畜牧业司、渔业局等产业部门牵头，主产区农业厅、相关学术团体、推广机构、行业协会、产业界、农民专业合作组织代表以及财务和管理专家组成，负责对各产业技术体系工作进行监督和评估，以及对体系中有关人员职责履行情况进行评估。

对研究者来说，评价一名科学家工作成绩的标准，主要看是不是按照年初制定的目标、主产区产量是不是提高了、农产品的质量安全水平是不是改进了、重大病虫害防治问题有没有得到解决等等。

一句话，就是根据产业发展的目标来考核，从而引导大家去解决生产的实际问题。

“简单地说，体系建立起来并正常运转后，产业不能再出现大的波动和大的问题，或者出现问题能及时发现、及时报告和及时解决，”农业部的一位课题成员解释道，“不是专家们自我考核、自我互相验收，而是由技术用户即中央和主产区政府部门、农民合作组织代表、企业代表等，通过产业发展的结果来考核。”

科学家们身上的担子，还真是不轻松。

2009年8月10日，来自全国各地的47位各个领域的顶尖农业科学家们齐聚四川成都望江宾馆，参加一个关于现代农业产业技术体系的研讨会。

在新中国的农业科研史上，不同研究领域、不同研究对象、不同管理系统、不同行政级别的科学家参加的非学术会议，也许这还是头一次。

在这群人中，有大学校长、农科院院长、两院院士，也有普普通通的高校教师、研究所的研究员。虽然研究领域不同、“官阶”不同，但他们都无一例外地有一个共同的身份——分别是各个农作物或畜禽水产体系的首席科学家。

距离年初50个现代农业产业技术体系全部启动以来，首席科学家们首次聚在一起。这次会议的主角就是他们。

尽管会议时间很短，只有一天半，但在领导各个产业技术体系这个新生事物的半年多来，显然大家有太多的共鸣和感触想交流。

按照课题组的要求，这次会议只谈问题，尤其是一些深层次的共性的问题。这是因为，产业技术体系启动以来，课题组感到已经触动了现有的科研体制，方方面面的问题超出了他们的预期。现在正是矛盾和问题暴露的阶段，需要坐下来好好商量一下如何协调各种利益关系的问题了。

每位首席科学家手里有一张课题组发给他们的薄薄的纸，上面是列出来的10个讨论题目，这就是全部的会议材料。这10个题目其实就是10个要处理的关系：

——和现有的科技计划、项目的关系。两者如何衔接？加入体系的科学家还能不能承担其他竞争性项目？

——和中央、地方农业科研机构的关系。包括省农科院、地市农科所以及农业大学、综合性大学的农业研究院系等。

——和中央、地方的行政管理部门的关系。体系在做、将做的一些工作，一直以来是这些行政部门在做的，今后如何共同推进？体系在咨询、协调、服务方面该怎么做？

——和依托单位的关系。这涉及每一个岗位科学家和试验站站长。比如工资福利、知识产权、人员管理、经费支出等，可能与依托单位的管理方式有冲突。

——和农业技术推广体系的关系。体系刚启动时，科学家们很大一块精力是推广，专家们做了大量培训和咨询工作，但体系并不是定位成推广机构，所以要处理好两者的关系。

——和农业企业的关系。养殖类体系的试验站大多是企业，国家科技中长期发展规划和《科技进步法》已经提出"企业是技术创新的主体"，体系如何体现这一要求？

——和现有评价体系的关系。体系运行不长的时间里，已经出现了冲突。有专家在评职称时，单位不知道把参与体系当成一个什么标准的项目来评价。

——国家体系和地方创新团队的关系。已有20多个省份参照体系的理念和模式着手打造"省级队"，中央和地方的农业科研力量会不会形成新的"两张皮”？体系本来是想解决重复分散的问题，但事实上会不会形成新的重复分散？怎么和地方创新团队结合？

——地方创新团队之间的关系。比如水稻，10个水稻主产省份都有相关研究力量，而且实力都很强。它们之间如何统筹协调科研？

——各个体系内部的关系。是不是应该把体系作为一个组织？岗位科学家在申报其他任务时要不要向首席科学家报告？是不是要执行专家组来通过？各个研究室的力量如何均衡？

大家最关注的是钱的问题，也就是如何处理好第一个关系——还可不可以再申请其他竞争性项目？

蛋鸡体系首席科学家、中国农业大学动物科技学院教授杨宁开门见山地说：“70万元我感觉不够。把所有的项目砍断，就这点钱，恐怕我们在座的很多人就得考虑自己将来出路的问题了。说实话，我这个岁数就干体系这点事，还觉得有点心不甘。”

想了想，他又补充了一句：“但不能把眼光局限在钱的问题上，体系最大的贡献是把这些人拢在一起，交流比过去多多了。”

梨体系首席科学家、南京农业大学教授张绍铃说的也很实际：“如果光拿这点钱可能不够用。比如我这个团队有6个在职人员，他们基本上靠我这一块的钱来花，因为他们大部分是年轻人，能拿到的项目非常少。”

他还说道：“当然还有可能跟专家的利益有关。比如说拿了项目以后，从工资待遇或者提职称、评奖各方面都有好处。所以让体系专家放弃这一块，可能有一定的困难。”

要不要新的项目，关键就在于如同像杨宁、张绍铃等人关心的那样，这70万元的研究经费够不够花和精力够不够用的问题。对这一点，邓秀新的看法不同：

“我们农业的科研经费现在已经渡过了一个最艰难的时期，这两年大幅度上升。想干活的，或者说活干得不错的，应该是处于温饱水平了。在这个背景下，很多科学家还一心在想找项目，而不是怎么想把这个钱用好了、做点事。”

蚕桑体系首席科学家、中国工程院院士向仲怀插了两句话：“我也是不觉得课题越多越好，钱越多越好，倒是钱多了很难向财政部报销。现在不是缺钱，而是怎么样把这些钱有效地花出去。用好钱比找钱更难。”

邓秀新接着说：“特别是搞育种的，一个作物有几百人在做，岗位就那么几个。有了岗位的还要通吃，没有这个岗位的怎么办？所以我们体系的人，在钱够用的情况下要有点收敛，要有这个心态才行，不是说钱越多越好。”

一位首席科学家小声嘀咕说，是啊，如果很多项目都承担，都要做差旅费科目，算下来可能一年365天都得在外面出差了。

但邓秀新也不认为一律不能承担外面的项目，只是要有限制，承担的应该是跟本岗位或者本领域密切相关的。他的这个观点代表了许多人的意见。而相关程度由谁拍板？大家认为可以由首席专家和执行专家组决定，也可以挂在网站上由社会监督。

“是不是这个人既搞梨子又搞柑橘的病害，还是说另外一个人比他搞得更好？如果确实找不到其他人，那就让他培养一个人，两年后换人。不过这么稀缺的岗位，全国就他一个，我估计也不会有。”邓秀新说。

一位课题组成员问：“进了体系，做了岗位科学家，是不是更容易拿到项目？有这个问题吗？”

“那倒不一定。科学一旦用上民主就一定不是最坏，但也不一定保证最好，”邓秀新说，“人家也可能一看你钱拿多了，再评项目时就不投你的票。也不一定是跟你过不去，就是觉得你钱太多了，用不完。”

大家哄然大笑。

蜂体系的首席科学家、中国农科院蜜蜂研究所所长吴杰也觉得，在符合研究方向和限制数量两个前提下，承担课题对体系来说可以相辅相成。

“我们体系有20个岗位科学家，基本上把国内近90%的知名专家都囊括进来了。不管是国家自然科学基金还是科技部的‘十五’、‘十一五’的项目，都是这些岗位科学家组成的团队在做，”吴杰说，“如果这帮人不做的话，这些计划可能都列不上——没有技术力量去竞标了。我们体系有人就说，现在不让承担课题，回头如果从体系出局了，那岂不是成了乞丐？”

能不能再要项目，除了要看研究内容，由谁来做这个事也要分一分层次。牧草体系首席科学家、中国农业大学教授韩建国提出，首席科学家、岗位科学家和试验站站长要区别开。

“尤其是首席，那些协调性的重大项目就最好不要参与了。比如‘973’的首席、‘支撑计划’协调人或者召集人，这些都是很费劲的。”他说。

韩建国从“九五”到“十五”再到“十一五”期间，一直在做“支撑计划”的协调人，从写本子、招投标、年终总结到项目的最后验收，手下好几个人在帮他做事。

岗位科学家呢？韩建国觉得最多可以承担一些三五百万元的课题，主要是为了养团队，再多也不要参加了，而试验站站长可以适当放宽一些。

葡萄体系首席科学家、中国农业大学教授段长青，跳出农业科研项目的圈子看待这个问题：“有的项目不指定具体的行业。比如教育部的、省里的一些项目，如果是给所有行业、所有领域的，那么如果我们农业领域的人不参与，肯定就流向工业领域或者其他领域了。”

他又说道：“还有一个问题，试验站每年30万元经费现在看来比较少，如果让他们去申请地方政府的实验示范推广项目，对体系建设是有利的。”

燕麦体系首席科学家、吉林白城农科院院长任长忠一言以蔽之：“只要有利于本体系建设的项目，就可以立；只要有利于本体系建设的事情，这个专家就可以干。”

他解释说：“虽然产业技术体系是从农田到餐桌，包括得很全了，但也涉及对项目前端的延伸、中间的补充和后端的拓展三方面。还有好多研究没有完全包罗进来。有的专家说，我干不过来、钱已经花不了了。如果确实是这样，他就把这个项目让给别人。”

希望还能继续承担课题的首席科学家，更多地集中在像蜂、燕麦一类的小产业体系上。这些产业过去长期缺少研究经费支持，经常“吃了上顿没下顿”，现在有了一定经费的支持，一些人突然间发现要做的事太多了。

食用菌体系首席科学家、中国农科院研究员张金霞对这一点的感受非常深：“过去我最多一年出一次差。为什么？没钱。所以我们这个行当技术基础差，想研发技术却没有理论基础。那么我们在做体系的工作时，要花很大精力慢慢往前拱，最基础的东西要下许多工夫。”

她说：“我们体系21个岗位科学家里，手底下有副研究员的不超过3个人。那不赖我们，从1990年到2005年没有一个国家项目投到这个方面。”

张金霞还觉得，让科学家整合相关的研究资源很难做到，应当是管理部门之间的统筹协调。

“这不是我们这些做技术的人能做到的，是整个大的科研体制的问题，”她快人快语地说，“如果真正做到避免重复，需要部门之间的协调，上层要把事情理顺。”

但香蕉体系首席科学家、中国热带作物科学研究院的研究员张锡炎发言时却说，体系的理念里最重要是整合资源。

“我个人是比较主张鼓励专家们去整合更多的资源，”他说，“只要没有原则性的问题就应该去鼓励发展，尽可能思路开阔一些。如果我们排斥一些科研项目，不利于体系的进一步发展。”

谷子体系首席科学家、中国农科院作物所研究员刁现民说：“现在小作物的核心研究力量基本上都进来了。如果你不让承担别的课题，那这个体系就得把所有的任务全部承担下来，我们的责任增加了多少倍？”

（有人忍不住插话：要是两方面都承担，责任就更大了。）

“你说的是小作物，那我得说说大作物，”听到这里，张世煌没等刁现民说完就扯过话筒：“全国的玉米科技力量有10万人，我们这个体系才占2%。2%的人要想把全国那么多项目都抓到手里，这不对。2%之外还有很多科技力量，山外有山。岗位科学家、试验站站长都有团队，可以让副手来申请。”

但不是所有的副手都能得到项目。麻类体系首席科学家、中国农科院麻类研究所所长熊和平就说，他曾经让他的一个副手来报科技部的一个项目，报了两次都没被批准，而且没有任何理由。

“我倾向张世煌老师的意见，”甘薯体系首席科学家、江苏徐州市农科院副院长马代夫说，“我相信人外有人、天外有天，有很多优秀的专家没有进来。我现在觉得自己做这个事（首席科学家承担了许多管理职责）就已经非常吃力了，不愿意再承担其他项目。既然做首席，就把精力都放在这儿。”

他还从培养年轻人的角度谈了对承担项目的看法：“首席和岗位科学家到二线，一些项目其他人员可以来承担。”

针对邓秀新提出的由首席科学家和执行专家组来确定体系内的科学家们到底能不能承担、承担哪些项目的建议，奶牛体系首席科学家、中国农业大学教授李胜利有类似的看法，但有点不同：

“由岗位科学家和执行专家组来投票，我觉得可能都会通过的，因为大家都可能想多占有资源。前一段时间我们体系有两位岗位科学家申报行业科技专项，我们的执行专家组投了票，大多数票就都是通过的。所以首席科学家非常重要，他的否决权非常关键。”

他认为，对每个专家承担的项目、工作量要比较清楚，功能实验室主任也要协调好。同时，和向仲怀等人一样，李胜利也认为钱不是主要问题。

“一个人的精力有限，我感觉拿太多项目没有意义，钱太多了也花不完，现在资金管理非常严，到年底还得交上去，”他说，“而且很多钱你都拿，会影响整个行业或者和其他单位的协调。现在已经出现这样的问题了。”

甘蔗体系首席科学家、福建农林大学教授陈如凯却认为，没有什么钱用不掉的事情。他举了一个例子：搞甘蔗机械化研究，一台机械220万元，每年70万元的话要等4年后才能购买一台样机。而综合试验站的工作全都开展起来后，每年30万元也不够用。

“在可预见的未来，10年、15年之内，我们体系承担其他项目不可避免，但有一个前提——你争取的钱是为体系争取的，不是为个人争取的，”陈如凯说，“如果争取的项目是符合产业技术需求的，有什么不好？”

油菜体系首席科学家、中国农科院油料所所长王汉中，习惯从整体上分析问题，讲话逻辑性非常强。他把各类项目分成了三个类别，不同类别的项目，应该区别对待：

——重复性的立项，其目标任务跟体系的某个岗位或者某个方向完全重复；

——延伸性的项目，围绕体系应用服务的特点向上游基础理论研究和下游品种转化等方面延伸的项目；

——跨越性项目，跟体系任务不相干，比如说跨作物、跨专业的项目。

“对于第一类，应该支持和鼓励——既然是完全重复的，我们把任务弄过来也不增加任务量，还是干这些事儿，可以壮大我们的资源。而且即使我们这些人不承担，换一些人他们也还是会承担，资源更加分散，”王汉中分析道，“而第二类，要看他的能力，他的团队水平够就可以承担。第三类，完全禁止。比如搞苹果的非要去搞梨，这应该有硬性规定。”

肉牛体系的首席科学家曹兵海的发言却非常感性：“如果你爱他，你就放手。好像有那么一首歌吧，如果爱这个体系，你就放弃别的项目。”

“过去一直以来研究肉牛的人才少，课题长期被少数人霸占，已经形成了历史惯性，以至于现在一说有项目，自己不争一争，回家都跟家里人生气，”曹兵海说，“我们要有个好心态，胃口不能太大。不能像狼那样，咬死一只羊吃饱了，还要把别的羊都咬死，最后自己其实吃不了那么多。体系的人不要称霸，否则我觉得会耽误几代人。”

他接着说：“再从另一个方面讲，现在体系的任务量小，如果任务压到其他事都干不动的程度，你就不会再想要了。要做到这一点，经费还得要加大，加大到你的钱花不完，你还要别的吗？活干不完还要别的吗？”

所有的首席科学家都谈完自己的想法后，农业部的一位课题组成员也谈了自己的感受。

对于要不要承担体系外的竞争性项目，她解释说，最初设计体系时确定经费额度的出发点，就是让科学家能把科研做下去而不需要其他项目的支持，岗位科学家70万元、试验站站长30万元的依据是经过征求一些科学家以及参照美国等国家的标准。

“有个专家跟我说，一年有20万元就能把科研做下去，就不用跑那些乱七八糟的项目了。我们一开始设计的时候是50万元，后来又有专家提醒我说，50万元不好要求他全心全意为体系服务，70万元就可以。我们还了解过国际上农业研究组织的专家经费，基本上一年最多也就是10万美元上下。”

她继续说：“所以，我们最后定下了一年70万元。在这一点上，钱财政部一点磕巴都没打，一分钱都没砍。怎么现在又成了不够呢？我不知道问题出在哪儿，但外面诱惑多了，这个时候就得选择。”

“我们体系里的很多人都是大专家，手里拿了几千万元的项目。我有时跟他们开玩笑说，你拿这么多钱合理吗？你带100多个研究生，认都认不过来，”她说，“你不能拿你不合理的来要求合理的。我觉得我们是一个很正常的科研行为，这个事情大家应当回归正常，这是常识。可我们现在有的人把不正常的事当成正常的。”

讨论的另一大热点是“名分”问题。

一些人发言时认为，体系没有一个得到各方认可的“名分”，有时候大家在基层搞培训和推广时就碰到了对他们的不解甚至质疑。

段长青讲了一件事：

2009年云南文山葡萄出现冻害，葡萄体系的岗位科学家马上到了当地了解情况。当地农业局的官员问，你们是干什么的？回答说，是国家葡萄产业技术体系的，来解决冻害问题。对方说，我怎么知道你是国家的科技专家？你是技术人员还是骗子？

“我们在云南没有设综合试验站，这件事是其他省的试验站站长跨省份到云南搞服务，所以人家连人头都不熟悉，”段长青说，“我们是事业单位还是政府机构？企业？社会团体？什么都不是。没有任何‘名分’，人家怎么陪我玩儿？”

橡胶首席科学家、中国热带农业科学院橡胶研究所所长黄华孙也反映：

“有些试验站站长总跟我说，他们在基层到开展工作和当地沟通的时候，感觉到底气不足，好像没有太多的依据去跟人家说自己的身份。现在大家没有什么证明，试验站也没有挂牌子，只能靠老关系去协调。”

还有几位首席科学家纷纷表示，专家们下去搞调研、摸情况的时候，人家地方上要看行政级别。如果是行政官员，人家就会反映情况，但是如果是作为科技人员去的，甚至连接待的人都没有。跟专家个人关系好的就配合一下，不认识或关系不好的，你爱怎么干怎么干，没人管。

没有"名分"不仅仅是对开展工作有影响，科学家们的原单位有时也不理解，考核时不知道该怎么对待。毕竟，不打破体制的创新，与旧体制的磨擦可能的确不可避免。

贝类体系首席科学家、中科院海洋研究所副所长张国范说："这个体系算是个什么位置？比如说，我是973的首席科学家、863的课题负责人，这都没问题，人家认。但这个东西到底是什么？有的人就不知道。"

"所以，'名分'这个问题很重要，如果搞不清，甚至法律地位都搞不清的话，将来可能会有问题，"他说，"虽然机制是个很好的创新，但我们还是要有结构。如果完全是个虚拟体系的话，一直虚拟下去，慢慢就虚无了，最后就没有了。所以说，没有刚性的、物理性的东西，仅仅是功能性的东西，慢慢就拉倒了。"

某种程度上来说，在一些专家眼里，"名分"比资金还重要。

"一个863项目，3年才60万元，拿了以后都觉得光宗耀祖了赶紧烧烧香去。我们体系是一年就70万元，支持力度很大，但是'名分'在哪？地位问题一定要解决，"曹兵海说，"要给一个名分。是正房就是正房、是二房就是二房。"

他的话引起了高粱体系首席科学家、辽宁省农业科学院研究员邹剑秋的共鸣：

"我们体系也有这个问题。比如说年终考核时依托单位给我们打分，863项目主持人5分，副主持人4分，参加人3分，973项目、部级项目都是这样。产业体系呢，就不知道该用什么标准来打分了。考核表里有一个栏目是其他国家级项目、其他省部级项目，那个分值非常低。这对对咱们体系的人是不公平的。"

她接着说："863项目一年全国才给10万块钱，你说这钱能干什么？可实质上不能说光看这个钱，给你这个资金决定了你能做多少工作。'名分'问题定下来大家就会稳定了——我做这个的话不用去争其他项目也一样能聘上二级研究员、三级研究员。”

呼吁“名分”的要求，并不能算是一边倒。还有不少首席科学家没有把这个问题放在心上。

马代夫就认为，为了取得社会的公认、让社会多些理解，需要体系的科学家，尤其是首席科学家宽广的胸怀和奉献的精神。

“我相信在座的各位都不缺项目、不缺钱，就是想实实在在地为产业做点事。的确也应当这样，体系的科学家要摆脱单位利益和个人利益的束缚，从产业发展的层面来考虑问题，”他说，“可能我的情况比较特殊，就快退休了，个人的奋斗目标也达到了，就是想踏踏实实做点体系的事。”

兔产业技术体系首席科学家、中国农业大学动物科技学院教授秦应和说：“从体系的前景看，将来国家肯定需要一支这样的队伍。但从个人来说，将来这批人，包括我们50个首席科学家肯定会分化，有的人不会长期在这个岗位，因为他认为这个前景和他自己追求的目标有差异。这就要求体系设计时，通过目标设定和对岗位的考核来约束大家。如果有人觉得这个‘门’不适合自己，那就别迈这个‘门槛’。”

水禽体系首席科学家、中国农科院北京畜牧所研究员侯水生，在这个问题上只说了一句话：“大家一直在强调‘名分’，我觉得首席科学家就是一个最大的‘名分’，希望大家能以平常心对待这个问题，谢谢。”

在座的一些老先生颔首微笑。

第十三章

311-331

清新的务实之风

“牛人”曹兵海和“猪倌”陈瑶生这两位首席科学家，当得都有点“另类”。

——前者是“骂人”骂成了首席，后者压根就不是农业科研院所的人，却带领着一群“大腕”搞研究。

当然，这个首席的活儿也不好干……

“牛人”曹兵海

2009年10月一个暖洋洋的下午，我和曹兵海两人在北京北郊的一家新疆菜馆边吃边聊。

他讲了两个亲身经历的故事：

三年前的一个冬天，曹兵海在宁夏六盘山地区搞养牛技术培训时，路过一户农家。那是一户很普通的家庭，全家6口人住在一间很小的土坯房里。

西北的冬天，风大天冷。主人请他上炕取暖。正歇息时，他看到上面只有一床黑黝黝的花被子，那是全家唯一的被子。

曹兵海掀开锅盖，里面是两个烧饼和几个黑得发亮的土豆粉团子。烧饼给11岁的孩子吃，中午一个、晚上一个。

和村里其他家庭一样，这家人也是每天吃两顿。当然不是节食，吃的东西就够如此分配。土豆粉团子是大人吃的，也得定量。

“孩子正长身体，一天只吃两个烧饼，不够怎么办？”曹兵海问。女主人小声回答说：“跟大人吃一样的。”

那种类似的东西，以前我下乡采访时也见过，甚至鼓起勇气尝过一点。滋味？反正我再没有勇气吃第二口。

曹兵海接着讲：还是在六盘山地区，另一个村子。正是晌午饭点时，他看到有两个七八岁的小姑娘合力抬着一口铁锅，还挎着个柳条筐。

曹兵海问，这是干什么？小姑娘说，借邻居家的锅回家做饭。筐里是几块干柴。

曹兵海说，走，上你家坐坐。跟她们回家一看，果不其然，家里不但没有做饭的家伙，就连吃饭的饭碗也只有一个，全家人都伙着用那个碗吃。

他讲这个经历时，我们俩吃着烤羊肉串。桌上的4个菜，半数还剩在盘子里。我突然觉得胃口全无。

“还有这样一群人，在生存的边缘沉浮。”曹兵海幽幽地添了一句。

曹兵海是肉牛产业技术体系的首席科学家，也是现代农业产业技术体系50个首席科学家里职称最低的——他是唯一的副教授。这在院士、博导云集的现代农业产业技术体系里，显得有点“鸡立鹤群”。

他这个首席是怎么当上的？原来，是“骂”来的。

2007年5月，曹兵海受新疆的一家养殖企业邀请，到那里搞培训和技术合作。那家企业在塔城。从乌鲁木齐到塔城有700多公里，坐车要大半天工夫。

与曹兵海一路同行的还有一个女的，短暂的相互介绍后他得知，是农业部的一名处长。长途寂寞，于是大家聊起了天。

知道人家是农业部的官员，曹兵海聊着聊着就发起了牢骚：

“这么多年申请课题谁都不认识，国家的项目想申请上难得很，”曹兵海抱怨道，“现在国内二三十家企业都跟我合作，我有经费，只不过不是国家的，学校考评填业绩的时候没人家硬气而已。”

科技人员和企业的这种合作由来已久，在政府科研投入不足的情况下，企业的“横向课题”经费是支撑许多很少得到官方支持的科技人员把研究搞下去的重要来源。

2000年从日本回国后这些年，曹兵海只从教育部得到过一笔5万块钱的博士后回国留学人员科研启动资金。

处长笑了笑，点点头，跟他聊起了科研经费的话题。

曹兵海心想，管你什么处长司长呢，反正我早就失望了，也不指望你能给我啥项目。所以他说话也没顾忌，毫不客气：

“你们高高在上，知道下面怎么回事吗？你知道你们手里的这个本子、那个本子（课题申请书）都是谁写的吗？是那些教授给你们写的吗？根本不是。”

曹兵海越说越来气，愤愤地说：“你们就只知道找那些花花教授，光会说、不会干，整天净玩虚的。你知道他们怎么干？都是让我们来写，可是经费下来了却一点都不给我们，或者给一点点。”

中国有全世界最多的黄牛品种的资源材料保存量（54个），但牛种资源不但一直未得到充分的研究、开发和利用，反而越保越少，虽然也支持黄牛进行品种选育，但经费几乎可以忽略不计。

“说起这个来，真是让人很生气。国家什么时候支持过肉牛产业？20世纪70年代、80年代支持养鸡，大规模的现代化养鸡场投了多少钱，结果证明花了好多冤枉钱，”他说，“90年代以来支持养猪，2000年后支持奶牛。这些都是亲生儿女，就是肉牛产业是后娘养的。”

按曹兵海的说法，全国一直坚持专门搞肉牛研究的人不超过5个（他自己算一个）。在日本学习、生活十多年，肉牛一直是他主要的研究对象。到中国农业大学教书后，他也仍继续着这方面的研究。

搞肉牛没经费，他又是个“外来户”，怎么办？曹兵海在离农大不远的北京西北郊温泉一带，借用了亲戚家的4亩地和一个小院子，投入了将近20万块钱，一边养牛一边搞研究，草料、牛种都是自己买。

为了省钱，他去外地的交易市场买牛时，经常住的是5块钱一晚上的大车店。在别人看来，这个人跟牛贩子没啥区别啊，哪像是个科研人员？

“你们不支持这个产业，搞肉牛的人没有经费，就得想自己的出路。新中国刚成立的时候，研究肉牛的专家后来都成了奶牛专家、养猪专家、养鸡专家，现在甚至连摇试管的人都没有了。”他说。

养牛的风险大，曹兵海在对技术还没把握的时候就先拿羊做实验。他在北京延庆县的一家养羊场买了80只羊，对方很老实地跟他说，在北京养羊赚不了钱，他们就赔着钱呢。结果后来，80只羊繁殖到220只，曹兵海小赚一笔。

“从这件事上我悟到什么呢？技术不是万能的，”他总结说，“有些专家在国内很有名，但是他的技术放在产业上用一段时间就被淘汰了。企业都说他技术不行，可我觉得可能是冤枉他了。技术没问题，但他不知道怎么才能通过产业把技术发挥出来。人家企业一用，结果赔钱了。”

那位处长到塔城调研一个畜牧业方面的情况，碰巧和曹兵海坐了同一辆车。等到了那家企业，处长又听了一次曹兵海讲的关于肉牛产业的讲座。肉牛产业有哪些特色、要往哪个方向发展、技术力量怎样，等等。

讲完课，组织者安排大家考察屠宰场。曹兵海看过一头刚被宰掉的牛后对企业老板说，虽然这头牛很大了，可是没喂好，去年有两次该喂草料的时候没有喂，影响了品质。

老板转身就问养牛的是不是这么回事。回答说是，因为当时塔城干旱，玉米都旱死了，没有草料，只好用别的代替了。

众人啧啧称叹：庖丁只会认牛骨头，这曹老师竟然连牛身上的肉都摸得一清二楚。

处长在一旁看到了，也露出钦佩的目光，没吱声。

吃饭的时候，老板问曹兵海，怎么这么神？他说，牛身上能赚钱的有110块肉，虽然都在牛身上，可是每块肉的生长速度不同，即便是两块挨着的肉情况也不一样，这牛到哪个月没有草吃，在相应的肉上都能反映出来。

“发育高峰期不同，小时候没有长这么大，以后也长不太大了，”曹兵海解释说，“所以说养牛的是秋后算账，就是宰后算账。”

我感觉，曹兵海，还有以前我采访的葡萄首席段长青等人，差不多都是这一类专家：长期得不到国家课题、与企业紧密结合、对产业十分熟悉。没娘的孩子早当家，是不是这个理儿？反而是那些被张世煌称为“吃皇粮”的科学家，经常是高高在上，故步自封，似乎不食人间烟火。

从塔城回乌鲁木齐，曹兵海还是和那位处长一路，他也还是继续牢骚。不知怎的，曹兵海的话匣子一下子打开了：

“很多专家只是坐在桌子面前写论文，指导一下学生，认为这就是在搞科研。摇摇试管、写篇论文就是科研吗？科研的目的不就是发展生产、指导生产吗？连生产都不知道，怎么让牛多长肉、多赚钱？”

“这么多年总是课题、论文，写多了就能当教授。对科研人员的业绩评估，没有一点涉及对产业了解多少。这是体制上的问题。”

听了一路，快到乌鲁木齐的时候，处长跟他说，农业部和财政部准备搞一个农业科技创新体系，你愿意参加进来吗？你的技术愿意交给别人吗？

曹兵海回答说，技术都是大家的，只不过我先知道一步，没准还有别人比我更厉害呢。

下车前，处长对他说会跟他联系。

再往后，曹兵海被推荐为肉牛产业技术体系的候选首席科学家之一，并顺利通过。

“700多公里，她一路光挨骂了，也没做太多的解释、争辩，听得多说得少。我倒是骂得痛快淋漓了，真让人感慨，回想起来，跟做梦似的。”

曹兵海把玩着一根串羊肉的签子对我说：“这件事改变了我对政府官员的看法，这些人不都是昏庸无能，至少这个处长是其中一个能容纳牢骚的人，而且发现我的专长后还能用我。”

曹兵海是骂人骂出来个首席，水禽体系的侯水生则是告状告出来个首席。把这两件偶然的事联系在一起，我意识到，这个体系的生命力就在于此。

包容、理解和信任，不仅是管理者个人的良好品质，更是这个组织正在形成的一大特点。

曹兵海被看上，不仅是因为他跟企业稔熟、跟养殖户称兄道弟，更是因为他有一手养牛绝活。同一个品种的牛，吃得也都差不多，可在他指点下养的牛，卖价就是比一般的要高得多。在西北的不少苦寒之地，因为采用了他的养殖技术而发家致富的农民不在少数。

“宁夏的农民非常穷，养牛也没有什么人来组织。偏偏我们就在那里做成功了，”曹兵海说，“我们的技术刚推广时，老百姓不相信，没有认真照着要求养。你让我这么喂，我还嫌麻烦呢，有这个时间我给人家拉一天土什么的，能挣20块钱呢。当然也有听话的，觉得是个新鲜事，可以学学。”

“我跟农民说，你照着我这个法子养，达到标准我一斤多给你5块钱。到了收小牛的时候，大伙儿都担心是不是能兑现。结果够条件的给了很高的价钱，农民点钱时笑个不停，那个场面真让人激动。”

曹兵海接着说：“当然不够标准的牛我们也收，毕竟农民养了那么长时间了，但只能按普通牛的价钱。有的牛养得跟狗似的，我们也收回来。”

因为牛的生长周期长，通常都是农民饲养母牛、生小牛，养殖企业回收断奶后的小牛，再在养殖场养大，业内称这个环节为“育肥”。采用了曹兵海推广的饲育新技术的小牛，每公斤能卖20块钱上下，比以前要多5块钱。再加上肉多体重，算下来农民卖一头小牛犊子能挣2000块——这差不多相当于宁夏农民半年的纯收入了。

“后来，有的农民看到村里别的人用这法子多赚了钱，就说这下子我知道怎么挣钱了，牛想吃啥我就给它啥，每天给它吃炸洋芋、炸油条，非得喂得胖胖的，”曹兵海苦笑着说，“那些农民以为体重大了就是好，不对。这个牛养得太胖了也不行。我们是有标准的。”

于是，曹兵海反复给农民们讲，这养小牛跟养孩子一个道理，太胖了生长发育受影响，脂肪把肌肉包住了、发不开，最后产量就上不去。他的话农民都听得懂，慢慢地，大家就都知道怎么做了。

肉牛体系正式启动后没多久，各地养牛的人、从事肉牛产业的企业就知道国家搞了一个专门为他们服务的专家队伍。有问题、出了事，这下子知道该找谁了。

这一点，很多其他体系的科学家也对我介绍过类似的情况。

怎么知道的呢？曹兵海组织体系里所有的专家搞培训——这也是一种宣传。他们搞得规模很大，有全省范围的培训，也有针对个别企业具体问题的培训。一来二去，养牛户也好、企业也罢，对这些科学家都熟悉起来。他感觉，这个体系有点“全国一盘棋”的味道了。

“大家的手机都是24小时开机，昨天半夜还有一个内蒙古的农民给我打电话，我也不认识他。要到冬天了，他手里有不少牛，一个是让我帮着他卖点，看能不能卖个好价。另外他也不想把牛都卖完，还要继续生产，让我抽时间到他那儿看看去，”曹兵海说，“基本上隔一两天就有电话来咨询。这样的事太多太多了。平常就是这样。”

有一次，一个甘肃省甘南藏族自治州的牧民给他打电话。听筒那头呜哩呜啦一连串的藏语，曹兵海也听不懂，就冲电话嚷嚷：你找个翻译来说啊。那边好不容易找了个会说汉话的，曹兵海终于听明白：好多小牦牛眼睛瞎了。一放出去吃草，走着走着就啥也看不见了。大家都特别着急，村子里一半的小牛都看不见了，赶紧给我们来看看病吧。

曹兵海马上通知甘肃的试验站站长和岗位科学家。对方放下电话就去了。

经过及时抢救，那些小牦牛们终于又能重见光明。

现在，曹兵海一天到晚脑子里总是在想，马上要到哪个季节了，该出什么事了，有什么对策？

他又举了一个例子：冬天马上要到了，得赶紧解决牛舍的问题。北方是肉牛主产区，冬天酷寒，农民舍不得像奶牛那样给肉牛也弄个好点的屋子，可是又怕牛冻着，结果就关门闭户严严实实。可牛呢，就怕空气不好，因为粪尿多、很刺鼻，牛们就容易得肺炎，这个现象很普遍。

体系的专家经过调研，对牛舍的条件进行了合理改进。这个新技术很简单，告诉农民拿把钳子、一个榔头，如此这般一弄，事情就解决了。

即使肉牛体系就像曹兵海感觉的那样“非常和谐”，但也有对体系一些要求的不理解和抱怨。一位专家就曾经对他说，加入体系后推广任务太多了，搞科研反而没花那么多精力。

曹兵海觉得，体系刚开始运转的时期，让科学家们多去接触生产很有好处。在他看来，推广不是目的而是手段，大家都熟悉了生产以后，回过头再来搞研究就更贴近实际，也更有用武之地了。

2008年9月，体系管理办公室要求每个体系上报本体系的任务书。曹兵海把任务布置给所有的岗位科学家和试验站站长后，还有点不放心，于是国庆节前一天给科学家们写了一封信，通过体系的电子邮箱发给大家。

“我国肉牛产业面临的突出问题是：一、可屠宰牛数量的减少；二、牛肉增产速度的放缓；三、高档牛肉产量的不足；四、农作物副产物的高效利用和加速生长；五、活牛和牛肉安全与预警体系的建立，其中原因毋庸赘述。”

这封信一开头就对大家说道：“因此我们制定任务时，一定要围绕我们这一界面临的突出问题，也就是从现实问题提炼任务。”

他明确告诉大家："'分子'技术等这些好听不好用，外行听了新鲜、官员爱听、农民不用的技术，也就是'驴粪蛋子'技术，我们肉牛体系在任务书上至少在这一届一律不在实验室内进行研究、只拿来实际应用，也就是进行实用性研究！"

理由是什么？曹兵海给我解释说，不管是转基因、还是克隆技术，在产业上必须通过大量的母牛怀孕来实现，但肉牛产业面临的是母牛不足，何来转基因和克隆呢？

"转基因、克隆是技术，肉牛体系是用这些技术的，不是研究这些技术的。如果农民或养殖场不用这些技术，说明产业目前还不需要，目前还不具备产业经济价值。"他说。

因此，在这封信里他要求大家务必不要把这些"驴粪蛋子"技术写进任务来。

"如果无论如何也要写进来，也可以，请一定要有把握实际能在养殖母牛的农户和牧场大面积推广，请明确写出在哪里、搞多少头。"信中写道。

曹兵海甚至提出了一个具体标准——每年至少要在3个县合计实施10万头以上。而且他说，自己肯定要到实地查头数去。

他在信里告诫大家："如果已经把转基因或克隆技术简化到能像农村配种员进行人工授精那样简单、容易普及和成本低廉，那么，体系绝对大力支持，我负责另外增加几倍的经费！肉牛体系不需要'自娱自乐的技术'，急需产业需要的实用技术。"

任务来自于产业。不了解产业需求，当然不会知道干些啥。所以每个体系都按照体系建设实施方案的要求，相继发动大家走出实验室，进行广泛的摸底调查。肉牛体系也不例外。

10月12日，在体系的网络管理平台上，每个专家都收到了来自农业部一位负责人的一封电子邮件。信里写道：

"尽管我们处在网络时代，但调查还是要亲自去，去听、去感受、去触摸真正的社会脉搏，这也是个治学态度问题。油菜和玉米产业技术体系这样做了，告诉我到一线了解的问题确实与自己过去在实验室和办公室想象的不一样。"

这几句话有背景：在此前10个体系试点工作中，出现过专家自己设计问题让用户去填表的情况，调查出的结果其实还是专家自己想当然的东西。

管理者一直不大赞成发调查表的方式，认为这样的方式主观意识太强，而且有点儿应付差事，也是个很懒的办法，提出专家们应当亲自到生产一线去听、去问，在聊天的过程中把细枝末节了解清楚，还可以与技术用户们互相启发——那样的调查才是有血有肉的、鲜活的、生动和丰富的。

"我要求大家别再用以前的项目书的内容来交账，而是强烈要求现实性和方向性，"曹兵海说，"就是你这一任在肉牛产业上能干出什么确凿的、能看得见摸得着、能在农民和养牛场普及、有经济效益和国家肉牛产业有现实支撑的事情来。做的事情在现在和随后几年用得上、别人上岗后还会继续下去。"

即使是在根据体系管理要求提交的前瞻性研究方面，肉牛体系确定的任务也体现出浓厚的应用性。

专家们经过研讨，明确了肉牛体系的前瞻性研究内容是技术储备，也就是今后可以发挥推动产业发展和经济增长作用、只是目前因为各种原因（如成本过高等）而暂不具备产业实用价值的技术、理论、方法的研究——这与单纯的分子、克隆、DNA、细胞等"基础研究"领域的探索性研究完全不同。前者是到了产业下一个发展时期拿来就能用的基础应用性研究，是高新技术和现在的适用技术、实用技术集成的技术。

"这是一个崭新的领域，是到目前为止没有做过的领域，"曹兵海评价道，"我们确定了许多任务，但归结到一点，就是实实在在做事、不玩文字和数字游戏，用农户、牧场和企业的增产增收来做给全国看——不是官员，也不是管理课题、发放课题经费的领导，这就是我们体系的职责和任务。”

大概半年后，各个体系的任务计划书纷纷按要求的时限交到管理办公室。农业部那位负责人又给首席科学家们写了一封电子邮件，提醒大家任务规划的核心内容是要向社会公布的。

根据此前已经公示过一批的经验，会有很多人盯着体系的任务完成情况。因此，这位负责人告诫大家，体系提供的所有数据都必须实事求是，做不了的就不要写，也不要到时拿些不知真假的成果应用证明来交账。

“记住，现在你写下每一个数据第一想到的就是到交账时能否完成，不要冒‘弄虚作假’的风险，没人强迫你去做不可能做到的事情，所以在体系内完全不必虚荣、虚夸！只有实事求是地去做、去写，到什么时候都能够立得住脚。”信中写道。

这件事还有一个小插曲：

尽管肉牛体系的专家们确定了一整套五年内要为产业做的各种种样的研究任务，这些任务也都是专家们靠嘴问出来的、脚跑出来的，但由于比规定的上报时间晚了8天，受到了管理办公室的严厉批评。这是唯一一个因为“晚交作业”而被批评的体系。

虽然这份通报批评给大家留了点面子，没有在所有体系内公开，但“牛人们”还是受到了强烈的震动，以前他们还很少受到这样的委屈，大家心里都很难受。

几乎在受到批评的同时，曹兵海还收到了一封体系里的一位专家要求他给大家道歉的来信。他写了一封检讨书，承认主要责任是自己。

“我们没有按时提交材料，这是一个事实，没有什么好说的，我们耽误了整个产业技术体系的工作安排，这是难以原谅的事情，我们必须反思，必须明白，每一个体系成员与其他49个体系的直接关系，”他说，“我没有像以前那样反复催促大家，只是等待大家的反应，这种不主动的行为，是这次耽误大事的直接原因。”

大家看了曹兵海的检讨书，不少人为他鸣不平，但每个人也都在反思自己。

肉牛体系的岗位科学家、南京农业大学教授彭增起当时正在山东出差，得知此事后甚感不安和愧疚，他在给大家发来的信里写道：“通过深刻的反思，我感到，作为体系的成员，应该尽快进入角色，全面而系统地领会和把握体系的精神，及时而准确地按照体系的要求做出反应。”

另一位岗位科学家、中国农科院北京畜牧兽医研究所的孙宝忠研究员，是没能及时提供自己岗位任务书而导致大伙受批评的“牛人”之一。他心情沉重地向大家检讨道：

“本人认识到，还需要深刻领会现代农业产业技术体系与过去已开展的各项科研工作存在的差别，需要迅速提高开展肉牛体系工作主动、整体、服从与时效、责任意识，迅速改变已有科研工作思维、作风与习惯与体系要求不相适应之处。”

科学家们一丝不苟的作风和可爱的率真，在这些检讨书里展现得淋漓尽致。

“没有体系的时候我们也一直在做产业这块，有了体系感觉更得心应手了。不管怎么样，我觉得这么做能对得起这些父老乡亲们，普通的老百姓，”分手时曹兵海说，“谁天生下来都没有职称，但是谁都是老百姓养的，我也是农村的孩子啊，是不是？”

"猪倌"陈瑶生

说实话，我是硬着头皮走进这个养猪场的。受生猪体系首席科学家、中山大学陈瑶生教授的盛情邀请，不好拒绝。

因为采访的关系，以前去过很多养猪场，几乎每次都是屏气凝神，只听人家介绍，不敢多开口说话。混着发酵的酸臭和屎尿的氨味，加上嗡嗡嗡地快乐盘旋的苍蝇，总会让我仓皇而逃。

但这次我失算了。

虽然不能说一点难闻的味道都没有，一只苍蝇都找不到，但我发现自己竟然可以自如地呼吸！

余丽明，广东省中山市白石猪场总经理，得意地指了指不远处说："那上面就是一个水库。"

我明白她的意思，猪场建在这里而竟然没有被关张，用一个流行的词是"环境友好型"企业。

要知道，在这个经济发达的珠三角地区，曾经就有一座城市下令全市境内禁止养猪。

"三年自然灾害"期间的1960年，《人民日报》发表过一篇题为"猪为六畜之首"的社论，号召农民更多地养猪。粮食都不够吃，难道是要让大家吃肉？当然不，这是因为生产粮食缺乏肥料，而猪粪是当时主要的农家肥。

曾几何时，"全身都是宝"的生猪，如今粪水处理却成了所有猪场最头疼的环境问题，而粮食的保产增产却只能依赖不断过量施用化肥来维持。

余丽明在着手新建这个猪场的时候，曾经找过好几家做污水处理系统设计的商业公司，每家都有每家的说法。有的说我能给你把COD（化学需氧量）降到多少多少。再找另外一家，就跟她说那家是骗人的，不能这样做。余丽明听得晕头转向，不知道该相信哪家公司的说法。

2007年底，生猪体系启动后，她特意请了体系里一位专门做环保设施评估和设计的专家实地来看，专家指点一二，如此这般地给她传经送宝。效果？我的鼻子已经检验过了。

“他是不带任何商业性的，”余丽明评价道，“我现在最怕的就是商业性的公司，说得非常好，可最后不行的话还是我们这些企业承担后果。”

其实，她自己就是生猪体系里的50位综合试验站站长之一。这个体系的试验站基本上都是全国生猪主产区中规模大、管理很好、示范带动作用强的猪场（在50个产业技术体系里，由于养殖业的商业化程度高，几乎所有养殖业体系的综合试验站都是由企业来承担）。

近水楼台先得月，体系的专家资源她用起来得心应手。

“我们体系把全国最有名的养猪专家都牵到一起了。育种、疫病、营养、养殖、加工、产业经济，我有需要的时候，方方面面的专家都能请到，还是无偿给我们服务。因为国家给他们钱了嘛，”余丽明说，“这些专家知道企业需要什么，推动整个行业技术的发展是最有效的。”

“你参加这个体系之前，应该也是经常跟专家们打交道吧？跟现在打交道有什么不同？”我问她。

“非常不同。虽然以前也有一些专家能够到企业来提供技术服务，但毕竟有限，很难找到国内最好的专家。而且，单靠企业能请到多少专家？特别是那些有名的大专家，他们都忙得很。但是现在他们也在这个体系里，这就成了他们的工作内容之一。”余丽明说。

的确如此。体系里的许多科学家已经跟我谈到过自己的这个转变。毕竟，这成了体系要求的职责。那些过去让人高山仰止的大专家，有一天忽然大家都坐在一张桌子前商量事儿，其实不光是企业兴奋，专家们也兴奋。

综合试验站的最大意义就体现在“综合”二字。体系里各个研究环节的专家都可以集中在某个试验站，围绕一个问题进行合作、联动。

比如，养殖专家提出一种新的模式，这种养殖模式改变后对营养的需求如何？对疫病的防控又有什么影响？各方面的变化，可以由各领域的相关专家来研究。这种集中优势兵力进行的集团军式的作战，效果自然明显。

在体系的大量文件中，虽然不怎么提“产学研结合”这个名词，但你看得出来，他们做得不错。

我这么说，可能并不十分准确——“产学研结合”，是一种纵向的关系，你把技术研究出来、找企业去应用；或者反过来，企业有技术需求找到你，你研究出来交给企业——科技人员的“横向课题”就是这个意思。

由于长期以来，从科研的环节就没有实现整合，往往设在企业的点也只是某个产业链条中的一环。因此，“产学研结合”提了十几年，真正结合好的很少见。

一个木桶的拼板有长有短，装的水自然不会太多。这是过去许多“产学研”项目的通病。

更重要的是，由于许多项目是专家自己想出来的问题，看材料、编新词，经费到手后找家企业来做，只能要求人家围着自己的项目做。这是专家的需要，不是企业的需要，自然差强人意。

“原来那些项目是专家在搞研究，不是这个行业现在最需要解决的问题，”余丽明说，“现在体系搞起来后，科学家深入到产业就认识到最需要解决哪些产业上的问题。”

但综合试验站并不仅仅是一个普通的“技术用户”。体系里的这些企业不光是专家们的服务对象，更重要的是，其本身就是体系技术研发的延伸，和功能实验室、技术研发中心是互动的。

来白石猪场买种猪的客户非常多。余丽明就像个“二传手”一样，经常把专家们教给她的新技术又无偿地推广到客户那里。

“你买我的种猪，我就必须让你养好这些猪，让你赚到钱，”余丽明说，“你可以派各种岗位的技术人员到我这里来培训，或者安排我的技术人员定点到你的企业去。市场是你自己开拓，但我的任务是让你养好猪。”

在整个现代农业产业技术体系，企业这一类的综合试验站都不用给科学家付钱来搞研究，甚至每年还能得到稳定的30万元经费——他们要负责调查收集本区域的生产实际问题和技术需求信息（而不仅仅是自己企业的技术需求），监测分析本区域疫情、灾情、产销信息，还要负责指导本区域3~5个县的技术骨干参与本体系的试验示范任务，以及配合专家们给技术员和农民进行各种技术培训。

这些任务并不轻松，但从某种意义上说，这些企业通过承担这类推动行业发展的公益性职责，一方面提升了企业的知名度和声誉，另一方面也为企业的产品（种猪、饲料等）开拓了新的市场。而对体系里的专家们来说，企业对技术的需求成了他们热心关注的研究内容。这一点非常重要。也许，叫“产学研融合”更贴切。

珠三角经济发达，企业众多，“产学研结合”的氛围浓厚。白石猪场就是生猪体系首席科学家陈瑶生一直保持密切联系的一个“产学研”项目实验基地。他是搞育种的，项目自然也是围绕育种来做，但企业的技术需求是多种多样的，一个项目没办法涵盖所有的技术力量。

“原先我不会综合考虑他们的需求，也没有这个能力，”陈瑶生说，“比如猪病的问题很严重，但我自己没办法考虑，考虑了也没用，不可能找一帮人安排你干这个他干那个，怎么合作来解决这个问题。”

而且，即使他想多揽些其他方面的研究力量，由于地域、单位等的限制，也不可能把最好的网罗进来。但自从有了体系、当了首席后，陈瑶生考虑问题的角度发生了变化，育种之外的事情开始进入视野。他觉得，这是自己的一个最大的转变。而即使是对自己的老本行来说，他也感到目标有所变化，不再是为单纯的育种而育种了。

“得结合实际制订更合理的长远计划，综合考虑品种结构、布局这些事情了。比如说，这个区域除了这个品种外，其他品种怎么合理应用？这是个在不同养殖模式下合理搭配的问题。”

陈瑶生说：“我还可以在更大的范围协调大家做全国性的育种计划、遗传改良计划。有了这个平台，可以长期维持一批国内的优秀专家做这个事——你知道，这些都不是三年、五年就能完成的项目，或者更准确地说这不应该当作一个项目来做，而应该成为我们这些猪育种专家终生为之努力奋斗的事业。”

值得欣慰的是，他带领的育种团队经过十多年的努力，全国生猪遗传改良计划在2009年终于由农业部正式启动，目前正紧密锣鼓地全面展开。

生猪体系正在做的另一件事是像其他体系一样，建立一个基础数据库，对包括品种、数量，疫病、加工等方面全面进行调查统计和分析。

科学家们经过调查全国饲养主要猪种、饲料原料、疫病流行和猪肉加工工艺现状等基本情况，建立了从猪种资源库、饲料资源库、疫病信息库到加工工艺信息库等一系列基础档案数据，还建立了生猪产业的比较分析机制。

不是他们一个体系这样做，几乎所有产业技术体系都在做类似的事。

每个体系都有几十个综合试验站，每个试验站又都覆盖3~5个示范县，如此算下来已经是个很大的样本群了。

对许多产业来说，长期的跟踪分析还很欠缺。现在由体系的科学家们补上了一块短板。

这个由科学家们组成的技术体系相对政府部门自己的调查统计机构更独立，做起事来顾虑也不多，他们基于对数据分析的调研报告就更客观公正，所以受到了农业部等中央部委以及许多地方政府部门的欢迎。

“这个基础性的工作是我们体系里非常重要的一块，由于生猪产业全国范围内广泛布局，牵涉面比较广，是个非常庞大的工作，所有的功能研究室、综合试验站都有分工，”陈瑶生说，“在猪流感期间，我们建立了很好的试验站数据上报平台，还建立了价格日报制度，这些及时的信息对决策部门有很大的参考作用。”

河南牧原食品股份有限公司董事长秦英林，是生猪体系的另一位综合试验站站长。他的企业已经做到了国内集约化养猪规模第一，2009年全国“两会”前作为业内知名人士被国务院总理温家宝请进中南海参加座谈会。

“这个体系更多的是责任感支撑着大家把事情做好。不是为了名利，更不是为了让政府哪个部门来认可。是我们要做事。这是根本，”他说，“如果这个体系不以做事为主，大家谁都不认可，离开他们（指岗位科学家）养猪企业照样可以做事，那这个体系有它没它就都无所谓了。”

中国的养猪规模稳居世界第一。在畜禽养殖领域，生猪可能是最受国家重视的产业。正所谓有句老话叫“猪粮天下安”，有粮食、有猪肉吃，农业上就不会出太大的问题。换句话说，它就是畜牧业里的水稻、小麦和玉米。

也正因为这个原因，生猪科研一直是国家高度重视和大力支持的，全国从事研究和开发的人员也最多，优秀的科学家和实力强大的企业数量也最多。因此，这个体系是首批启动的十个体系之一，从全国网罗精英，是个大腕云集之地，不乏高校校长、农科院院长等比陈瑶生官大得多的科学家。

那，他这个非农业系统的院校出身的首席说话，人家肯听吗？

“听！虽然体系是虚拟的，大家都没有行政上的隶属关系，但能坐在一起的原因是想一起解决产业的实际问题，而不是说首席能怎么样。这一点大家看法一致，”他说，“能进这个体系确实很不容易，外面还有很多没有进来的优秀人才。国家每年给70万元，就是希望体系能做点事情。我们每个人都有很大的压力。”

在生猪体系的一次执行专家组会议上，陈瑶生向大家一一通报了每个人填报工作日志的情况。

虽然没有作任何评价，但一张大大的统计表通过幻灯机放在墙上，大家都看得一清二楚，心里也暗自比较着。

“你们的工作可能是做得非常好，但要有反映你工作的方式，”他对在座的专家们说，“体系不注重论文要求，也不要求你的技术到试验站、示范区能够立即产生多大的效益，强调的是你确实在为产业服务，从产业里发现问题、分析问题、解决问题。所以，你的工作状态就是考察的重点。”

在体系的网络论坛讨论版上，一些专家曾经发表看法，认为让大家记“流水账”毫无必要、形式主义。陈瑶生却觉得，对搞研究的人来说，有这么个好的平台，能够推动大家坚持记录自己做的工作，记录自己为产业提供技术服务和支撑走过的历程和切身的体会，其实是一笔非常宝贵的财富。

“我希望在我们体系里下一步会有所改变。有内容就多填，没内容就少填，”他严肃地说，“日志不是反映全部工作业绩的唯一途径，但是可以看出来谁为体系做的多、谁做的少。体系可以容许失败，但要看到大家确实是在为体系做工作。”

填报工作日志只是体系进行日常管理的一部分。

一个好的管理系统，应当找准大家的心理需求，激发大家内在的动力，而不是仅仅靠一系列的严格规章来约束。

现代农业产业技术体系赋予了所有人跳出自己的日常圈子的一种“形而上”的东西，那是一种很难说得清楚的心理需求，每个人的感觉可能都有所不同。

这种心理需求，借用陈瑶生的词来说，是“责任感和荣誉感”。在曹兵海看来，则是要“对得起老百姓”。而从已经采访过的许许多多科学家口中，我也经常听到他们类似的感受。科学家们理性的外表下，其实都掩藏着一种热情。

这种热情，或者可以用马斯洛的需求层次学说作解释：马氏理论认为人的需求从低到高共分五个层次，最高的就是对自我人生价值实现的心理需求。在为推动产业发展和改善农民生活做工作的同时，科学家们显然收获了比论文、职称、待遇、名声等更能打动自己的价值。

陈瑶生对此体会非常深：

“种猪育种是一项公益性极强的事业，几十年来国内的猪育种都落后于国外养猪先进国家，养猪大国却不能支撑一个种猪强国，其中育种群规模和基础性的性能测定是我国种猪育种最关键的制约因素。”

“创建世界上最大的核心种猪群，尽快奠定赶超国际先进水平坚实基础，是我毕生最大的心愿，这是多少篇论文、多少个荣誉都无法媲美的。”他最后说道。

后记
332-340

人人心中有盏灯

最初，因为工作关系，我陆陆续续接触过一些农业领域的科学家。也许是从小就形成对这个群体的那种神圣感吧，总觉得他们都是仙风道骨、不闻窗外俗事的圣人。

当然，他们不是。如果你跟我一样曾经对科学家们没有过近距离接触的话，在耐心看完这本小书后，也许已经得出了这个结论。

论文抄袭、数据造假、口诛笔伐……这些有关科学家的负面新闻不时见诸报端。科学家群体在社会公众心目中的崇高地位日益下降，“专家”被戏称为“砖家”。

体制问题。这本书你看到这里后，也许得出了这个结论。

不，不对。这是一个糟糕的结论，我无法反驳，但也不认可。不能把什么问题都归结到体制上。

制度设计很重要，好的制度、体制、体系（说真的，如果不是搞文字和搞政治的，有谁弄得明白这些词儿的区别呢？）能够带来生产力的解放、社会的安定和人们的心情舒畅，但我一直认为，不存在一个理想化的、完美的体系。

规章制度不能解决一切问题。这就好比大家要建设和谐社会，仅靠制定一系列的规矩是不行的。而且越是复杂的体系，越可能会出现种种漏洞、顾此失彼。

失去方向，不能简单地归咎于体制的欠缺。许多时候，我们需要一种精神层面的东西。

2010年1月9日，国际权威医学刊物《柳叶刀》杂志刊登了一篇关于中国科技界的文章:《学术造假: 中国需要采取行动》。

巧的是, 3天后的英国《自然》杂志也在其在线版头条刊登了《中国科研, 发表还是出局》一文, 指出中国立志到2020年成为科技大国, 要实现这个目标, 中国必须成为科学诚信方面的典范。

老外给中国科研领域的病症开的药方, 竟然不是他们习惯性地从体制上找原因, 而是"诚信"二字。

是啊, 在一个人们普遍缺乏道德约束和社会责任的大环境下, 科学家如何能独善其身? 每个人都几乎不可能脱离社会, 凭什么一定要认为, "拿手术刀的"和"造导弹的"就一定比"拿剃头刀的"和"卖茶叶蛋的"更理想主义、更济世为民、更纯洁高尚?

但这个群体, 的确是我们, 你、我、他, 整个社会, 都不可或缺的。在农业科研这个领域, 即使不去跟发达国家比这比那、争论水平高低距离远近, 但是我们永远有需要科学家们解决的问题。

吃, 就是一个永恒的话题。恩格尔系数的下降, 并不说明吃饭问题不重要了。过去要考虑吃得饱不饱, 现在要考虑吃得好不好, 以后更多地要考虑吃得健康不健康——如果社会平稳发展的话。

当然也有另一种可能: 全球人口不断膨胀引发资源危机, "隐形杀手"——经济危机层出不穷, 文明的贸易战和野蛮的武力相争……如果不幸如此, 人们生活(或者, 生存?)的主要目的也许将进入一个历史性的循环。

再极端点, 不管是人类的无序发展导致温室效应、导致冰期重现、导致文明倒退到刚刚发端的年代, 还是突然降临的外部打击——小行星撞击地球、外星军队从天而降、超新星爆炸射向地球的高能粒子……只要还有人类, 这个强大又渺小的种群得以谋生和繁衍后代的基础都是得有饭吃。

科学和技术, 就是人类最强力的吃饭工具。

再从某种程度上来说，农业科学家们工作成绩的优劣，决定了我们肚子里的东西是多是少、是好是坏。上帝保佑，他们一定要好好表现，最好是都能一直全力以赴地扑在科研上。这是每个人的希望。

嗯，可能也是他们最大的希望。

现代农业产业技术体系已经显示了许多优势，而且最可贵的是，这些优势是可以被复制的。

这也许意味着，在其他的行业科技领域同样可以搞“拿来主义”，借鉴和改进。但尽管我大张旗鼓地写了很多有关这个在体制里诞生的新生力量，可心里仍然犯嘀咕：这个体系能解决所有问题吗?

这也是许多科学家在思考的问题，包括体系内的、体系外的。

另一个大家普遍关心的问题是，现代农业产业技术体系现在还是一棵幼苗。坦率地讲，这棵幼苗的生长环境并不好，甚至可以说比较恶劣。它能长成大树吗? 没有人知道。但我肯定，许多人希望这样。

不可能有什么突然的、完全的改变。仍然有各种各样的事情让科学家们分神、担心、顾虑、为难和郁闷。

在采访完书里涉及和没有涉及的几十位科学家一年多之后，这些情绪我甚至依然能感觉到——不管已经是本研究领域的领军“大腕”还是崭露头角的“新贵”，又或是默默无闻埋头钻研的中坚力量——许多窘境是共同的。

为了慎重起见，初稿写成后，我把涉及每位采访对象的部分都呈送给对方，请求提出修改意见。专家们的反馈给了我很大帮助和鼓励，他们治学严谨的态度在此显露无遗。

许多专家不仅细致地为我一一指出专业方面的错误表达，还引经据典、翻阅资料以求证。还有些专家干脆另起炉灶，重新写下自己的观点和看法。

也有一些专家有现实的担心，这我非常理解。有一位专家说，他不仅是个科学家，而且还是管理者，其观点和事例的清晰描述，会影响到研究所的发展——管钱、管项目的部门怎么看？还想不想玩儿了？

我对他们进行了有限度的妥协，有些是模糊了具体的人名、单位，有些则整段删除掉了。我知道，这会牺牲读者对本书的可信度和可读性，但没有办法，我不能不考虑这一点。他们曾经对我敞开心扉，让我了解了他们的生存状况，无论如何也要感谢他们。

另外，书中出现的个别人物，因为仍身处官场，我也忍着降低真实性之痛隐去了他们的名字。能接受采访并坦承相待，已经让我心存感激了，无法再提过多要求。

在我的采访对象里，有一位专家的身份比较特殊。

卢江，广西人，美国佛罗里达农工大学的终身教授，也是美国农业部葡萄种质资源委员会委员，并曾任北美葡萄育种协会主席。20多年在英美学习和工作的经历，应当说，他的感触和体会具有一定的代表性。

“在西方，比方说他做教授、搞研究，很大程度上是喜欢这个他才做。他不喜欢当教授，就到公司里任职，这也是他喜欢才做。而应该做的东西，他就会努力做好，会很用心地去做。”卢江说。

“农民叫他下去，他会觉得这是自己该做的事情吗？”我问。

“他一定会去做，非常努力、非常用心去做，”卢江举了个例子，“一个搞葡萄栽培研究的教授，他很清楚整个州里有多少个农场、多少个酒场。葡萄种植者一叫他，他就会下去。如果他不能解决这个问题，就会问同事能不能解决，再不能解决就到联邦政府找同行。我感觉，大家是在一种融洽的气氛里做事。”

“有些国内的同行问我，你们下去跟农民打交道，有没有报酬？没有报酬，有报酬也不合法。当一个人不是为了生活做一件事情，跟为了生活去做这件事情，完全不一样。基本的生活需求满足了，这个时候追求的东西就是为社会服务。”

“人生价值的体现？”我嘴里突然冒出这个极少使用的词儿。

“在大学当教授肯定不是为了赚钱，所以一定是种成就感。给社会创造了财富——可以写文章、发表论文、有创意的专利等，他追求的东西是这些。”他说。

“做好一件事很难。一生能把一两件事做好，就很好了。从全国来看，那么多科学家，大家把那么多事情做好，加起来就很厉害，”卢江说，“有的教授，一生做了很多课题，得了很多奖，也发表了很多论文，但是到头来没有留下什么东西。”

“在国外，像您这样的科学家，研究的自由度是不是很高？”我问。

“不是。我的任务是明确的——比如我研究葡萄，那我就肯定得研究葡萄，不可能去做别的东西，”他说，“基本上，每个领域的研究设置都是‘一个萝卜一个坑’，研究者的定位都比较明确。”

他又接着说：“但是，在葡萄这个研究领域里，我自由度就比较大了。育种，可以做分子技术的，也可以做常规技术。就是说，目标定了后，从哪条路走，我有足够的自由度，只要不离开研究目的去做事就行。”

的确，自由度太大也不见得是一件好事。跟中国比，美国的“萝卜”和“坑”都比较少，但科学家会相对稳定地做下去。卢江所说的自由是学术研究方面的自由，始终不会偏离早已挖好的“坑”确定下来的方向。但在国内，今年申请到这个项目就做这个，三年后又申请了其他项目就转行的情况，在采访过程中我听说了不少。

“一生，一个作物，一个方向这样做下去，才可能做好。而且有那么多科学家，每个人把自己的事情做好就很好了，”他说，“也有从一个作物换到另一个作物，结果做得很好的例子。只是他学了那么多年、又做了那么多年，然后又去搞别的东西了，浪费了很多资源。也许是中国相对来说研究人员多，有足够多的人去转行吧。”

这种情况，是因为中国的农业科研界“坑”少“萝卜”多吗？我不清楚。又或许，是“坑”多“萝卜”更多？

在采访中，我几乎问过每位科学家一个同样的问题：“跟国外的同行相比，国内的科学家在治学和研究方面有何不同？”

答案当然不尽相同，但我听到的最多的词语是“认真”、“专注”、“敬业”、“务实”、“单纯”、“较劲”……遗憾的是，这些都是形容老外的。

“我们中国学者做一件事情，考虑的问题比较多，”中国农科院植物保护研究所的陈红印研究员这样评价说，“国外那些学者，虽然有时候给人感觉‘笨头笨脑’的，但专业水平很高。人和人之间的关系相对来说也简单些。”

陈红印是设在中国农科院的中美生物防治合作研究室主任。这个研究室成立于1988年，是国内最早的中美两国在农业科研领域的合作机构，双方定期互派研究人员、交换信息和研究成果。他经常跟老外们打交道，时间长了就很了解对方的治学特点，国外的科技体制也了解不少。

“其实许多问题都是世界性的共性问题——大家都一样。比如说浮躁的问题。就算是在美国，你鼓捣鼓捣写两篇论文，然后瞎混日子的人也有很多，甚至有的方面比我们还严重，”陈红印说，“但美国有一个核心的东西是从来没有改变过的。科学家们可能会忽左忽右，但是离不开这条主线。”

什么主线？按陈红印的说法就是“工程式”的管理。

“比如国家想解决一个问题。那最后就要看你解决了没有，这是最主要的。很多人发表了很多论文，可是如果问题没有解决的话，最后的评价就不会高。”

他说：“我们国家的奖励方式是针对项目，美国是针对个人——张三、李四，奖励的是他的成就，是因为做出了突出成绩，所以要奖励他。”

“有什么区别？”我问。

“我们奖励项目是‘奖一个死一个’啊！”他说，“想想看，你奖了这个东西，后人就不会再花心思去做了——你都获一等奖了，我再去做还能获个超一等奖吗？所以很多人就另外找可能获奖的东西做去了，而不是把前人的研究继续深入下去，把很多的路都堵死了。”

“美国科学体系的思想基础有两点，一个是‘科学家是自然产生的’（scientist created by nature），不是说你想让他成为科学家他就成了科学家。另一个是‘人和人是平等的’，就是说你的大脑和我的大脑是一样的。这个国家基本上就是基于这两点来创造科技体制、培养科学家。”他分析道。

“自然产生科学家”的根本动力源于自身，而不是外界，这一点我认为很重要。再说明白点，科学家不是拿钱堆出来的。事实上，许多科学家都告诉过我，现在的实验设备、研究环境跟过去比已经有了天大的转变，甚至一点都不比国外差，可是出的活儿却不能令人满意。

“我经常开玩笑，把不是科学家的人塞到银行里头，钱都归他，也成不了科学家，”陈红印说，“不是钱的问题。他必须有一种素质，包括对科学追求的兴趣、独立的思维方式、对未知东西寻求答案的渴望，等等。只追求论文数量、职称的人，成不了科学家。”

这个意思，用浙江省农科院院长陈剑平的话来说，就是“理想主义淡化了”，甚至“浪漫主义也淡化了”，更多的是“现实主义”。

“科技人员需要具备这种素质，应该跟普通人有所不同。有成就的人、能真正被称为‘家’的人，他的品质跟常人是不一样的——他有理想支配自己可以孜孜不倦地工作。”

陈剑平说：“还有，他的工作是创新，前面没有路，这跟红军长征很相似，有可能遇到大山，他会想，是爬过去还是打隧道？也可能遇到一条河，他又想，是渡轮过去还是架桥？他选择和应对的过程既快乐也辛苦，甚至绝望。在这样的时候，他需要浪漫主义，必须很浪漫地对待他的职业。”

把外行人看起来枯燥的科研工作当成浪漫的职业，需要怎样一种精神支持和鼓励自己啊？说实话，我无法体会，但很向往。那种想要做事情的动力，不是外部力量挤压出来的，而是受内生的强大力量推动的。

作为一院之长，陈剑平除了自己搞科研，还肩负管理职责。他从这一点谈了自己的看法：“有句简单的话——我们要调动知识分子的创造性。调动？好像主动权是在管理者手里，这不对。应该说——发挥。调动跟发挥感觉是不一样的。”

刁现民回忆起他在美国加州大学伯克利分校作访问学者时的一年间，用了一个“静”字来形容。

“就是研究得比较静、比较安心。”他说，“美国人多数信仰宗教，就像中国的儒家思想一样——你应该遵守什么事能干、什么事不能干。大家很自觉，可能是宗教起了很大的作用。所以我尊崇咱们国家的儒教。这是最好的。”

“就拿他们的报销制度来说，比咱们的简单多了。老板有时候就是一句话，你自己写写花了多少钱，就能从会计那里把钱拿到手了。在中国，你说得多少种发票来控制你？控制住了吗？”

有一次，刁现民去参加美国举办的国际基因组学大会。由于主办方邀请他作大会发言，所以450美元的注册费给他减了100美元。

“就是一个很短的方块纸，用计算机打的——注册费多少钱和人名是谁——这张纸我自己都能打。人家连这个也认可，”他说，“人们把荣誉和信任看得非常重要。就是这个人品，比咱们看得重得多。你一旦造假，你骗国家的钱，或者骗什么的钱，那种荣誉的丢失你担不起。”

荣誉比黄金更重要。这种荣誉感，可能来自于宗教信仰，也可能来自于个人的道德操守，或是来自于一种，嗯，责任感？

中国工程院院士、西南大学教授向仲怀，在我看来就是一个心很“静”、靠责任感在做研究的科学家。

他是国内最有名的蚕学家，曾经三辞校长职务，只为一门心思搞研究。在两个多小时的采访时间里，他用了大半时间给我讲蚕桑的历史和当今的产业现状。从原始的图腾崇拜到丝绸之路再到高蛋白高不饱和脂肪酸的蚕蛹，以及技术如何为推进多元化的蚕桑产业服务，却绝口不提自己在这一领域的成就。

其实，他领导的团队，绘制了世界第一张家蚕基因组框架图，这是中国科学家继完成人类基因组1%测序工作、水稻基因组“框架图”和“精细图”之后，向世界贡献的第三大基因组研究成果。

“这个产业有非常辉煌的历史，是值得我们中华民族自豪的。而且它不仅是个产业，还存在于我们的文化、历史、艺术里。”

搞了半个多世纪蚕学研究的向仲怀，跟门外汉说起这个领域的事还是津津乐道。

中国是栽桑养蚕、缫丝织绸的发祥地。中国的蚕茧和生丝产量占世界总量的70%，但对于家蚕的研究，中国一度被日本超越。向仲怀曾寻求和日本合作进行家蚕基因组计划，但人家回绝了。

2003年3月，日本人自己启动了这个家蚕研究的基础性研究工程。向仲怀急了，冒着巨大的风险，贷款2000多万元，把钱分给合作伙伴，组织大家合力攻关，终于抢先在《科学》杂志上发表了两篇论文，从此奠定了中国在这一研究领域的领先地位。

真希望这样的科学家越来越多。

我相信，每个人心里其实都还有一盏灯，或明或暗地指引着前方的路。

参考资料

论文

1 邓心安：《我国现行科技体制的弊端》，《科技导报》2002年第11期。

2 信乃诠、许世卫：《国外农业科研研制的类型及其基本特征——加快国家农业科研创新体系建设的建议》，《世界农业》2006年第9期。

3 福建省财政厅教科文处课题组：《“福建省公益型科研院所体制改革”研究报告》2002年。

4 戴小枫等：《关于中国农业科研性质与深化体制改革的若干思考》，《中国农学通报》2007年第10期。

5 鄢维新：《〈橘颂〉本议与楚社木》，《湖北大学社》1998年第4期。

6 佟屏亚：《刍议农业科技评价体系的弊端》，《农业科技管理》2004年第2期。

7 邓心安：《我国现行科技体制的弊端》，《科技导报》2002年第11期。

8 饶毅：《国家科学规划：宜深刻改造管理体制、而非具体计划科学课题》，《科技中国》2004年5月28日。

图书

1 刘不朽：《三峡探奥》2006年6月。

2 拉里·祖克曼（美）著，李以卿译：《马铃薯：改变世界的平民美馔》2006年6月。

3 彼得·格雷（英）著，邵明、刘宇宁译：《爱尔兰大饥荒》2005年5月。

4 甄真、张涛编著：《农谚新编》2005年10月。

5 迈克尔·波伦（美）著，王毅译：《植物的欲望——植物眼中的世界》2005年4月。

6 阿图洛·瓦尔曼（墨西哥）著，谷晓静译：《玉米与资本主义——一个实现了全球霸权的植物杂种的故事》2005年11月。

图书在版编目（CIP）数据

大地之犁：中国农业科技困局实录／董峻著．－北京：学苑出版社，2011.4

ISBN 978-7-5077-3769-1

Ⅰ．①大… Ⅱ．①董… Ⅲ．①农业技术－科学家－访问记－中国－现代 Ⅳ．①K826.3

中国版本图书馆CIP数据核字（2011）第054545号

责任编辑：杨　雷
封面设计：康　宇
出版发行：学苑出版社
社　　址：北京市丰台区南方庄2号院1号楼
邮政编码：100079
网　　址：www.book001.com
电子信箱：xueyuan@public.bta.net.cn
销售电话：010-67675512、67678944、67601101(邮购)
经　　销：新华书店
印 刷 厂：保定市彩虹艺雅印刷有限公司
开本尺寸：710×1000　1/16
印　　张：22.75
印　　数：00001—11500册
版　　次：2011年4月第1版
印　　次：2011年4月第1次印刷
定　　价：40.00元